亚马逊跨境电商运营手册

史先贺　编著

電子工業出版社
Publishing House of Electronics Industry
北京•BEIJING

内 容 简 介

本书详细介绍了亚马逊平台的相关操作和运营技巧，紧密围绕卖家的日常实操，系统讲解了亚马逊平台的卖家账户注册、后台操作、选品上架、FBA、运营打法、收款方式、产品 Listing（详情页面）优化、供应商筛选、店铺安全等内容，并用大量的示例图片详细讲解了运营过程中的各种操作流程。

本书旨在帮助新手卖家快速学习在亚马逊平台开店的知识并熟练掌握店铺运营的技巧，针对性强，方法实用，具有易学、易懂、易操作的特点，是适合新手卖家使用的亚马逊运营工具书。同时，本书也可供传统外贸从业者、个人创业者及想转型做跨境电商的人士阅读和使用。

图书在版编目（CIP）数据

亚马逊跨境电商运营手册 / 史先贺编著. —北京：电子工业出版社，2020.4

ISBN 978-7-121-38634-3

Ⅰ. ①亚… Ⅱ. ①史… Ⅲ. ①电子商务－商业企业管理－美国－手册 Ⅳ. ①F737.124.6-62

中国版本图书馆 CIP 数据核字（2020）第 035155 号

责任编辑：高丽阳　　特约编辑：田学清
印　　刷：三河市双峰印刷装订有限公司
装　　订：三河市双峰印刷装订有限公司
出版发行：电子工业出版社
北京市海淀区万寿路 173 信箱　　邮编：100036
开　　本：720×1000　1/16　印张：14　字数：278 千字
版　　次：2020 年 4 月第 1 版
印　　次：2020 年 9 月第 2 次印刷
定　　价：69.00 元

凡所购买电子工业出版社图书有缺损问题，请向购买书店调换。若书店售缺，请与本社发行部联系，联系及邮购电话：（010）88254888，88258888。

质量投诉请发邮件至 zlts@phei.com.cn，盗版侵权举报请发邮件到 dbqq@phei.com.cn。

本书咨询联系方式：010-51260888-819，faq@phei.com.cn。

前言

互联网权威调研机构艾媒咨询发布的数据显示，2018 年中国跨境电商的交易规模达到了 9.1 万亿元，2020 年这一数据有望突破 12 万亿元。随着移动互联网的不断发展、国与国之间商品交流的不断加强，跨境电商的交易规模会越来越大。

在跨境电商的众多平台中，亚马逊平台凭借较高的利润率、较优质的买家群体和较规范的平台规则，一直是很多卖家进军跨境电商领域的首选。随着国家对跨境电商的扶持力度逐渐加大，我国进入跨境电商领域的人员数量也在不断增加。

很多卖家在进入亚马逊平台后，往往较为缺乏相关的运营知识。在日常的运营中，也经常会因为不熟悉运营规则而造成一些不必要的店铺损失，甚至因为违反平台的规定而导致店铺被关闭。所以，对想要在亚马逊平台进行稳定运营的卖家来说，学习相关的运营知识和技能，应该是进入亚马逊平台后首先要做的事情。

作为一名资深的亚马逊卖家，我除进行日常的公司运营外，还常常利用业余时间分享在亚马逊平台开店的相关知识，在搜狐网、雨果网、知乎等平台也都建立了自己的专栏，我发表的亚马逊运营文章累计阅读人次超过 500 万。这些文章帮助不少新手卖家走上了亚马逊运营的正轨，也让我收获了不少掌声。但是这些文章的分享往往是随机的，没有形成一个完整有效的亚马逊知识体系。因此，我将多年在亚马逊店铺运营中积累的经验进行了系统的整理，形成了本书。

在亚马逊店铺的运营中，自己摸索往往是非常辛苦的，而沿着前人的脚步，运营之路走得就不再艰难。在本书中，我详细地讲解了卖家账户的注册、店铺实操、选品方式、产品 Listing 的优化、FBA、广告设置、产品评论等方面的知识，并根据运营的日常实操插入了大量的示例图片，希望能给读者带来一定的帮助。

现在是“大众创业，万众创新”的时代，而跨境电商的发展势头正劲。虽然亚马逊平台上的竞争日益激烈，但是只要用心运营并善于钻研，利用有限的资金也可以取得成功。

愿本书能让你的亚马逊之路畅通无阻。

史先贺（跨境老鸟 Mike）

目录

第 1 章

跨境电商平台与亚马逊

1.1 传统外贸及跨境电商的发展

1.1.1 传统外贸的发展

传统外贸，通常以大额订单、批量生产的 B2B（Business to Business，企业对企业）模式为主，外贸工厂主要按照客户交付的模板进行产品的大批量加工制造。传统外贸兴起于广东沿海地区，后又逐步扩散到多个区域，可以说传统外贸的兴起和发展为我国东南沿海地区的经济腾飞贡献了巨大的力量。

随着 2008 年金融危机的爆发和扩散，欧美国家等主要外贸进口国的经济遭受巨大打击，而我国的产品有很大一部分出口到这些国家，因此我国传统外贸企业的发展自 2008 年国际金融危机以后变得举步维艰。我国的传统外贸行业随即进行了彻底的洗牌，那些规模小、盈利水平低、作坊式的小工厂被彻底淘汰，而少部分坚持走品牌化、自主研发道路的传统外贸企业勉强生存下来。

在金融危机过后的几年间，全球的经济复苏依然十分缓慢，欧洲的经济也在发生动荡，我国传统外贸的几个主要市场都深受影响，而这些国际因素都让本就生存艰难的传统外贸企业更加举步维艰。可以说，在目前的国际大环境下，传统外贸行业的辉煌已不再。

1.1.2 跨境电商——传统外贸的继续

跨境电商其实也是外贸活动的一部分，只是相对于传统外贸行业的 B2B 形式而言，跨境电商的产品在跨境之后直接抵达的是消费者这个终端，也就是我们通常所说的 B2C（Business to Customer，企业对消费者）模式。

跨境电商同时也是时代的产物，自 2011 年以来，随着全球互联网应用的不断发展，各国的电子商务平台都有了长足进步，产品信息的透明度在全球范围内越来越高，我们可以通过海淘买到澳大利亚的奶粉、美国的衣服等。这都为跨境电商的发展提供了良好的外部环境。

随着各国电商平台的不断扩大，供应链成为主要的制约因素。在供应链的制约下，各国不断拓展电商平台的卖家来源，同时还积极为各国卖家提供完善的物流和客服体系，个体和企业卖家进入跨境电商平台的门槛大大降低，跨境电商已经成为近些年主要的对外贸易方式。

1.1.3　跨境电商行业的发展势头强劲

自 2015 年以来，我国的跨境电商行业进入了一个迅猛发展的时期。据相关数据统计，截至 2018 年年底，我国跨境电商的交易规模达到 9.1 万亿元，同比增长 19.5%。这样的增长幅度放在传统外贸行业是无法想象的。而我国作为老牌的“世界工厂”，拥有完备的工业制造体系，我国的卖家从事跨境电商行业具有先天的优势——可以快速地找到各种产品的供应商，从而可以快速地建立起完善的供应链体系。这就解决了我国的卖家进入跨境电商行业一个重要的问题。

我国对跨境电商行业的发展表示大力支持，目前已经建成的跨境电商综合试验区有 37 个，在未来几年，试验区的数量和规模还将继续扩大，个人和企业跨境电商都可以在试验区内找到完善的资金、物流、培训、法务等配套服务。同时，对跨境电商综合试验区内的电商零售出口，政府一律实行“无票免税”政策，进一步减轻跨境电商的税费负担，以鼓励更多的企业和个人转型到跨境电商中来。可以说，跨境电商行业的发展势头强劲，跨境电商的春天已经到来。

1.2　世界主要跨境电商平台的对比分析

跨境电商是通过互联网进行交易的商务活动，这种交易活动必须通过电商平台来进行，电商平台为交易活动的进行提供了交易场所。

在全球范围内有数量众多的跨境电商平台，有全球性的，也有区域性的；有专业性的，也有综合性的，每个电商平台都有各自的特点和业务种类。在选择了跨境电商行业后，下一步的工作就是选对电商平台，因为这将是我们今后进行贸易活动的主战场。选准适合自己的电商平台，可以说是进入跨境电商行业首先要解决的问题。

1.2.1　亚马逊

亚马逊（Amazon），由杰夫·贝佐斯创立于 1995 年，亚马逊的前身是一个在线书店，贝佐斯希望能够让人们在一分钟内访问世界上所有已经出版的图书。到 1997 年，贝佐斯认为网络零售是一个比实体店更能带给人们便利的商业模式，所以亚马逊开始扩充其产品种类，力图将自己打造成综合性的电商平台。到 2000 年，亚马逊的宣传口号已经改为“最大的网络零售商”。

截至目前，亚马逊已经成为全球最大的电子商务平台。在美国，亚马逊在 2018 年的电商市场占有率达到了 49.1%，而紧随其后的电商平台 eBay 的市场占有率只有 6.6%，远远落后于亚马逊。

自 2012 年起，亚马逊平台开始招募第三方中国卖家入驻，在此后的几年中，中国卖家的数量呈现爆炸性增长。

1.2.2 eBay

eBay，中文名称：易贝，于 1995 年由皮埃尔・欧米迪亚创立于美国加利福尼亚州，eBay 的前身是 Auctionweb 网站。eBay 的创立与创始人欧米迪亚的女友有关。欧米迪亚的女友非常喜欢一种特制的糖果盒，并时常因为找不到这种糖果盒的爱好者进行交流而感到苦恼，而欧米迪亚希望可以为女友建立一个拍卖网站，帮助女友和全美国的糖果盒爱好者进行无障碍的交流。

出乎欧米迪亚的意料，eBay 受到了很多其他物品爱好者的欢迎，欧米迪亚立即意识到了这其中的商机。1997 年，欧米迪亚将网站正式更名为 eBay，正式开启了 eBay 的电商平台之路。eBay 首创了全球的 C2C（Customer to Customer，个人对个人）交易模式，个人和个人之间可以通过 eBay 平台进行安全、便捷的在线交易活动。在随后的几年时间内，eBay 通过齐全的品类和庞大的业务规模积累了海量的客户群，eBay 一跃成为全球排名前列的电商平台巨头。

1.2.3 AliExpress

AliExpress，中文名称：速卖通，成立于 2009 年，是阿里巴巴旗下的 B2C 电商平台（也涉足一部分 B2B 业务），被广大的中国网友称为“国际版淘宝”。

从 2009 年推出至今，AliExpress 已经发展成为全球最大的跨境电商平台之一，平台买家累计购买人次超过一亿。

AliExpress 在创建之初，需要大量的卖家入驻来丰富平台的产品种类，所以平台在卖家的审核方面较为宽松，只要能大批量铺货的卖家基本都可以获得 AliExpress 的销售资格。当时所有用户均可以免费注册运营，平台对单笔交易收取交易总额 5%左右的佣金。

2014 年，AliExpress 的个别类目出台了 3 万 ~ 5 万元的年费政策，并对部分产品类目实行审核制的招商方式。2016 年，AliExpress 又将年费的等级扩展为 3 万 ~ 10 万元，同时加强对卖家的服务指标考核，考核不达标的店铺将会被强行关闭。到 2017 年，AliExpress 开始全面清理个人账户，并且只接受企业身份的新注册用户。目前，AliExpress 的部分产品类目已经处于基本饱和的状态，卖家在选择时要注意避开那些竞争激烈的红海产品类目。

1.2.4　Wish

Wish，于 2011 年成立于美国硅谷，是全球排名第一的移动端电商购物 App（应用程序）。

Wish 成立之初的产品定位是图片社交 App，类似于现在的 Instagram（国外流行的一款图片社交应用）。但在 2013 年，Wish 的联合创始人张晟听从了一位朋友的建议，将产品交易系统引入 Wish 平台，并获得了巨大的成功，在当年就取得了 1 亿美元的销售额。

Wish 作为一款移动端电商平台 App，近年来之所以发展迅速，是因为其不但成功借力了跨境电商的发展潮流，而且在很大程度上得益于智能手机的飞速发展。但是，Wish 能发展到现在的程度，最大的原因还在于它的数据运算技术，它是第一家完全将“算法推荐技术”运用于电商交易的平台。

与其他电商平台相比，Wish 是一家年轻的跨境电商平台，Wish 也在积极布局自己的全球物流体系，并不断改良卖家服务体系，争取在卖家和买家之间找到一个平衡点。

1.2.5　沃尔玛

沃尔玛（Walmart），来自美国的跨国零售巨头，曾经多次被美国《财富》杂志评为世界 500 强公司之首。

近年来，沃尔玛不断收购现有的电商平台，并连续多年保持对电商产业的巨额资金投入，这些努力使得沃尔玛在 2018 年成功跻身美国第三大电商平台。沃尔玛电商平台每月的访问量超过 1.1 亿人次，这些数据吸引了大批的资深跨境电商卖家入驻沃尔玛电商平台。

沃尔玛做电商平台具有得天独厚的优势，作为美国线下最为知名的零售巨头，沃尔玛自 1962 年创立以来，积累了海量的用户资源，其品牌信赖度和用户群体的广泛性都是其他电商平台所不能比拟的，其品牌和用户都可以向自身电商平台进行整体转移。

1.2.6 Lazada

Lazada，成立于 2012 年，是东南亚最大的电商平台，有着“东南亚的亚马逊”之称。目前 Lazada 开通的站点有印度尼西亚、马来西亚、菲律宾、新加坡、泰国及越南 6 个站点。

自 2012 年成立以来，Lazada 用了 3 年的时间逐渐发展成为东南亚最大的电子商务平台，目前其入驻商家超过 3 万家，平台的 SKU（库存量单位）数量超过 350 万。Lazada 平台的卖家数量众多，其中中国卖家占了绝大多数，而且有更多的中国卖家看好东南亚的跨境电商市场并打算进入这个市场。

1.3 亚马逊的优势

1.3.1 亚马逊平台的覆盖范围大

亚马逊自运营全球开店项目以来，共开通了北美站（美国、加拿大、墨西哥）、欧洲站（英国、德国、法国、意大利、西班牙）、日本站、澳大利亚站、印度站、中东站、新加坡站、巴西站、土耳其站等 15 个站点，已经成功覆盖全球各大洲主要的经济发达国家。以美国站为例，2018 年，亚马逊在美国电商市场上的占有率高达 49.1%，位居美国各大电商平台第一名，而排名第二的 eBay 在美国电商市场上的占有率仅为 6.6%。

1.3.2 亚马逊平台的客户消费水平高

亚马逊自成立以来，始终坚持“以客户为中心”的企业发展理念，不断通过提升客户的忠诚度来提升平台的整体规模。Prime 会员就是亚马逊推出的针对忠实客户的高级会员计划。

Prime 会员是亚马逊推出的一项高级会员计划，Prime 会员每年只要缴纳 119 美元就可以在购买很多产品时享受免费的两日送达服务，还能获得亚马逊站内独家的电视、电影和音乐节目等资源。目前，亚马逊 Prime 会员的数量已经超过 1 亿人，而且这个数量在不断增大。

Prime 会员是亚马逊平台上最为忠实的一批客户，同时也是购买力最强的一批客户，他们的年龄大部分为 35 ~ 45 岁，处于购买力最为旺盛的年龄阶段。据统计，每年 Prime 会员的消费金额为非 Prime 会员的两倍以上，这足以证明 Prime 会员的强大购买力。

1.3.3　亚马逊平台的利润率可观

亚马逊平台拥有消费能力很强的客户群体，这些客户群体对价格的敏感度较低，对品质的敏感度较高。只要产品的质量上乘并且符合客户的品位，即便产品的价格高于其他平台，这些客户也会毫不犹豫地进行购买。

在亚马逊平台上有一句老话："七分靠选品，三分靠运营"。所以只要你选到了好的产品，这款产品具有高度市场需求，那么这款产品的利润空间可能会超出你的预料。在亚马逊平台上，部分类目的产品毛利率可以达到 60%甚至 70%，这些都是其他依靠价格取胜的电商平台所不能比拟的。

亚马逊平台的推荐算法比较偏重的是产品的绩效得分和客户评价，而不是谁的产品的价格低谁就可以获得额外的权重。所以亚马逊卖家竞争的重心是提升产品的质量和客户评价，只有极少数的亚马逊卖家会使用低廉的价格来进行竞争，这些都为创建良好的竞争环境提供了条件。

1.3.4　亚马逊平台的规则完善而公平

亚马逊自转换为综合性电商平台以来，对自己的卖家服务条款进行了数次修改，以不断完善平台的规则。

在亚马逊平台上进行产品售卖，卖家服务条款是卖家必须掌握的规则，这就像我们都要熟悉自己国家的基本法律一样。卖家只有深入了解了亚马逊卖家服务条款，在后期的亚马逊店铺运营中才不会因为违反规则而被处罚，才能让自己的店铺安全、合规地持续运营。只要卖家遵守亚马逊平台的规则，卖家的店铺就是安全的，即便有被平台"误伤"的情况出现，卖家也能通过亚马逊平台为卖家提供的申诉等补偿手段得到补偿，所以，亚马逊平台的规则较为完善而公平。

1.3.5　亚马逊平台的卖家客服体系完善

在亚马逊平台上，有众多的客服人员在 7×24 小时地为卖家服务，他们按照不同的权限和工作职责被分成不同的客服小组，有的客服小组负责产品绩效，有的客服小组负责客户评价，有的客服小组负责申诉/投诉，有的客服小组负责侵权纠纷。总之，卖家提交的客服请求会被及时地分配给相应的客服小组进行处理。

当卖家产生了有关产品或店铺的问题后，卖家将这个问题提交给亚马逊平台，亚马逊平台会要求卖家留下邮箱地址或联系电话，相应的客服人员会尽快对卖家提出的问题进行解决。若卖家在问题描述界面上单击“紧急”按钮，卖家的问题会得到更为快速的解决。如果卖家的问题确实十分紧急，卖家还可以直接致电美国本土客服来解决问题。这些服务都是其他电商平台所不能比拟的。

1.4 亚马逊创造的机会

1.4.1 传统外贸企业可以进行转型

中国有众多传统外贸企业，多年来，这些外贸企业习惯于大订单、批量化的生产方式，这样的生产方式也确实曾令很多传统外贸企业获利颇丰。但时过境迁，2008 年金融危机之后，世界经济的复苏缓慢，欧美国家的经济低迷，都导致很多传统外贸企业逐渐没落。

传统外贸企业有自己独有的优势——拥有可以供自己独享的供应链资源，如果你开发的产品迎合了消费者的需求，这个产品就拥有很强的盈利能力。有些传统外贸企业可能会担心跨境电商的订单量小，其实不然，虽然跨境电商面对的是终端消费者，但是无数的小订单加起来就相当于大批量的订单，而且亚马逊平台上的单品的价格和利润都是批量销售所无法比拟的，跨境电商的一个订单所产生的利润，可能相当于之前传统外贸的 20 个甚至更多个产品的利润。

传统外贸工厂除自己直接切入跨境电商以外，还有另外一条路可以选择——变外贸为内贸，直接为我国众多的跨境电商企业服务，成为这些跨境企业供应链中的一员。传统外贸企业要时刻紧盯国际产品的趋势，不断研制出符合市场需求的产品，从而在蓬勃发展的跨境电商行业中立足。

1.4.2 我国的电商卖家可以进行多渠道发展

1. 亚马逊平台和淘宝平台的区别

亚马逊是跨境电商平台，淘宝是我国的电商平台，二者的本质不同，二者的主要区别如下。

（1）运营思路不同。

在淘宝平台上，你的好产品不一定能够卖得火爆，因为你可能要付出巨大的推广成本，在巨大的推广成本的支持下，这个本身就过硬的产品才可能有成功的机会。而亚马逊平台虽然也注重产品的推广，但是亚马逊平台更看重的是产品本身的质量和需求度，如果你的产品刚好迎合了市场需求而本身质量又不错，那么你所要付出的推广成本要远远小于在淘宝平台上付出的推广成本。

（2）运作主体不同。

淘宝平台是以店铺为主要载体来进行操作的，淘宝卖家在进行营销时也会设置很多店铺福利来招揽和留住客户。当淘宝的客户在一家店铺成功完成交易后，如果客户需要再次购买相同性质的产品，客户会有很大概率购买这家店铺的产品，这样淘宝卖家就可以轻易地挽留住一部分老客户。

而在亚马逊平台上，产品是主要的运营主体，虽然亚马逊平台上也有店铺，但是相对于淘宝平台来说，这个店铺的影响力可谓微乎其微。欧美的客户在购物时，绝大多数会直接在首页的搜索框内进行搜索，哪怕是再次购买相同的产品，也只有极少数的人会选择之前购买过的店铺。所以，对亚马逊卖家来说，店铺的概念十分模糊，亚马逊卖家不用像淘宝卖家那样去精心维护自己的店铺，他们只需经营好自己的产品。

（3）客户开放性不同。

从淘宝店铺中淘宝卖家可以获得客户的详细信息和联系方式，之后淘宝卖家可以在营销中使用短信等方式进行再次推销，从而可以和客户形成一种长期的合作关系。但是在亚马逊平台上，客户的信息是绝对保密的，亚马逊平台不允许亚马逊卖家私下联系客户，如果亚马逊卖家确有重要的事情需要与客户沟通，亚马逊卖家只能通过亚马逊平台的站内信联系客户，而且不能在站内信中留有包括电子邮箱在内的个人联系方式。如果站内信中出现了亚马逊卖家个人的联系方式，这些信息会被亚马逊系统识别并屏蔽，而且亚马逊卖家的店铺也极有可能因为违规而被关闭。亚马逊平台希望用这种方式来留住客户，亚马逊卖家在亚马逊平台上是得不到任何有价值的客户信息的。

（4）评论规则不同。

在淘宝店铺的运营中，即使客户最终没有主动留下评论，依据淘宝平台的规则，系统也会默认给出好评。

亚马逊平台没有“默认好评”这项功能，只有客户主动留评才会有产品评论出现。此外，以提供物质奖励的方式诱导或强迫客户留下好评是被严厉禁止的行为，亚马逊卖家一旦做出这种行为，被封店将是唯一的结局。

亚马逊平台还有一项直评功能——没有购买过某款产品的买家，只要达到买家留评资格，也可以在该产品下留下评论。这在淘宝平台上是不被允许的，在淘宝平台上，只有购买过该产品的买家才有资格留下评论。

（5）运营模式不同。

淘宝本身是一个交易平台，它是不参与产品售卖活动的。亚马逊与淘宝不同，亚马逊不但为卖家提供交易的平台，其自身还参与产品的开发与销售。亚马逊平台上有很多亚马逊自营的产品，这些产品 Listing 上标有“by Amazon”（亚马逊自营）的字样，并且这些产品在曝光和引流上会被亚马逊平台给予更多的照顾。可以说，亚马逊平台和卖家之间既是合作的关系，又是竞争的关系，而淘宝平台和淘宝卖家之间仅存在合作关系。

（6）客服体系不同。

在淘宝平台上购物，人们习惯通过阿里旺旺与店铺的客服沟通，以确定产品的质量、尺寸、款式等是否符合自己的要求，而且客服的回应速度往往都很快，即便是在晚上 10 点以后，某些店铺也依然会有客服提供服务。

亚马逊平台则完全不同，亚马逊平台不鼓励消费者进行很多的售前咨询，产品的基本信息都会被详细标注在产品 Listing 上，消费者通常在看完产品的基本信息后直接下单。消费者如果还想了解更多的产品信息，则会通过亚马逊站内信与卖家进行联络，而站内信的回复时效一般是 24 小时。

2．淘宝卖家可以借助亚马逊平台扩展业务范围

虽然淘宝平台和亚马逊平台存在很多不同之处，但是淘宝和亚马逊同是电商平台，它们也存在着很多相通之处，所以淘宝卖家如果将其业务扩展到亚马逊平台，会具有更为独特的优势。

（1）供应链资源。

众所周知，做电商，供应链资源是必不可少的，没有供应链资源的电商就像是无源之水、无本之木。淘宝卖家在多年的运营中已经形成了自己擅长的业务范围和熟悉的供应链资源，淘宝卖家只要将自己的产品按照亚马逊平台的运营思路进行包装和打造，即可实现两个平台之间的无缝对接。

（2）电商思维。

做电商，无论是国内电商还是跨境电商，都一定要有电商思维。电商思维首先包括数

据化思维，做电商，一切运营方法的选择都应该以数据为基础。电商思维还应该包括流量思维，只有获得了流量，才有可能获得成功。电商平台的卖家要找准自己产品的“爆点”，结合符合产品特征的引爆方式，逐步将自己的产品打造成爆款。而在这一方面，淘宝卖家具有先天的优势，他们懂得如何引爆产品，从而为自己的产品带来流量，这些都为淘宝卖家切入亚马逊平台提供了良好的条件。

1.4.3　个人可以实现自己的梦想

现在是“大众创业，万众创新”的时代，创业成为时代的主题。每年都有大批怀揣梦想的人义无反顾地踏入跨境电商的潮流之中，他们都希望借助亚马逊平台来实现自己的梦想。

那么，对于现在想进入亚马逊平台的卖家而言，是否还有机会？答案是肯定的。虽然亚马逊平台每年都有大量的卖家涌入，很多产品类目也已经是一片红海，但是并非所有的类目都如此，新手卖家可以选择小类目的蓝海产品，将产品的打造期拉长，在确保合规的情况下加快资金的流转速度，一步一个脚印地打造自己的产品线，用有限的资金和资源去实现自己的梦想。

第 2 章

快速成为亚马逊卖家

2.1 亚马逊全球开店项目

在亚马逊平台数以亿计的产品中，既有亚马逊自营的产品，又有对第三方卖家开放的产品，而全球开店项目就是亚马逊招揽第三方卖家的专属项目。"全球开店"只是亚马逊为招揽第三方卖家所起的一个项目名称，并不是说开了一个亚马逊店铺就可以将产品卖到全世界。亚马逊在全球共有十几个分站点，这十几个分站点又按照地域的组合被划分成 9 个总站点，卖家在入驻亚马逊平台之前要先选择好自己的目标站点进行店铺的注册。接下来详细介绍这些站点。

2.1.1 北美站

亚马逊北美站包括美国站、加拿大站和墨西哥站。这 3 个站点是共享后台的，即卖家只要开通了美国站，就自动开通了加拿大站和墨西哥站。同一后台的 3 个站点是共享月租的，也就是这 3 个站点每个月加起来只收 39.9 美元的月租金（专业卖家账户）。当然，卖家可以选择只做美国站，因为美国站是亚马逊的主战场。美国站是亚马逊平台的第一个站点，也是很成功的一个站点。绝大多数卖家选择美国站作为其跨境事业的第一主战场。

美国站在亚马逊全球站点中不仅拥有较高的市场占有率、购买力很强的客户群体，还拥有较为先进和快速的客服和物流体系，这些都为全世界卖家的入驻扫清了障碍，让卖家可以踏踏实实在美国站进行产品运营。正因为美国站的出色表现，每年都有数以百万计的卖家涌入，现在美国站的竞争可谓一片红海。但是，只要你用心选品、踏实运营，在美国站站稳脚跟也并不是困难的事。

2.1.2 欧洲站

亚马逊欧洲站包括英国、德国、法国、意大利、西班牙 5 个站点，这 5 个站点共享一个账户，即卖家只需要一个账户就可以将产品销往这 5 个国家。

亚马逊欧洲站是仅次于美国站的第二大亚马逊电商市场，这个市场尽管有 5 个独立的国家，但是它们彼此之间的距离非常近，在物流的选择上也可以选择使用"泛欧计划"等物流方式来进行一国发货，所以多数卖家将亚马逊欧洲站看成一个整体。

直到 2018 年，欧洲各国才开始重视卖家的增值税税收事宜。很多卖家在补税的重压之下不得不放弃经营多年的店铺，有的选择新开店铺，有的选择离开亚马逊欧洲站转战其他站点。不过这也给新卖家提供了机会，但是在亚马逊欧洲站开店，要将增值税事宜处理得当，合规运营才能走得长远。

2.1.3 日本站

亚马逊日本站是亚马逊平台的第三大站点。

亚马逊日本站在日本国内的表现非常抢眼：首先，亚马逊在 PC（电脑）端的浏览量高居日本电商前列，在移动端的每月浏览量也高达十几亿次；其次，亚马逊日本站的买家的年收入较高，多为中高端消费人群；最后，日本毗邻中国，在物流的时效和费用上，日本站无疑比美国站和欧洲站有更大的优势。而且中国的产品在日本广受欢迎。这些都为中国卖家进军日本市场提供了有利条件。

但是，日本买家对产品质量的重视程度普遍较高，质量水平不高的产品在日本站会招来很高的差评率和退货率，这都是要入驻亚马逊日本站的卖家要多加注意的地方。

2.1.4 澳大利亚站

亚马逊澳大利亚站是一个新兴的站点，于 2017 年才开放对卖家的招商入驻。

由于进入澳大利亚的时间较晚，亚马逊在澳大利亚的表现远不及在美国站、欧洲站和日本站那样出色。虽然澳大利亚是一个发达国家，其互联网普及程度很高，但是其人口偏少，这就导致澳大利亚站的流量不足，再加上亚马逊的很多促销和广告政策在澳大利亚还没有成功落地，所以澳大利亚站目前的表现还远未达到卖家的期望。想要与美国站和欧洲站看齐，澳大利亚站还有很长的路要走。

2.1.5 印度站

亚马逊印度站是印度流量最大的电商平台。

早在 2013 年，亚马逊就已经打入印度市场。现在的印度站已经开放了卖家的入驻，但是比起其他站点，印度站的入驻门槛较高，卖家需有印度本国的营业执照才可以入驻，这无疑给计划进入印度市场的卖家增加了难度。

印度的市场规模很大，印度的人口总数位列世界第二，印度网民的数量也极为庞大，但是这些都无法弥补印度买家的购买力低、印度的物流渠道差的缺陷。而已经进入印度市场的卖家也曾表示印度买家的失信率较高、印度物流的时效性较差，这个市场是否值得卖家进入，还需仔细考察。

2.1.6　中东站

亚马逊中东站的前身为 SOUQ，亚马逊以收购 SOUQ 的方式成功进入中东市场。现在亚马逊中东站每月的独立访问量巨大，是中东地区排名第一的电商平台。

虽然中东国家的经济实力很强，但是这些国家的本土轻工业极不发达，很多产品主要依赖进口，而中国连续多年成为中东多国的主要贸易伙伴。另外，中东国家的人口呈现出高度的年轻化，在亚马逊中东站的消费者中，56%处于 35 岁以下，而这个年龄段的人群又是电商消费的主力人群。中东地区可以说是跨境电商的又一片蓝海，亚马逊中东站在 2018 年斋月期间的优异表现也印证了中东市场巨大的潜力。但是中东地区的风俗习惯和宗教信仰等与我国有较大区别，卖家在进军中东市场之前要做好相应的查询工作，避免因为这些问题而引起不必要的麻烦。

2.1.7　新加坡站

新加坡，位列世界经济发达国家之列，被誉为“亚洲四小龙”之一。新加坡买家的购买能力非常强劲。在签订《中国-新加坡自由贸易协定》后，中国向新加坡出口的任何产品都无须缴纳关税，这大大减轻了跨境卖家的税费负担。

2019 年 10 月，亚马逊新加坡站正式上线，2019 年 12 月 13 日，亚马逊新加坡站正式对中国卖家开放入驻渠道。同时，为了鼓励中国卖家入驻新加坡站，亚马逊还为新入驻新加坡站的中国卖家提供了 0 元月租及 6 个月的月服务费豁免等多种优惠措施。此外，中国卖家在入驻新加坡站的 6 个月内，还可以免费申报包括秒杀、限时抢购及 Prime 会员尊享在内的多种引流活动，这对想进入新加坡市场的中国卖家具有很大的吸引力。

2.1.8　巴西站

巴西是南美洲面积最大的国家，其人口超过 2 亿人，其互联网覆盖率超过 80%。但是作为南美洲最大的零售市场，巴西的电商零售仅占其全部零售市场份额的 5%，可以说，巴西市场是目前全球跨境电商市场中少有的蓝海之一。

早在 2012 年，亚马逊就开始向巴西市场进行渗透，但是时至 2020 年，亚马逊巴西站的发展还并未成熟。

目前，亚马逊巴西站还未对中国卖家开放入驻渠道，对想要入驻亚马逊巴西站的中国卖家来说，只有接到亚马逊的入驻邀请才可以申请入驻亚马逊巴西站。

2.1.9 土耳其站

土耳其横跨欧洲和亚洲两大洲，其经济位于世界中等发达国家之列。土耳其国内的互联网普及率不高，但是土耳其的人口众多，其电商市场的发展潜力较大。

亚马逊于 2018 年 9 月正式开通了土耳其站，目前主要的招商对象仅为土耳其本土卖家。

2.2 注册卖家账户的方式

如果卖家已经决定入驻亚马逊平台，接下来要做的事情就是注册卖家账户。卖家账户有两种注册方式：一种是自注册，也就是自己通过亚马逊官网的注册界面进行注册；另一种是招商经理注册，也就是联系亚马逊的招商经理，通过招商经理下发的注册链接进行注册。

2.2.1 自注册方式

选择自注册方式的卖家，只需进入亚马逊官网，单击页面下方的“Sell on Amazon”链接，如图 2-1 所示，即可自助办理店铺注册事宜。

以前自注册的卖家只需用个人身份证即可申请开店，但是随着亚马逊平台规则的逐渐完善，现在自注册的卖家也需上传营业执照才可以完成卖家注册。这是亚马逊平台防范风险的一种方式，因为在亚马逊平台上曾出现过卖家诈骗事件，不仅让消费者蒙受了损失，还让亚马逊平台的信誉受到了极大的影响。

在本书出版之际，亚马逊平台自注册的卖家账户已经有逐步收紧的趋势，自注册成功的概率在不断降低，自注册的卖家账户也绝大部分会触发账户的审核，所以后期自注册账户会有怎样的变化，我们还需拭目以待。

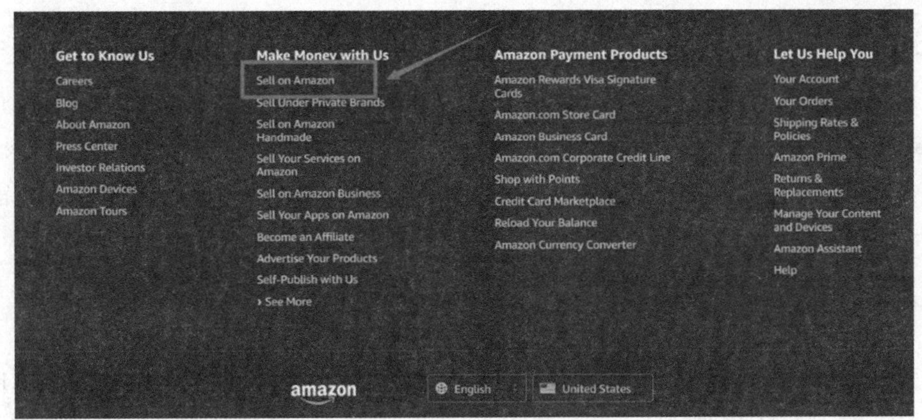

图 2-1

2.2.2　招商经理注册方式

另外一种卖家账户的注册方式，也是目前较为主流的注册方式，就是招商经理注册方式。

亚马逊为拓展世界各国的卖家业务，在各个国家招募了大批本国的员工，并让这些员工对本国的卖家进行招募和初步的审核，这些员工就是招商经理。联系招商经理的途径有很多：可以在亚马逊全球开店的页面填写资料，一般在 7 个工作日内会有招商经理主动与卖家联系；也可以关注“亚马逊全球开店”的公众号，在公众号的“我要开店”的申请页面申请开店；还可以去搜索各大亚马逊 QQ 群、微信群，在这些群里寻找招商经理，并按招商经理的要求提交申请资料。

但要注意，无论是通过自注册方式注册卖家账户，还是通过招商经理注册方式注册卖家账户，都是免费注册的，任何以注册账户为由向卖家索要钱财的行为都是不合规的。

另外，在每年的上半年，注册账户的难度会有所降低，7 月以后，注册账户的难度会急剧增加，这时的账户申请周期会延长，申请通过的概率也会大幅降低，而且注册的账户极易触发审核，所以卖家最好在每年的上半年注册账户。

2.2.3　两种注册方式注册的卖家账户的区别

无论是通过自注册方式注册卖家账户，还是通过招商经理注册方式注册卖家账户，注册的卖家账户都是亚马逊全球开店账户。这两种账户都可以在亚马逊平台上进行产品的售卖，但是二者之间还存在细微的区别。

1. 活动资源的申请

通过自注册方式注册的卖家账户在一些促销活动上无法得到招商经理的扶持，如Saving&Sales的申报，由于后台并没有申报的入口，卖家只能通过招商经理进行报名，因此卖家并不能参与这个活动。还有很多其他的官方活动也只能通过招商经理才能完成申报。

2. 账户运营的安全性

由于通过自注册方式注册卖家账户的卖家是自己在申请页面提交资料的，因此对于资料的真实性，亚马逊平台持有一定的怀疑态度，这也是通过自注册方式注册的卖家账户会更容易触发审核的原因。而通过招商经理注册方式注册卖家账户，卖家所提交的申请资料是经过招商经理的初步审核的，所以在亚马逊平台看来，其可信程度明显要高，这也是大部分卖家选择通过招商经理注册方式注册卖家账户的主要原因。

3. 后期的跟进指导

通过自注册方式注册的卖家账户，亚马逊没有为其分配专门的招商经理，因此在注册或运营的过程中，卖家如果有疑问，只能通过自己的努力去寻找答案。而通过招商经理注册方式注册的卖家账户，有一年的招商经理扶持期，在一年的扶持期内，卖家有任何问题都可以寻求招商经理的帮助。

2.3 个人卖家账户和专业卖家账户的区别和转换

2.3.1 个人卖家账户和专业卖家账户的区别

无论是通过自注册方式注册卖家账户，还是通过招商经理注册方式注册卖家账户，在注册的过程中都会面临一个选择——选择个人卖家账户还是专业卖家账户。个人卖家账户和专业卖家账户是亚马逊平台对卖家账户的种类进行的划分，在亚马逊平台上售卖产品时，这两种账户没有本质的区别，只是在操作的细节上稍有不同。

1. 店铺的费用不同

个人卖家账户不需要缴纳店铺租金，但每卖出一个产品都要向亚马逊平台缴纳 0.99

美元的费用及相应的产品佣金。而专业卖家账户每月要向亚马逊平台缴纳 39.99 美元的租金（美国站），除此之外，产品佣金还要正常缴纳。

2．购物车的权限不同

亚马逊平台 80%以上的购物都是通过购物车完成的，在同一个页面的多个卖家中，谁获得了购物车，谁就基本上获得了大部分的销量来源。个人卖家账户不具备获得购物车的权限，因此也就相应地失去了大部分的销量来源。而专业卖家账户通过出色的运营和较高的产品质量，基本上都能获得购物车。

3．数据批量管理功能不同

个人卖家账户只能通过单个产品上传的方式进行新产品的上架，而且在数据报告方面，个人卖家账户也只能获得最基本的产品数据报告，在电商平台不断数据化的今天，这无疑对分析客户需求和扩大流量来源是非常不利的。专业卖家账户则拥有批量上传产品的功能，通过在卖家后台以表格上传的方式，可以实现一次性海量产品的上架。在数据报告方面，专业卖家账户也能够获得全面的数据报告，这些报告都将为以后的运营思路和产品对策提供有力的数据支持。

4．产品可售类目的限制不同

在亚马逊平台上，产品被分成数个大小不同的类目，每个类目的产品都有不同的售卖资格，很多产品类目只允许专业卖家账户进行售卖。

在个人卖家账户和专业卖家账户的选择上，卖家要根据自己的运营策略做出适合自己的选择。如果你有长期运营亚马逊店铺的计划，专业卖家账户将是你的不二选择，因为只有选择专业卖家账户，你的店铺才能被赋予全部的运营手段，这样你在后期运营的过程中，才不会被各种限制束缚住手脚，才能让你的店铺更加出彩。

2.3.2　个人卖家账户和专业卖家账户的转换

在已注册的卖家中，绝大多数选择的是专业卖家账户，只有极少数的卖家选择的是个人卖家账户。但是这两种卖家账户并不是固定不变的，卖家可以在卖家后台进行自助更改。更改过程非常简便快捷，只需在卖家后台的“账户管理”中单击相应的“升级账户”或者“降级账户”链接，卖家账户就可以在个人卖家账户和专业卖家账户之间进行切换。

图 2-2 所示的是将专业卖家账户降级为个人卖家账户。

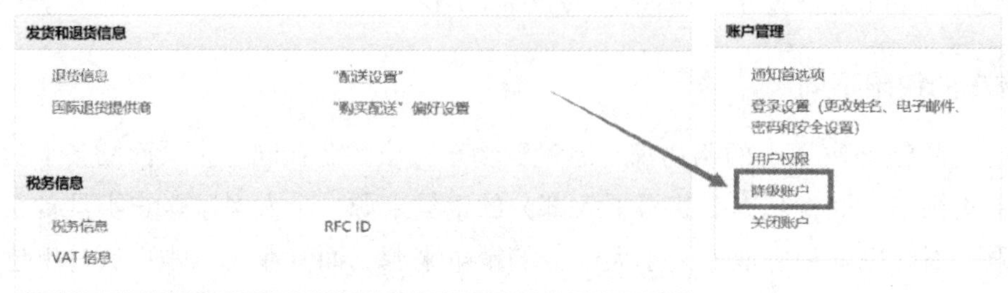

图 2-2

个人卖家账户在卖家后台自助升级为专业卖家账户后，系统会自动将扣费模式改为按月收费，这种更改的情况较为普遍。将专业卖家账户降级为个人卖家账户要慎之又慎，因为在账户降级之后如果要将个人卖家账户重新升级为专业卖家账户，亚马逊平台可能要重新对你原来的资料进行审核，这就存在审核不通过的风险。因此，卖家在进行账户降级之前要思考清楚，避免因为账户降级而带来的账户风险。

2.4 卖家账户的注册流程

2.4.1 注册卖家账户所需的资料

注册卖家账户所需的资料如下。

（1）干净的电脑（从未登录过卖家账户的电脑）。

（2）干净的网络（从未登录过卖家账户的网络）。

（3）公司的营业执照（从未注册过亚马逊各站点账户的营业执照）。

（4）手机号码（从未注册过卖家账户的手机号码）。

（5）邮箱（很重要，从未注册过卖家账户的邮箱）。

（6）法人身份证、法人护照（在欧洲站注册时需要法人护照）。

（7）双币信用卡（必须是带有“VISA”或“Master”标志的信用卡）。

（8）公司对公账户的银行对账单（在欧洲站注册时需要）。

（9）公司地址的证明，即水/电/气等账单（注册触发账户审核时才需要提交）。

下面以亚马逊美国站为例，讲述卖家账户的注册流程。

2.4.2　卖家账户注册的入口

1．通过自注册方式注册卖家账户的入口

（1）打开浏览器，输入亚马逊美国站的网址，如图 2-3 所示。

图 2-3

（2）进入亚马逊美国站官网，单击“Sell on Amazon”链接，如图 2-4 所示。

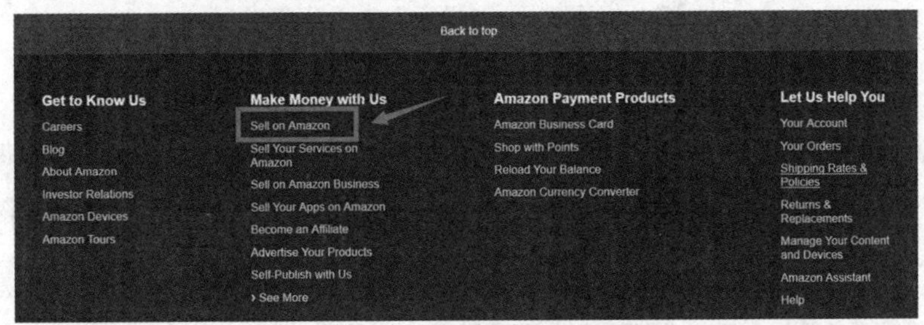

图 2-4

（3）单击页面右侧或下方的“Start selling”按钮，如图 2-5 所示。

（4）单击页面下方的“Create your Amazon account”按钮，如图 2-6 所示。

图 2-5

图 2-6

2. 通过招商经理注册方式注册卖家账户的入口

（1）搜索“亚马逊全球开店”公众号，并关注该公众号，然后进入公众号并选择右下角的“我要开店”选项，选择相应的站点即可，如图 2-7 所示。

图 2-7

（2）卖家也可以通过亚马逊的官方 QQ 群找到招商经理。在 QQ 的查找框中输入“亚马逊官方群”，如图 2-8 所示，选择相应的群加入即可。但是要注意，卖家账户的注册是免费的，任何收取费用的行为都是不合规的。

图 2-8

（3）找到招商经理，并按招商经理的要求提交相应的申请资料后，卖家会收到招商经理发来的邮件，里面包含一个注册链接，如图 2-9 所示。

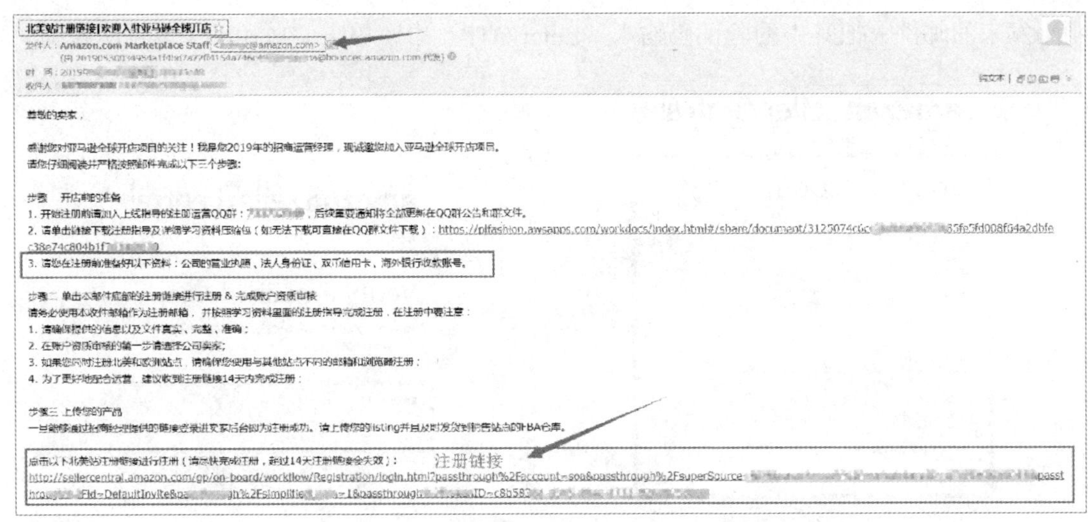

图 2-9

单击注册链接，即可开始注册卖家账户。这里要注意，所有亚马逊招商经理的联系邮箱都是以“@amazon.com”的形式结尾的，这也是亚马逊所有官方工作人员的邮箱形式，其他形式的邮箱一律是不合规的邮箱，谨防上当受骗。

2.4.3　卖家账户注册的详细步骤

卖家账户注册的详细步骤如下。

（1）进入“amazon seller central”（卖家中心）的账户注册页面，如图 2-10 所示。

Your name：填写注册姓名，为了避免日后出现不必要的麻烦，这里的注册姓名应与营业执照上的法人姓名保持一致。

E-mail：填写邮箱，非常重要，它是日后登录卖家账户和接收亚马逊官方邮件的主要渠道，最好注册一个专门的邮箱进行卖家账户申请。

Password 和 Re-enter password：对卖家账户进行密码的设定和确认，且密码位数必须大于 6 位。

在设置注册邮箱的名称时，有必要将眼光放得长远一点，即将自己的邮箱名称设置为自己的品牌名称，这样在今后的客服工作和其他推广中会加深客户对品牌的印象，给客户一种专业的感觉，并会对产品品牌的推广起到一定的促进作用。

（2）填写完所有信息之后，单击“Next”（下一步）按钮，即可进入正式的申请阶段，如图 2-11 所示。这一步是验证卖家的邮箱地址，打开注册时所填写的邮箱，找到亚马逊刚刚发来的邮件，把其中的验证码输入“Enter OTP”中，单击“Verify”（验证）按钮。

图 2-10

图 2-11

（3）这一步主要填写 Legal name（法定名称），如图 2-12 所示。

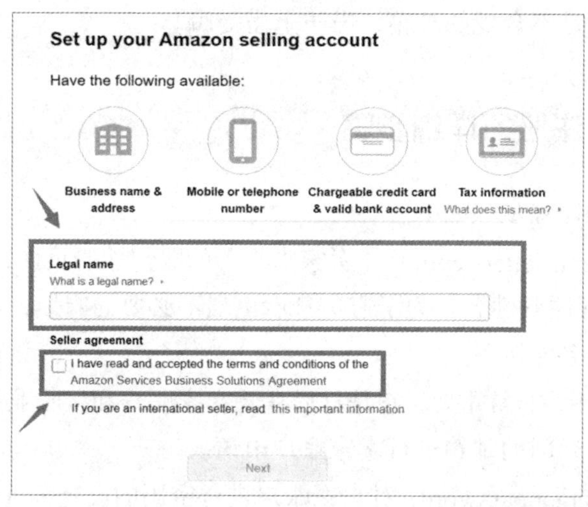

图 2-12

如果是个人注册，则填写个人的全名拼音；如果是公司注册，则填写公司名称的拼音全称。然后勾选“I have read and accepted the terms and conditions of the Amazon Services Business Solutions Agreement”复选框，即同意卖家协议，单击“Next”按钮。

（4）这一步主要填写公司的基本信息，如图 2-13 所示。

Tell us about your business.

Business address

Address Line 1 | Address Line 2

City / Town | State / Region / Province

United States | ZIP / Postal code

Choose your unique business display name

What is a business display name?

If you sell your products online, enter your website URL (optional)

Why do we ask for this?

Select an option to receive a PIN to verify your phone number

Call　SMS

Mobile number

+1 201-555-0123

E.g. +1 206 266 1000

SMS Verification Language

English　Text me now

Next

图 2-13

Business address：填写营业执照注册地址的拼音全称，国家选择“China”（中国）；“ZIP/Postal Code”按照实际的邮编填写；“State/Region/Province”中填写省份的名称，“City/Town”中填写城市的名称；“Address Line 1”中填写具体的地址信息，“Address Line 1”中写不下的，可以继续在“Address Line 2”中填写。这里的地址要和营业执照上的地址完全一致。

Choose your unique business display name：填写店铺的名字，这一步很重要，因为这个名字会显示在产品 Listing 中。这个名字不需要和营业执照或个人名字一致，但要注意不能侵权。在填入名字后，系统会自动筛选不合规范的名字。

If you sell your product online，enter your website URL（optional）：这一项是选填的，可以直接略过，没有实质性影响。

Select an option to receive a PIN to verify your phone number：选择接收验证码的方式，“Call”为电话验证，“SMS”为短信验证，二者的效果是一样的，选择哪一种都可以。填写完毕，单击“Next”按钮。

（5）这一步填写信用卡的信息，如图 2-14 所示。

这里的信用卡必须是带有“VISA”或“Master”标志的信用卡，只有这样的信用卡才可以用外币进行结算，只带有“银联”标志的信用卡是无法注册卖家账户的。

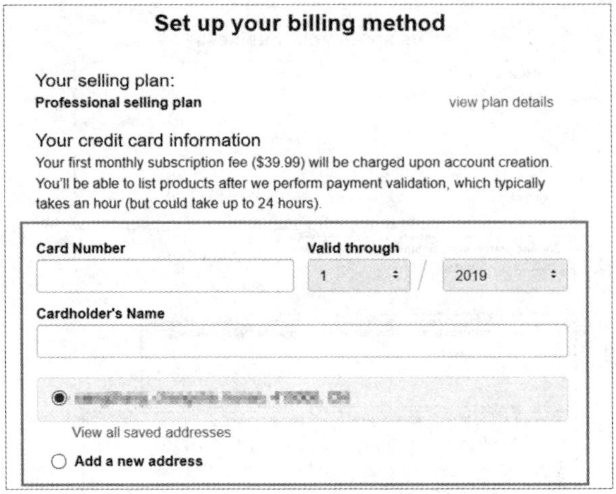

Set up your billing method

Your selling plan:
Professional selling plan
view plan details

Your credit card information
Your first monthly subscription fee ($39.99) will be charged upon account creation. You'll be able to list products after we perform payment validation, which typically takes an hour (but could take up to 24 hours).

Card Number
Valid through
1
2019
Cardholder's Name
View all saved addresses
Add a new address

图 2-14

Card Number：填写信用卡卡号。

Valid through：填写信用卡的有效期，前面是月份，后面是年份。

Cardholder’s Name：填写持卡人姓名的拼音全拼。

最后一步的信用卡地址要填写信用卡账单的地址，两个地址不一致可能导致审核不通过。填写完毕，单击“Next”按钮。

（6）这一步填写存款方式，如图 2-15 所示。

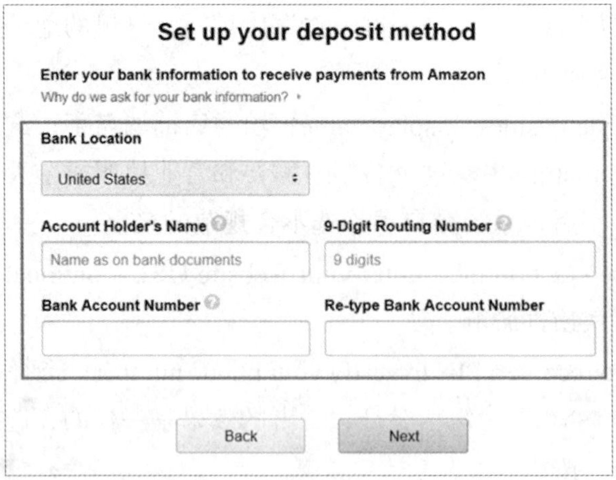

Set up your deposit method

Enter your bank information to receive payments from Amazon
Why do we ask for your bank information?

Bank Location
United States
Account Holder's Name
9-Digit Routing Number
Name as on bank documents
9 digits
Bank Account Number
Re-type Bank Account Number
Back
Next

图 2-15

所谓的存款方式，是指卖家在亚马逊平台上所产生的销售收入将以什么样的方式转到卖家手中。这里有几种主要的收款方式，如 PingPong、Payoneer、World First、连连支付等。在注册卖家账户前，应该先选择一个收款平台申请一个收款账户，然后将申请到的收款账户信息填到这里。

Bank Location：因为我们注册的是美国站，所以这里填写“United States”（美国）。

Account Holder's Name：填写在收款平台申请账户时所用的名称，这里的名称最好和卖家账户的名称一致。

9-Digit Routing Number：填写 9 位数的收款路径账户，在相应的收款平台申请账户后，登录该收款平台官网，在后台可以查询到相应信息。

Bank Account Number：填写银行账户，这个银行账户不是卖家在国内的银行账户，而是卖家选择的收款平台为卖家在亚马逊站点开具的银行账户，在收款平台的后台也可以查询到。

Re-type Bank Account Number：再将银行账户重新输入一遍。

填写完毕，单击“Next”按钮。

（7）这一步填写产品信息，可以选择“Skip for now”（跳过），也可以按照卖家的实际情况填写，如图 2-16 所示。

Tell us about your products

Skip for now

Do you have Universal Product Codes (UPCs) for all your products?

What is UPC?

Yes

No

Do you own a brand? Or do you serve as an agent or representative or manufacturer of a brand for any of the products you want to sell on Amazon?

What does this mean?

Yes

No

Some of them

Would you also like to target business buyers by enabling business seller features?

What does this mean?

Yes

No

How many different products do you plan to list?

1-10

11-100

101-500

More than 500

Back　Next

图 2-16

填写完毕，单击“Next”按钮。

（8）这一步填写主营产品类目，可以选择“Skip for now”，也可以按照卖家的实际情况填写，如图 2-17 所示。

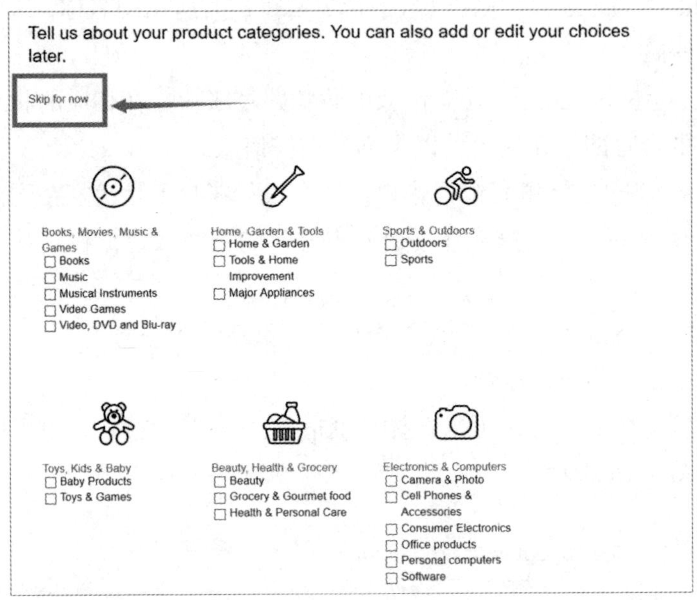

图 2-17

填写完毕，单击“Next”按钮。

（9）这一步是确认身份，如图 2-18 所示。

Identity Verification

Before we activate your seller account, please help us verify your identity.

Help

Select country in which your business is located

China

Do you represent a business?

○ No, I am an Individual. I don't have a business license. 个人

◉ Yes, I am managing this account on behalf of a business. I have a business license. 公司

Note: You will not be able to change the content of this page after you click 'Next'.

Next

图 2-18

如果是个人注册，则选择个人；如果是公司注册，则选择公司。注意，选择之后是无法更改的，要按照自己的情况谨慎选择。选择完毕，单击“Next”按钮。

（10）如果在（9）中选择的是公司，那么这一步就是对公司和公司代表的详细资料进行确认，如图 2-19 所示。

Identity Verification

Help

I am managing this account on behalf of a company or business that has a valid business license

○ Legal representative　◉ Director or representative

Identity information

National ID　#

Expiration date　MM/DD/YYYY

Country of issue　Select country

First name　First name

Last name　Last name

Date of birth　MM/DD/YYYY

Business Name, used to register with your state or federal government

Business name in English

Business license number

Business address

View all saved addresses

○ Add a new address

图 2-19

Director or representative：公司营业执照上的法定代表人，一般选择这个选项，法定代表人与信用卡持卡人如果一致，对后期的账户审核会有很大的帮助。（Legal representative 是指法律授予的代表，一般为授权委托人）

Identify information：依次填写法定代表人的身份证号码和有效期、国家、生日、姓名等信息。

Business Name、Business license number、Business address：这三者均要和营业执照上的信息保持一致。

（11）所有的资料按要求填写完毕，单击“Next”按钮，就会出现如图 2-20 所示的页面，这就代表卖家账户的注册流程已经结束，只要耐心等待注册结果即可。一般注册结果会在 10 个工作日左右发送到卖家的注册邮箱中。

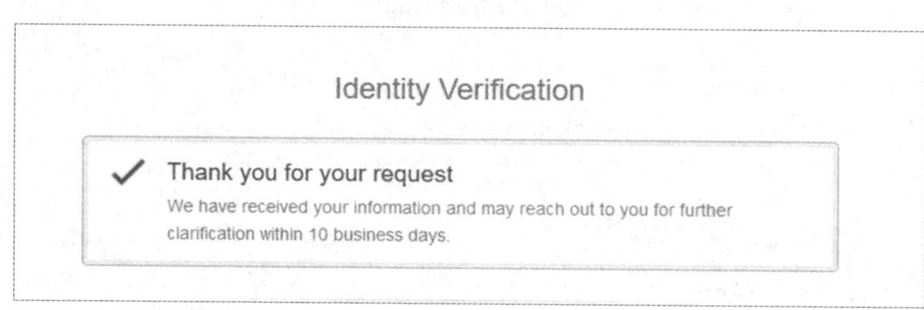

图 2-20

2.5 在亚马逊平台上开店的相关费用

2.5.1 平台订阅费

平台订阅费相当于店铺的月租，亚马逊平台每月会自动从卖家账户中扣除。当卖家账户的余额不足时，亚马逊平台会从卖家绑定的信用卡中扣除。平台订阅费是针对专业卖家账户而言的，对个人卖家账户，亚马逊平台只收取商品佣金和每卖出一个商品 0.99 美元（欧洲站为 0.75 英镑）的费用。目前，亚马逊美国站的平台订阅费是 39.99 美元/月，欧洲站是 25 英镑/月，日本站是 4900 日元/月。

2.5.2 商品佣金（以美国站为例）

商品佣金是指卖家每卖出去一件商品，亚马逊平台都要按照平台规定的佣金百分比收取的费用。一般商品佣金为商品销售价格的 8% ~ 15%，部分特殊类目有特殊的佣金百分比，具体的佣金百分比如图 2-21 所示。

商品分类	亚马逊平台将扣除基于适用百分比计算得出的销售佣金或适用的每件商品的最低销售佣金（取二者中的较高者）。请参阅上述的"销售佣金"备注。 销售佣金百分比	适用的最低销售佣金（除非另有规定，否则按件收费）
亚马逊设备配件	45%	$0.30
母婴（婴儿服装除外）用品	• 对于总销售价格不超过 $10.00 的商品，收取 8% 的销售佣金 • 对于总销售价格超过 $10.00 的商品，收取 15% 的销售佣金	$0.30
图书	15%	—
摄影摄像	8%	$0.30
手机设备	8%	$0.30
电视机/音响	8%	$0.30
电子产品配件	• 对于总销售价格中不超过 $100.00 的部分，收取 15% 的销售佣金 • 对于总销售价格中超过 $100.00 的部分，收取 8% 的销售佣金	$0.30
家具和装饰	• 对于总销售价格中不超过 $200.00 的部分，收取 15% 的销售佣金 • 对于总销售价格中超过 $200.00 的部分，收取 10% 的销售佣金 **注意**：对于床垫，无论价格点如何，我们均将收取 15% 的销售佣金	$0.30
家居与园艺用品（包括宠物用品）	15%	$0.30
厨具	15%	$0.30
大家电	• 对于总销售价格中不超过 $300.00 的部分，收取 15% 的销售佣金 • 对于总销售价格中超过 $300.00 的部分，收取 8% 的销售佣金	$0.30
音乐	15%	—
乐器	15%	$0.30
办公用品	15%	$0.30
户外用品	15%	$0.30
电脑	6%	$0.30
软件和电脑/视频游戏	15%	—
体育用品（体育收藏品除外）	15%	$0.30
工具和家居装修用品	15%，但基础设备电动工具为 12%	$0.30
玩具和游戏	15%	$0.30
视频和 DVD	15%	—
视频游戏机	8%	$0.30
其他	15%	$0.30
需要批准的分类	销售佣金百分比	$0.30
3D 打印商品	12%	$0.30
汽车用品	12%，但轮胎和轮毂为 10%	$0.30
美容与化妆产品	• 对于总销售价格不超过 $10.00 的商品，收取 8% 的销售佣金 • 对于总销售价格超过 $10.00 的商品，收取 15% 的销售佣金	$0.30
服装与配饰	17%	$0.30

图 2-21

2.5.3 FBA 费用

使用亚马逊物流服务的卖家，在售出商品后要缴纳该商品的 FBA 费用。FBA 费用的收取以商品的尺寸和重量为依据。亚马逊平台在 2019 年 2 月 9 日对 FBA 费用做了一些更改，更改后的 FBA 费用如图 2-22 所示。

尺寸分段	发货重量	包装	FBA费用
小号标准尺寸	不超过 10 盎司	4 盎司	$2.41
	大于 10 盎司，小于 16 盎司		$2.48
大号标准尺寸	不超过 10 盎司	4 盎司	$3.19
	大于 10 盎司，小于 16 盎司		$3.28
	1～2 磅	4 盎司	$4.76
	2～3 磅	4 盎司	$5.26
	3～20 磅	4 盎司	$5.26 + 超出首重（3 磅）的部分 $0.38/磅
小号大件	不超过 70 磅	1 磅	$8.26 + 超出首重（2 磅）的部分 $0.38/磅
中号大件	不超过 150 磅	1 磅	$9.79 + 超出首重（2 磅）的部分 $0.39/磅
大号大件	不超过 150 磅	1 磅	$75.78 + 超出首重（90 磅）的部分 $0.79/磅
特殊大件	不适用	1 磅	$137.32 + 超出首重（90 磅）的部分 $0.91/磅

注：1.如果是服装，每件商品应额外支付$0.40。
2.如果是含锂电池的商品，每件商品应额外支付$0.11。

图 2-22

2.5.4 库存仓储费

库存仓储费是亚马逊平台为卖家提供货物的仓储服务而收取的费用，亚马逊平台通常在每月的 7—15 日收取上月的库存仓储费。库存仓储费按照货物的平均体积进行收取，并在淡季月份和旺季月份有不同的收费费率。具体费率和计算方式如图 2-23 所示。

库存仓储费

我们一般会在每月的 7 — 15 日收取上个月的库存仓储费。例如，要查看 1 月的库存仓储费，请参阅 2 月的付款报告，该报告包含 2 月 7 — 15日的交易信息。

费用因商品尺寸分段和一年中的不同时间而异。虽然标准尺寸商品小于大件商品，但其在储存时需要经过更复杂且成本更高的装架、装柜和装箱工作，费用按立方英尺收取，因此标准尺寸商品的总仓储费可能会高于大件商品（基于体积）。

月份	标准尺寸商品	大件商品
1 — 9 月	每立方英尺 $0.69	每立方英尺 $0.48
10 — 12 月	每立方英尺 $2.40	每立方英尺 $1.20

图 2-23

2.5.5　长期仓储费

除每月按时收取库存仓储费之外，亚马逊平台还会对在 FBA 仓库中存储超过 365 天的滞销产品征收长期仓储费，以督促卖家对滞销库存进行及时的清理，从而为更多的卖家提供有效的存储空间。

亚马逊平台在 2019 年 1 月对长期仓储费政策做了少许改变，自 2019 年 2 月 15 日起，只对在仓库中存放超过 365 天的产品征收长期仓储费，对于在 FBA 仓库存放时间在 181 ~ 365 天的产品将不再征收长期仓储费。长期仓储费自 FBA 仓库收到产品的那天开始计算，实行“先进先出”的原则。卖家可以在卖家后台中选择“库龄和库存状况报告”选项卡，在此选项卡中查看自己库存中的哪些产品需支付长期仓储费。

长期仓储费的费率比库存仓储费的费率要高很多，所以不少卖家因为没有清理滞销库存而被征收了大额的长期仓储费，给自己造成了不小的经济损失。为避免这种损失的出现，卖家可以在被征收长期仓储费之前，在卖家后台主动提交移除订单，由亚马逊平台进行产品的移除，或者直接在卖家后台设置自动移除，这样在卖家被征收长期仓储费之前亚马逊平台会自动移除达到长期仓储费征收标准的产品。

此外，卖家在亚马逊平台运营店铺的过程中还可能产生移除库存费用、退货处理费用、PPC 广告费、秒杀费用等，卖家可以按照自己运营的实际情况进行选择支付。

2.6　亚马逊平台的主要店铺模式

作为一名卖家，在选择亚马逊平台之后，接下来就要确定自己的店铺模式。店铺模式要根据自己的资金情况和运营模式来确定。下面介绍目前亚马逊平台存在的主要店铺模式。

2.6.1　自发货店铺

自发货店铺，顾名思义，即全部采用从国内或海外仓发货的店铺模式，这种模式曾是亚马逊中国卖家早期的主流选择。但是随着 FBA 服务的发展与进步，亚马逊逐渐为采用 FBA 服务的卖家提供更多的流量倾斜和曝光机会，所以这种模式在近几年逐渐没落。

采取自发货店铺模式，卖家可以减少自己的库存备货量，卖家可以在产生了订单之后再去供应商那里拿货。还有一些卖家采用零库存的运营策略，他们与供应商达成协议——供应商为其提供一件代发服务，这样就大大减轻了库存备货带来的资金压力。

但是自发货店铺模式的劣势也较为明显，自发货的产品，其物流时效无法和FBA产品相提并论，在买家越来越强调快速到货的今天，自发货的物流速度也会令卖家失去很大一部分客源。而且自发货的产品权重较低，自发货的产品在亚马逊平台的算法中处于劣势地位，这也是越来越多的卖家放弃采用自发货店铺模式的原因。

2.6.2 FBA批量铺货店铺

FBA批量铺货店铺常见于深圳某些著名的大卖公司，这些公司资金实力雄厚、产品线很长，大部分采用FBA发货方式，实行“广泛铺货，重点选拔”的经营策略。一般是先将产品开发人员海选出的产品进行FBA试销，然后根据各个产品的表现进行后期的选择。

FBA批量铺货店铺模式的优势在于可以将选品的范围扩展到最大，卖家通常以几百甚至几千个产品的矩阵来进行类目的全覆盖，然后对这些新上的产品实行同样的扶持政策，待所有的产品实际运营2~3个月以后，再进行产品选拔。

但是FBA批量铺货店铺模式不适合新手卖家，因为这种模式需要雄厚的资金实力来支撑海量的FBA库存，同时，庞大的产品数量也需要不同的运营和推广人员进行分工合作，这对于通常是一个人身兼数职的小卖家来讲是远远达不到的局面。

2.6.3 FBA精品铺货店铺

FBA精品铺货店铺的风格比FBA批量铺货店铺精简，但其产品线又比FBA纯精品路线店铺复杂。FBA精品铺货店铺的产品线通常以某几个小类目为主，同时每个小类目之间又存在一定的关联关系，这样在产品推广时就可以形成某个小类目下的产品矩阵，这对后期的关联推广有很大的促进作用。

FBA精品铺货店铺的产品数量通常为50~150个，每个产品都是严格按照某种选品规则挑选的产品，这些产品通常位于销量排行榜的中间位置，既不出彩又不落后，卖家以一定的精品数量取胜。

2.6.4 FBA纯精品路线店铺

FBA纯精品路线店铺的产品数量不多，其产品往往只集中于某一个小的具体类目，但是这些产品的个体实力非常强。这些产品往往全部占据这个小类目前三的位置，在产品的细节处理、评论数量、质量得分、搜索排位等方面，这些产品全都占据着前排的位置。

FBA 纯精品路线店铺通常实行的是品牌化运营策略。在产品上线之初，卖家就确定了产品的品牌故事、品牌策略等。在平时的运营推广中，卖家会结合站内和站外等平台，不断将这些故事对消费者进行渲染，让消费者在潜移默化中逐渐意识到该品牌的价值和地位，进而让消费者产生对该品牌的高度依赖性。

2.6.5　"小而美"的店铺

刚入行的小卖家或者刚刚起步的创业型公司应该选择什么样的店铺模式？这需要结合自身的具体情况来做出选择。

如果你是工厂型的公司或者是供应链比较有优势的创业者，可选的目标产品通常比较特定，即要么是自己公司的产品，要么是其他公司的可以为你所用的产品。在这种情况下，你的供应链水平较高，如果你的产品经过市场调研属于蓝海小类目或者属于供不应求的产品，那么 FBA 纯精品路线店铺模式将是你的最佳选择。

如果你特定供应链上的产品属于市场上的常见产品或者已经是处于生命周期中期或末期的产品，那么你可以选择 FBA 精品铺货店铺模式，增大产品的覆盖面，以降低选品失败带来的风险。如果能够得到供应商的账期支持，这将会为你的成功运营增添一个很大的砝码。

如果你是刚刚进入平台的小卖家，在资金实力、供应链资源、运营技术等方面都没有优势，那么你要做的是把有限的资金用在最需要的地方，"小而美"的店铺模式将是你的最佳选择。"小而美"的店铺可以保证你将有限的资金投入到你精挑细选的几款产品上，通过前期的谨慎选品和切实可行的运营策略，你就可以打造几款产品以维持一个店铺的基本运作。

2.7　亚马逊店铺的预算及资金周转周期

2.7.1　常规预算

正常的产品运营流程：选品—采购—发货—推广—补货。所以店铺的常规预算与店铺的产品种类和备货数量有直接的关系，产品种类和备货数量不同，店铺的常规预算会有很大的差别。亚马逊店铺的常规预算主要包括以下几项。

（1）选品软件的购买预算。

（2）产品的采购预算。

（3）国内的物流预算。

（4）将产品发到亚马逊仓库的头程物流预算。

（5）产品上线后的推广预算。

（6）后期补货的预算。

（7）其他预算，如注册公司的预算、聘请财务代理记账的预算、采购办公用品的预算、购买网络或虚拟机等配套设施的预算等。

2.7.2 风险预算

在准备好常规预算之后就可以初步运营亚马逊店铺了。但是，随着竞争日趋激烈，越来越多的风险会随之而来。这时卖家要评估自己的风险抵御能力，在风险来临之前做到对风险的有效防范。

风险预算的具体金额通常是无法准确估计的，因为风险的来临时间和风险的种类通常是无法预测的。打算创业的新手卖家要正确看待自己的创业行为，不仅要在充分了解平台规则和环境之后再做出创业与否的决定，还要注意“不要把所有的鸡蛋放进一个篮子”，争取在风险来临时能有一个稳妥的抵御风险的方式。

2.7.3 亚马逊平台的资金周转周期

不管是你的店铺是在苦苦挣扎，还是已经开始蓬勃发展，资金链的安全都绝对是店铺安全的第一大要素。

亚马逊平台的资金周转周期长达 14 天，但是这并不是说售出产品 14 天之后卖家就可以拿到销售货款。亚马逊平台转账到卖家的中转平台需要 3 ~ 5 天的时间，中转平台还要再用 1 ~ 3 天的时间才能将资金转入卖家绑定的国内银行卡上，这样转账周期就变成 20 多天。但是这个 20 多天是从产品售出的那个日期开始计算的结果，实际的资金周转时间要更漫长。卖家从供应商那里采购产品之时就已经支付了货款，这时资金就开始了它在亚马逊平台的周转旅程。如果产品可以选择空运，那么产品基本在一周内可以上线，再经过一段时间的推广，产品可以成功售出，产品的销售货款就进入卖家账户，再经过前面所说的 20 多天的周转，产品的销售货款在扣除相关费用后就可以回到卖家手中。这个周期有一个月之多，而且这是最为顺利的周转周期。

如果产品不适合空运，那么只能选择海运的方式，这样资金周转周期又会增加一个月。

所以，对卖家来说，在亚马逊平台上创业要注意的因素很多，但是一定要将资金的健康周转放在最重要的位置，否则，一旦资金周转出现问题，你的本次亚马逊之旅就会以失败告终。

2.8　结算与收款

2.8.1　亚马逊平台的结算方式

对卖家来说，将自己的产品成功卖出只是第一步要做的事情，更为重要的事是如何收回卖出产品的货款。收款的安全与便捷是每个卖家都必须重视的事。

目前，亚马逊平台主要通过向卖家绑定的银行收款账户转账来让卖家收回货款。目前，中国卖家常用的银行收款账户有美国银行账户和中国香港银行账户。另外，几种虚拟银行账户，如 PingPong、Payoneer、WorldFirst、连连支付等也得到了不少卖家的青睐。

2.8.2　市场现有的收款账户的种类

1. 传统银行账户

（1）美国银行账户。

目前，在美国注册的公司才可以开立美国银行账户。注册美国公司需要的资料较为复杂，因此使用美国银行账户的卖家较少。而且美国银行账户的开立时间较长，办理周期通常在一个月以上，开户费用也较高，为 1 万 ~ 3 万元人民币。

（2）中国香港银行账户。

目前，使用中国内地个人身份证开立中国香港银行账户已经非常困难，最好使用在中国香港注册的公司资料进行办理。中国香港银行开户的办理周期约为一个月，但是其开户费用较低，仅需几千元人民币。

不管是美国银行账户，还是中国香港银行账户，都属于传统银行账户，多数人认为传统银行账户的安全性大于虚拟银行账户。但是，在跨境电商平台，传统银行账户的弊端也是显而易见的：首先，一个传统银行账户只能绑定一家亚马逊店铺，如果卖家有多个店铺，则不能将它们绑定到同一个传统银行账户上；其次，传统银行账户对个人外汇资金的监管普遍较为严格，如果短期内有大量的外汇流入国内银行账户，可能会引起银行系统的风险审核，从而对店铺的运营造成潜在的风险。所以，现在越来越多的卖家开始放弃使用传统银行账户，转而使用更为方便快捷的虚拟银行账户。

2. 虚拟银行账户

目前，采用虚拟银行账户是卖家较为主流的选择，卖家在其选择的收款平台上注册一个虚拟银行账户，再将自己的亚马逊店铺和自己的收款账户进行绑定，就可以实现亚马逊店铺和国内银行账户的无缝对接了。

目前，虚拟银行账户的安全性比从前有了很大的提升，并且虚拟银行账户可以很好地处理多卖家账户之间的关联问题，这就为那些多账户运营的卖家提供了极大的便利。只需一个虚拟银行账户，卖家就可以实现多个亚马逊店铺的收款工作，而且不必担心账户的关联问题。

另外，在客户服务的效率和质量上，虚拟银行账户的服务水平也优于传统银行账户。目前，主流的收款平台基本都在我国设置了办事处和中文客服，一旦客户有任何困难和问题，收款平台基本都可以在 24 小时内予以解决。

目前，市场上的虚拟银行账户的收款平台主要有 PingPong、Payoneer、WorldFirst、连连支付等，不同的收款平台会有不同的费率、不同的结款时效、不同的服务水平，卖家可以根据自己的实际情况谨慎选择。

目前，跨境支付行业的发展速度很快，但是行业的监管还有待加强，这就使得很多中小收款平台如雨后春笋般生长起来，有些甚至用超低的费率去吸引客户。对卖家来讲，资金的安全比服务的水平更为重要，所以卖家在选择收款平台时，一定要擦亮自己的眼睛，千万不要因小失大。

2.9 亚马逊平台的运行规则

2.9.1 运营亚马逊店铺的底线——保证卖家账户的安全

近些年，卖家的数量急剧猛增，很多产品类目成为一片红海，竞争十分激烈。在这样的背景下，很多卖家开始使用各种运营技术，以期在竞争中取胜。但是卖家一定要坚守一条底线——卖家账户的安全。因为在亚马逊平台上，没有了卖家账户一切就无从谈起。如果不确定一项运营技术或测评资源是否安全或可靠，那么宁可舍弃它，也不要因此让卖家账户处于危险之中。

2.9.2　卖家服务条款

亚马逊平台的卖家服务条款是卖家必须遵守的规则，如果卖家不遵守它，就会受到相应的惩罚。

卖家服务条款对卖家的运营规则做出了非常详细的规定，卖家只要遵守卖家服务条款，卖家账户就不会被关闭。即便亚马逊平台误关闭了卖家账户，卖家也可以通过申诉找回卖家账户。

卖家服务条款的内容非常详细，其中关于产品评论和站内信的规则更是非常重要，卖家账户被亚马逊平台关闭的原因中，操控评论和站内信违规是占比最大的。因此，卖家要想让自己的账户能安全地持续运营下去，务必仔细研读并遵守卖家服务条款。

2.10　账户关联和规避措施

2.10.1　账户关联

为了创造优良的客户体验，防止卖家重复上传相同的产品信息，亚马逊平台只允许一个卖家开立一个卖家账户。如果卖家想开立多个卖家账户，则需要使用不同的注册资料和网络环境，因为亚马逊平台一旦监测到某几个卖家账户之间存在某种关联，则会强制性地关闭其中的几个卖家账户，只保留一个卖家账户。这就是亚马逊的账户关联规则。

2.10.2　判定账户关联的主要因素

1. 硬件部分

硬件部分主要包括电脑、网线 IP 地址、网卡 MAC 地址、路由器信息、硬盘信息等。这就要求卖家在进行多账户操作时，要给各个账户配备独立的电脑和网线，绝对避免在同一电脑和网络环境下进行不同账户的操作。必要时可采取无线上网卡的方式进行操作，尽量保证一个账户对应唯一的电脑和网络。只有这样，才能在硬件方面做到防关联操作。

2. 软件部分

软件部分主要包括浏览器、Cookie 记录、输入法、存储路径、浏览习惯等。软件部分是亚马逊平台识别和判定账户关联的次要因素，亚马逊平台不会单单因为这个因素就判定账户关联，软件部分只能作为判定账户关联的辅助性因素。

3. 卖家账户信息

卖家账户信息导致的关联主要是指在注册卖家账户的过程中，卖家使用了法人相同的公司、同一信用卡持卡人、相同的注册地址、相同的法人名字、相同的电话号码等信息，导致亚马逊平台判定各个卖家账户之间存在某种意义上的关联关系，从而将其判定为关联账户。

注册卖家账户一定要用“干净”的资料进行注册，所谓的“干净”的资料，是指从未注册过卖家账户的营业执照、身份证、手机号码、信用卡等资料，一套资料只要曾被用作卖家账户注册，不管这个卖家账户是否还在使用，这套被注册过的资料都不可以再次使用。

4. 产品信息

亚马逊平台判定账户是否关联的因素，还有非常重要的一个——产品信息。如果卖家的几个卖家账户的产品在类目、价格、运营手法、Listing 中的内容等方面都是雷同的，那么亚马逊平台通过大数据比对，很有可能会认为这几个卖家账户之间存在某种关联，从而将这几个卖家账户判定为关联账户。

所以，如果卖家有多个卖家账户，且计划用相同的产品线来运营，那么一定要将各个卖家账户的产品 Listing 中的信息稍作区分，尤其要改变产品的图片，以免自己的卖家账户被判定为关联账户。

5. 商标信息

商标类关联账户的判定通常很简单——通过对商标使用者之间的关系来进行关联账户的识别。如果卖家申请的某个商标已经用于某个亚马逊店铺的品牌备案，在这个店铺被封之后，卖家又再次试图将这个商标用于另外一个店铺的品牌备案，那么这种行为极易引起亚马逊平台大数据系统的预警和审核。

另外，在欧洲站的运营中，亚马逊平台规定持股超过 20%的股东要提供信息以供亚马逊平台审核。这种不同公司存在相同股东的情况，在欧洲站的审核中经常会被判定为账户关联，所以欧洲站的卖家对不同股东之间的股份问题，要提前做好审核的准备工作。

2.10.3　账户关联的后果

如果同站点之间的多个卖家账户之间存在某种关联且这些卖家账户已经被亚马逊平台判定为关联账户，那么亚马逊平台会在对各个卖家账户进行综合评判后，给卖家发一封措辞友好的邮件，告诉卖家其账户被判定为关联账户的事实和依据，然后让卖家选择保留某个账户作为其唯一的卖家账户，随后强制卖家下架其他关联账户上的所有产品。亚马逊平台通常以此种方式来处理卖家在平台上重复开店的情况。

2.10.4　账户关联的规避措施

卖家如果想进行多账户操作，可采用以下几项措施来规避账户关联。

1．使用独立的硬件和软件

这种方法最为直接，但是经济成本偏高。为每个卖家账户配备独立的电脑、网线等设备，会是一项不小的开支，对小卖家来讲，这会有一定的压力。

2．采用虚拟机进行操作

卖家需要通过购买套餐的方式进行虚拟机账户的注册，卖家可以根据不同的网速和硬盘空间来选择价格不同的套餐。每个虚拟机的 IP 地址都是干净和独立的，卖家只要在自己的电脑桌面上安装一个程序就可以使用远程桌面来操控自己的账户。如果卖家有多个卖家账户，卖家可以在同一台电脑上安装多个虚拟机程序，这样就可以用同一台电脑轻松操作多个卖家账户。

卖家可能要问，这样不会引起账户关联吗？其实虚拟机的工作原理是将一部服务器分割成多个虚拟机，分割后的每个虚拟机都可以具备独立的 IP 地址和硬盘空间，各个虚拟机可以独立地执行程序和指令，所以只要这个虚拟机从未被卖家使用过，这台虚拟机就不会引起账户关联。

3. 使用超级浏览器防账户关联

相对于虚拟机而言，超级浏览器出现在亚马逊平台上的时间还不长，不过也已经有很多卖家选择使用超级浏览器来进行多账户的操作。

超级浏览器一般需要卖家付费购买。卖家在登录之后，超级浏览器会为卖家分配独立的登录环境和干净的 IP 地址。如果卖家使用多个卖家账户同时登录，那么超级浏览器会将每个卖家账户用独立的页面和独立的环境进行登录和操作，将各个卖家账户之间的关联因素进行隔绝。

2.11 开 Case

2.11.1 开 Case 的含义

Case 直译为中文就是“案件、案子”，在亚马逊平台上，它指的是卖家向亚马逊平台发起的咨询或请求。卖家将自己的请求通过邮件或电话的方式发送给亚马逊客服，就是开 Case。

开 Case 在卖家日常的运营工作中非常重要，有些卖家甚至每天都需要开出一定数量的 Case 才可以保证其店铺的日常运营。例如，产品被跟卖了要开 Case 向亚马逊客服投诉；产品进仓后迟迟没有上架要开 Case 找亚马逊客服查询；货款迟迟没有收到要开 Case 找亚马逊客服催款。总之，开 Case 是卖家必须掌握的运营手法。

2.11.2 开 Case 的流程

开 Case 的流程如下。

（1）卖家登录自己的卖家后台（以中文版操作界面为例），单击右上角的“帮助”，如图 2-24 所示。

图 2-24

（2）进入如图 2-25 所示的界面。卖家可以在其中选择要与亚马逊客服沟通的问题主题。如果图 2-25 中的主题中没有卖家需要的，卖家可以在搜索框中输入自己的问题进行搜索。

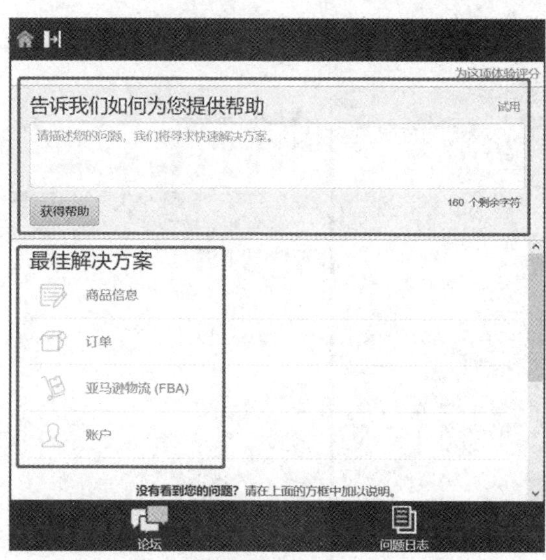

图 2-25

（3）如果搜索结果还未能满足卖家的需要，卖家可以单击界面下方的“联系亚马逊”链接，如图 2-26 所示。

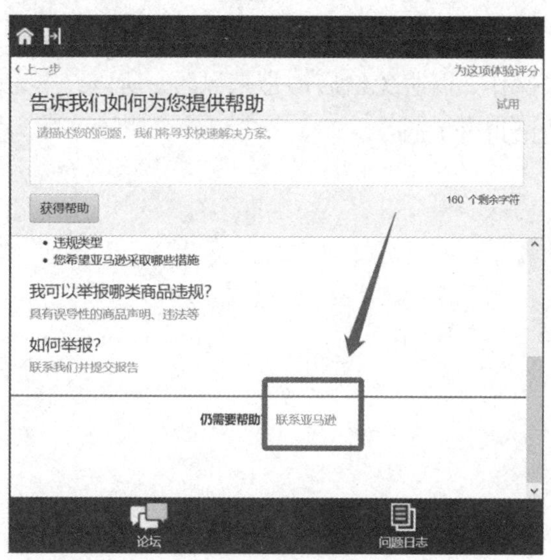

图 2-26

（4）进入如图 2-27 所示的界面，这里基本涵盖了亚马逊所有的客服沟通主题，卖家可以选择具体的主题和亚马逊客服进行邮件或电话沟通。

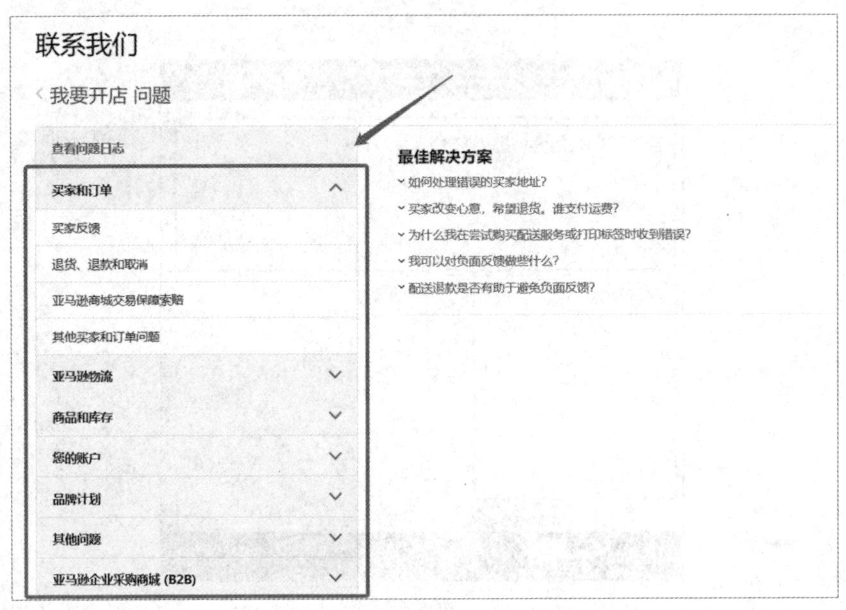

图 2-27

在亚马逊平台上，开 Case 是卖家几乎每天都要做的事。成熟的卖家更是将亚马逊客服当成规则的指引员。因为亚马逊平台的规则多如牛毛，卖家不可能把每条规则都熟记于心。卖家对某项运营手法是否合规并不了解时，最好的方法就是求助于亚马逊客服，按照亚马逊客服的指引去操作，以避免给店铺带来风险。所以，作为一名卖家，在你不确定一件事是否可行时，请记得开 Case。

第 3 章

“产品为王”的运营原则

3.1 选品的重要性

在亚马逊平台上有这样一种说法："七分靠选品，三分靠运营"，由此可见选品的重要性非同一般。

随着亚马逊全球开店项目的发展，跨境电商的发展势头强劲，大量的全球卖家涌入亚马逊平台。这些不断涌入的海量卖家，加剧了竞争，推高了成本，削薄了利润，很多卖家因为竞争过于激烈而退出了亚马逊平台。在这样的大环境下，能否有一款好卖的产品就成为一个店铺能否成功的主要因素。可以说，选品的成功基本等于店铺的成功。如果你选到了一款蓝海小类目产品，那么你将面临温和的竞争环境和较大的利润空间；反之，如果你因为选品技术落后或者其他原因选到了红海类目的产品，那么你的亚马逊之路注定不会平坦，因为你将面临很多实力强劲的竞争对手，如果你的实力不强，你就会很快被淹没在亚马逊的滚滚洪流之中。

很多卖家在计划入驻亚马逊平台时因为没有供应链资源而心生退意，他们担心自己因为找不到好的货源而折戟沉沙。其实这是完全不必担心的事，随着跨境电商的发展，传统的 B2B 企业早已认识到跨境电商的巨大红利，他们早已将目标瞄准了跨境电商，纷纷推出为跨境电商卖家量身打造的产品和服务方案。目前，市场上的货源平台很多，主流的平台有阿里巴巴集团的 1688 网站，另外还有其他很多专业性的网站，如主营小商品的义乌购等网站。卖家还可以根据自己身边的资源去开发一些私人供应链产品。

新手卖家在初创阶段，由于资金和资源的匮乏，通常以 1688 等网站作为采购产品的主要选择。随着卖家经验的不断增加和资金链的实力不断增强，卖家可以将自己的主营产品线进行垂直开发，深挖产品的小类目根基，联合自己的供应商做出一些独一无二的产品。

3.2 新手卖家在选品时应遵循的九大原则

很多新手卖家的资金和资源不是特别充足，这就要求他们必须走一条较为稳妥和安全的发展路线，这样才能保证产品的前景良好，并将其有限的资金和资源实力发挥到极致。为了降低选品的风险，新手卖家在选品时应该遵循九大原则。

3.2.1　尽量选择重量较小的产品

新手卖家的资金实力不强，其头程物流资源也比较匮乏，这就需要从节省成本的角度考虑，尽量选择一些重量不超过 500g 的产品作为初次入驻亚马逊平台的试验品。

在当前的亚马逊运营成本中，头程物流的成本占了很大比例，有些甚至占到了产品采购成本的一半以上，所以在资金实力不足的情形下，新手卖家要尽量选择一些重量较小的产品。如果产品的重量太大，其空运的成本会急剧上升。如果选择海运的方式，这就意味着你现在投入 1 万元，可能要 60 多天甚至更长的时间以后资金才会循环回来，然而在这期间你需要不断地投入资金进行补货，再加上其他各项支出，你的资金链将会承担巨大的压力，资金链一旦断裂，你的这次亚马逊之旅也将宣告结束。

3.2.2　尽量避开敏感货

敏感货是指液体状、粉末状、带磁、带电、带异味的产品。很多头程物流服务商不接收敏感货，卖家需要特意寻找接收敏感货的头程物流服务商，这就在无形之中增加了卖家发货的难度和成本。而且敏感货在运输途中存在很多不确定的因素，这构成了产品运输过程中的不安全因素，中间如果有一个环节出现问题，就会导致产品不能按时上架，甚至会引起一系列的连锁反应，更会对卖家的信心造成打击。

3.2.3　尽量避开需要类目审核的产品

亚马逊平台上的有些产品类目不对卖家开放，有些产品类目不对除美国本土以外的卖家开放，还有些产品类目属于半开放式的，卖家要经营半开放式产品类目的产品，必须先通过亚马逊平台的类目审核。这些需要类目审核的产品通常和人的健康息息相关，如婴幼儿产品、车辆配件、食品相关产品，如图 3-1 所示。

亚马逊平台通过类目审核来确保卖家具备一定的实力和资质来经营这些产品，类目审核的通过率不是 100%，这就意味着如果你的审核不通过，那么你选品所耗费的时间和精力都将付之东流。有人认为这类产品的竞争相对会小一些，新手卖家应该经营这类产品，但是我建议新手卖家在有了一定的运营经验之后再经营这些产品，以便在处理相关问题时更加得心应手。

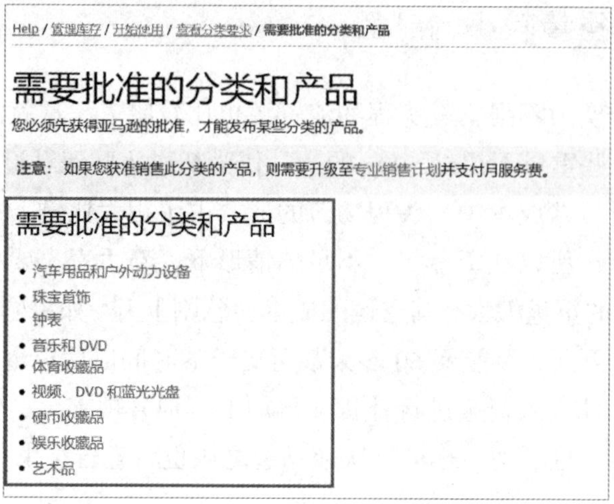

Help / 管理库存 / 开始使用 / 查看分类要求 / 需要批准的分类和产品

需要批准的分类和产品

您必须先获得亚马逊的批准，才能发布某些分类的产品。

注意：如果您获准销售此分类的产品，则需要升级至专业销售计划并支付月服务费。

需要批准的分类和产品

- 汽车用品和户外动力设备
- 珠宝首饰
- 钟表
- 音乐和 DVD
- 体育收藏品
- 视频、DVD 和蓝光光盘
- 硬币收藏品
- 娱乐收藏品
- 艺术品

图 3-1

3.2.4 尽量选择利润率高的产品

卖家入驻亚马逊平台最直接的目的是盈利，尤其对创业型的中、小卖家来说，在亚马逊平台站稳脚跟并盈利是更为迫切的需求。如果一个产品的售价过低，其利润率就会过低，产品没有盈利空间，产品就失去了运营的意义。现在亚马逊店铺的运营成本居高不下，有些 PPC 广告被点击一次卖家就要支付 5 美元甚至 8 美元的费用，如果你的产品的售价过低、利润率不高，那么你的运营最终会是“竹篮打水一场空”。建议新手卖家将起步产品的售价控制在 15 ~ 35 美元。

3.2.5 尽量规避寡头垄断类目的产品

亚马逊平台开放卖家入驻已经很多年，一些有实力、有技术、有资源的先进入者已经将自己的品牌做大做强，基本已位于某些产品类目的垄断地位。如果新手卖家盲目经营寡头垄断类目的产品，最终只会以失败收场。想象一下，你的产品评论数还只是个位数，而你的竞争对手的产品评论数已经超过 2000 了，这是多大的差距。这样的差距不是你在短时间内可以消除的，而且这会直接导致你的产品的点击率和转化率非常低，进而导致你的 PPC 广告费居高不下。新手卖家在选品时要尽量规避寡头垄断类目的产品，找准一些蓝海小类目的产品。

3.2.6　尽量选择市场容量不是太小的产品

产品的市场容量不是太小，简单来说就是产品所在类目的销量最大的前 20 名的产品的销量不能太小，如果产品的销量太小，如销量最大的产品每天的销量只有 5 个，你经营这个类目的产品就没有意义。可以使用付费软件来检测竞争对手的销量，这是进行销量查询最简捷的方法，而且其费用也不是很高。

3.2.7　要兼顾大小类目的排名

在每个产品 Listing 中都有一个 Best Sellers 排名，上面是大类目排名，也就是一级类目排名，下面还有一个或多个小类目排名，通常为四级或三级类目排名，如图 3-2 所示。

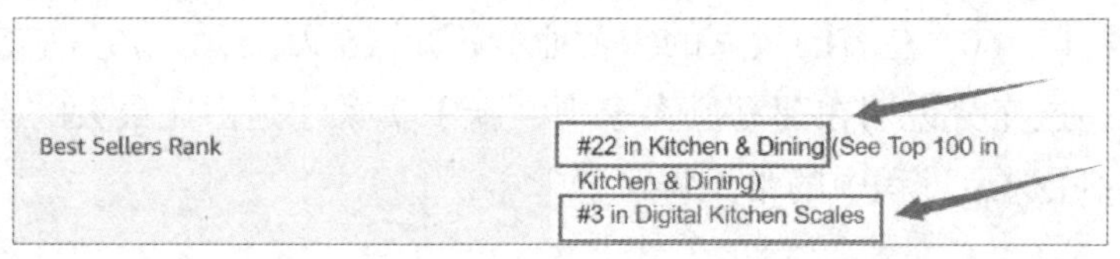

图 3-2

这两个排名通常是按照销量来划分名次的，而且每个小时都会重新计算一次，这意味着每个产品的排名在每个小时都会有不同的变化。要兼顾大小类目的排名是指新手卖家不仅要注意观察自己所选的产品在小类目中的排名情况，还要关注自己所选的产品在大类目中的排名情况。例如，有些产品在小类目中排名前 3，但是在大类目中排名 30 000 名以后，这就说明这个产品的市场容量很小，这种类目的产品也不太适合新手卖家经营。

3.2.8　尽量避开节日性或季节性的产品

以亚马逊美国站为例，美国每年都有很多节日（如万圣节、圣诞节、感恩节等），也有季节划分，新手卖家在选品时应尽量避开节日性或季节性的产品。因为一旦该节日或季节结束，产品势必会滞销，而新手卖家还要为滞销产品支付高额的长期仓储费，或者要为销毁滞销产品支付销毁费，或者支付相关费用将滞销产品移至海外仓，等到下年再找机会继续销售。所以新手卖家在选品时要尽量避开节日性或季节性的产品，尽量选择无节日、无季节特征的产品，保证产品全年可售，把选品失误的风险降到最低。

3.2.9 避免选择会侵犯知识产权的产品

众所周知，美国等欧美国家对知识产权的保护非常严格，如果你销售的 T 恤上出现了小小的迪士尼的图案或文字，那么不仅你的产品 Listing 会面临被删除的命运，你的店铺也会面临被审查或关闭的结果。新手卖家在确定上线一个产品前，尽量在各国的相关专利网站查询一下专利情况，避免出现侵犯知识产权这类低级错误。

3.3 新手卖家在选品过程中的常见误区

在亚马逊平台的所有卖家中，新手卖家所占比例超过了 60%。这里说的新手卖家是指入驻亚马逊平台不足两年的卖家。Feedvisor 的分析报告显示，截至 2018 年年底，在全球各站点的卖家中，60%左右的卖家的年营业额不足 25 万美元，73%左右的卖家的团队人数低于 5 人，这充分说明在亚马逊卖家中，新手卖家才是占比最大的卖家群体。下面来分析新手卖家在选品过程中的常见误区。

3.3.1 选品环节过于草率

虽然大多数新手卖家都知道在亚马逊平台上“七分靠选品，三分靠运营”，但是很多新手卖家在选品时毫无头绪，采用“跟风式”的选品方式，根本不用数据去分析产品的生命周期、盈利空间、竞争程度、知识产权、供应链分布等问题，在将产品上架之后，要么产品遇到投诉导致产品 Listing 被删除，要么产品已经过时无人问津，自己所有的投入基本血本无归。

选品不是看心情、看外表，而是要以数据为支撑。新手卖家在选品时不要操之过急，一定要深入地分析市场，要在深入分析各种数据之后再进行意向产品的定夺，稳扎稳打地进行选品，选品的成功率会高很多。

3.3.2 从不详细分析竞争对手

很多新手卖家只关注自己的产品，从不详细分析竞争对手，这是一大误区。目前，卖家的竞争日趋激烈，这是个不争的事实，然而每个产品类目的市场不是无限大的，竞争对手的市场份额越大，你的市场份额就越小。所以新手卖家要密切关注竞争对手的一举一动，运用工具、数据去分析竞争对手的销售模式、供应链资源等，只有透彻分析竞争对手，才能真正做到“知己知彼，百战不殆”。

3.3.3　忽视数据的作用

有些新手卖家限于资金实力，没有太多的资金进行店铺运营，所以在很多地方能省则省，这种思路是没有错误的，但是有些支出是坚决不能节约的。例如，经营亚马逊店铺需要用到很多运营工具，这些工具会为你提供一些运营支持，它会为你进行运营决策提供数据支撑，而你的运营手段基本都要靠这些工具来进行前期的摸底工作，如在选品时你要看市场的竞争程度、竞品在首页的销量情况、产品在每年的季节性情况等，有了这些数据，你才能做出合理的选品决策。没有数据支撑的运营，就如同盲人摸象。

3.3.4　忽视产品的质量

在亚马逊平台上，卖家所有的运营手段都要以过硬的产品质量为基础，否则，再好的运营手段也只能是空中楼阁，无法真正落地。对新手卖家来讲，在前期一定要扎扎实实做好产品的检测工作，在选品时要多分析竞争对手的产品评论和产品问答，尤其要重点分析产品评论中的差评部分，分析产品的缺陷或不足，以及是否有办法去弥补或改进产品的缺陷或不足。如果无法解决缺陷或不足问题，宁可重新选品，也不要销售有缺陷或不足的产品，否则最后受损害的往往是你自己。

3.3.5　盲目跟风，导致产品侵权

很多新手卖家在选品时容易盲目跟风，在筛选找到一款产品并对其进行简单分析后认为其市场容量很大、竞争水平中等、利润率尚可，结果刚刚上线产品就遭遇到了对手的投诉，产品也被强制下架。在亚马逊平台上，通常那些销售火爆而竞争对手又很少的产品都申请了专利知识产权。

3.3.6　忽视产品的售后服务

亚马逊是一个相对封闭的平台，亚马逊的创始人贝佐斯希望把所有进入亚马逊平台

的买家都锁定在平台上，所以亚马逊平台严格保护买家的个人信息。在正常情况下卖家是得不到买家的电话、邮箱等信息的，亚马逊平台只允许卖家通过亚马逊平台的站内信和买家进行沟通，所以卖家千万不要忽略站内信，要及时查看并回复站内信，否则卖家的差评数量可能会因为站内信回复不及时而猛增。有些买家在收到产品后如有疑问和不满会先和卖家联系，这其实是在给卖家一个挽救差评的机会，众所周知，一个新上架的产品，尤其是没有评论的新品，一个差评就可能将它彻底杀死。卖家在每天打开卖家后台时，都应该先查看左下角的“买家消息”（见图 3-3）中有无未读的消息，以防止错过回复时间而影响店铺的绩效。

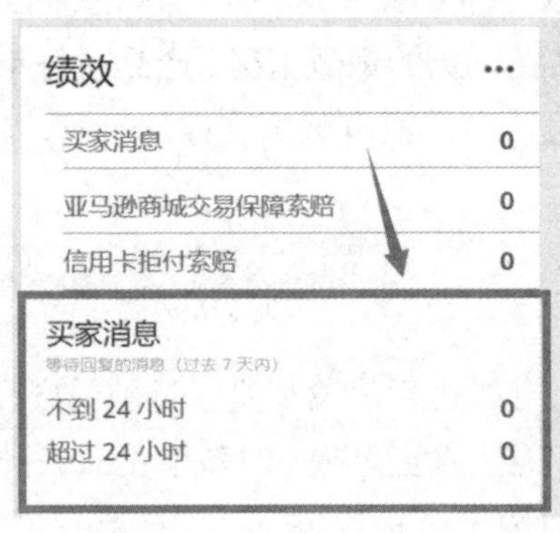

图 3-3

3.4 竞争对手是新手卖家最好的选品老师

3.4.1 排名前列的竞品是新手卖家的产品标杆

亚马逊平台上的产品是按照不同的种类被分列在不同的类目中的，所以相同的产品基本都在同一个或几个小类目中进行排列。在亚马逊平台上，除了那些季节性的、节日性的产品，其他产品的需求量都是比较稳定的，这意味着对一个特定的产品类目来说，总体的需求量是一定的。所以对新手卖家来讲，和排名前列的卖家进行对比学习，找到自身的不足并奋起直追是必须做的事。排名前列的卖家在各方面都比较出色，即便你们的产品种类相同、质量相当，但是他的产品销量遥遥领先，你的产品销量却瞠乎其后，这就需要你去仔细地分析原因并制定对策来解决这个问题。

3.4.2 对竞争对手进行分析

对竞争对手进行分析应该是全方位的，只有将竞争对手分析透彻，才能做到“知己知彼，百战不殆”，才能总结出一套适合自己的运营手段，为以后的类目竞争做好铺垫工作。

1. 对产品关键词进行分析

产品 Listing 即产品详情页面，主要用于展示产品信息。在竞品的 Listing 中可以看到它的关键词布局，将这些关键词进行梳理和罗列，就可以对我们自己产品的关键词进行查漏补缺，以保证对产品关键词最大范围的覆盖，如图 3-4 所示。

图 3-4

2. 对竞品的评论内容进行分析

在产品 Listing 中还可以看到产品的评论内容，包括产品的评论数量和质量得分，如图 3-5 所示。

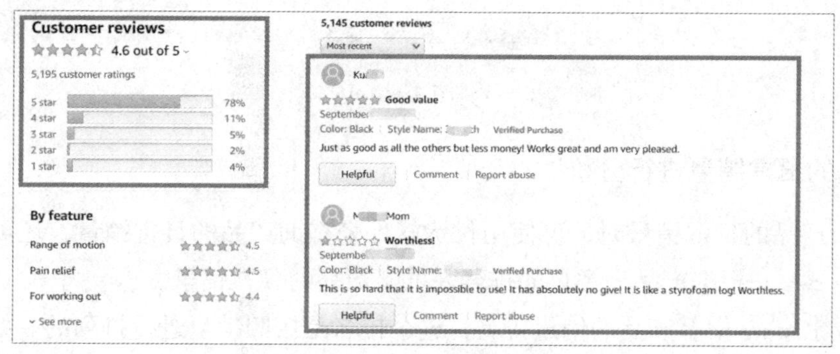

图 3-5

卖家可以将竞品的所有产品评论进行提取，然后将好评、中评、差评进行梳理，这样就可以对该产品的顾客使用体验有一个完整的认识。好评可以体现产品的亮点，卖家可以把这些亮点转化为自己的描述嵌入到自己的产品 Listing 中；差评的内容反映了产品的主要缺点，卖家可以在今后的产品开发中对产品进行细微的改造，以便开发出比竞品质量更好的产品。

3. 对竞品的产品曲线进行分析

在竞品的 Listing 中可以看到竞品的最新定价，如果卖家在浏览器上安装了数据插件，还可以看到竞品自上市以来的价格曲线、评论数量、销售排行等一系列的产品信息，如图 3-6 所示。卖家可以通过这些有价值的信息来分析竞品。例如，根据竞品的价格曲线，卖家可以分析该竞品的生命周期；根据竞品的评论数量，卖家可以分析该竞品的推广力度等。

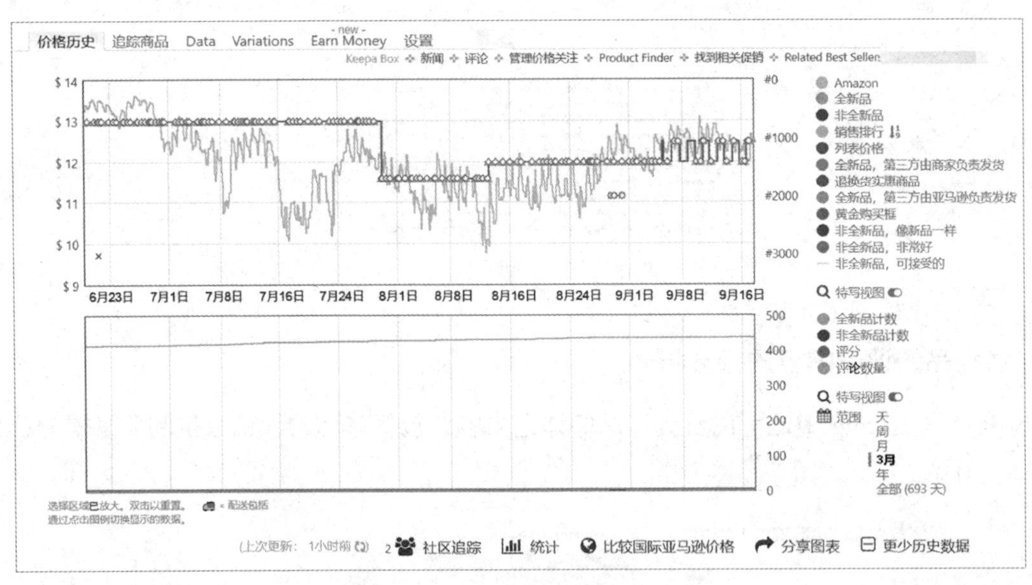

图 3-6

4. 对产品的日常销量进行分析

在分析产品的日常销量时，可使用付费软件来查询产品的日常销量，还可使用更简单易行的方式——根据产品大类目的排名来推断产品的日常销量。

在产品 Listing 中有产品的销量排名，这个排名是按照销量进行排列的。如果卖家对某一个类目比较熟悉，就可以在这个类目中建立一个销量曲线表，结合自己的产品，将产品的销量和大类目排名，每 5 个小时左右进行一次统计，这样统计一个月左右的时间，就可以基本推算出这个产品的具体销量的大概数据。例如，根据长期统计发现，在 Kitchen&Dining 这个类目中，排名 10 000 名左右的产品的销量是 14 ~ 22 个，这样就可以根据竞争对手的大类目排名对竞品的销量做一个基本的判断。

卖家在日常选品过程中，通常会从亚马逊平台现存的供应量、平台的需求量、产品的竞争程度等方面进行选品分析，卖家将分析得出的数据进行综合研判，才能确定最后的选品。在对海量的产品进行筛选和确定以后，卖家会过滤掉大部分的产品，只留下一小部分卖家认为市场前景较好、市场竞争较小的产品。这时卖家还有一步的关键工作要做，那就是对这些选出的产品进行更深入的分析，提取出每个产品所在类目排名前十的竞品 Listing，并对这些竞品进行详细的类目分析。

这些类目排名前十的竞品 Listing 是决定卖家是否可以经营这些小类目的产品决定性因素。例如，这些小类目排名前十的产品，日常销量不错、评论数量在 200 个以内、产品得分在 4 颗星以上，再结合卖家之前已经分析过的其他选品因素，卖家就可以基本确定这是一款值得开发的蓝海小类目产品；如果这些排名类目前十的产品，评论数量均在 1000 个以上，如图 3-7 所示，就说明这些小类目的产品已经较为成熟，后来者很难打入这个已经固化的市场，这个类目不适合新手卖家进入。

总之，竞争对手是新手卖家最好的选品老师，从竞争对手那里新手卖家可以学到选品的知识。

图 3-7

3.5 如何打造好产品

3.5.1 好产品的定义和特征

好产品是一个很笼统的定义，简单来说，好产品就是能让其销量持续稳定在一定水平的产品。从广义上来说，好产品是指那些客户需求度高、生命周期长、产品评价高、市场饱和度低的产品。亚马逊平台上的好产品通常具有下列特征。

1. 客户需求度高

好产品必定是客户需求度高的产品。在亚马逊平台上，判断一个产品好坏的第一因素就是其客户需求度的高低。如果一个产品的客户需求度不高，即使它十分优秀，它也不能成为一款好产品，因为它并不能给卖家带来经济利益。

2. 生命周期长

任何产品都有生命周期，包括萌芽期、成长期、成熟期和衰落期。好产品一定是生命周期长的产品，这种产品不会昙花一现，它通常能给卖家带来更多的经济收益。

3. 产品评价高

亚马逊平台是以客户为中心的平台，亚马逊平台的客户评价体系也非常完善，客户评价对产品的点击率和转化率有着至关重要的作用。如果产品存在功能缺陷或是某些无法克服的缺点，这些问题就会在客户评价中显示出来，产品的评分就会大幅下降，进而导致极低的点击率和转化率。所以，好产品是质量过硬的产品，是能得到客户高度评价的产品。

4. 市场饱和度低

如今的亚马逊可谓一片红海，各个类目的竞争已经进入了白热化的状态，但是在这一片红海中，还是存在着很多未被完全开发的蓝海小类目产品。我们所说的好产品，是存在于蓝海小类目中的产品，这些产品的市场饱和度低、竞争度较低，新手卖家经营这些类目的产品，可以较为快速地占领一部分市场，从而可以快速地站住脚跟，成功实现从 0 到 1 的转化。

3.5.2 围绕客户需求，打造刚需产品

作为卖家，开发什么样的产品风险最小？答案是刚需产品。所谓刚需产品，是指客户在日常生活和工作中必备的物品。选择刚需产品意味着类目的整体销量可以得到保证。但是选择刚需产品也存在一些弊端，因为刚需产品是客户在日常生活和工作中都会使用的，所以多数卖家在选品时会将刚需产品作为自己的首要选择，这样一来，往往导致类目的竞争非常激烈。我们提倡卖家选择符合客户需求的刚需产品，但是我们不提倡卖家贸然选择竞争激烈的类目的刚需产品。

小类目中也存在很多刚需选品的机会。例如，在人们的日常生活中，挂钩的需求量是很大的，但是挂钩类目的饱和度很高，这个类目的竞争程度不亚于刀叉等餐具类目。但是，挂钩类目中的大部分挂钩是使用胶水进行粘贴的，还有一小部分挂钩使用了“S”形钩的方式来悬挂物品，有些卖家通过对产品的不懈研究，并结合美国市场的围栏和庭院环境，开发出一款不需要粘贴，只需要将钩子插入围栏缝隙中即可挂住物品的挂钩，这款挂钩一上市就受到热烈欢迎，它上市不久就跻身小类目的前十名。

因此，卖家在选品时既要选择刚需产品、选择市场需求量大的产品，又要有独到的产品开发思维，只有这样，你的产品才能在众多的产品中脱颖而出。

3.5.3 克服产品的缺点，开发独一无二的产品

如果某类产品的销量都很好（其排名一般都在大类目的 5000 名以内），但是该类目大部分产品的星级得分都不高，部分产品甚至只有 3.5 分的星级得分，那么这类产品通常存在某些难以克服的缺点，而这些缺点又直接影响了客户的产品体验。

对这样的类目和产品而言，如果你能找到这些缺点，并结合自己的供应链资源对这些缺点逐一进行梳理和克服，你的产品就会在和竞品的竞争中处于有利的位置，并且随着时间的推移，你的产品的优势会愈发明显。

宠物玩具类目中就存在这样的产品。宠物狗的磨牙玩具在亚马逊平台上是一种畅销产品。在美国，宠物狗的数量庞大，而且美国人将宠物狗视作他们家庭中不可或缺的重要一员，所以宠物狗的玩具在亚马逊美国站是刚需产品并具有很大的销量。但是宠物狗的磨牙玩具存在一个缺点——它非常容易被凶猛的大狗咬碎，而那些小碎块又极有可能被宠物狗吞食从而引起其他问题。这个缺点是宠物狗的磨牙玩具的通病，所以宠物狗的磨牙玩具的星级得分都不高。

但是亚马逊美国站一个宠物玩具类目的卖家在研究了几百款宠物狗的磨牙玩具后，结合自己的供应链资源，开发出一种无毒的优质材料，该材料坚固且不易被咬碎，即使被宠物狗吞食也不会对宠物狗的身体产生影响。用此种材料制成的宠物狗的磨牙玩具一上市就获得了成功。这就是克服了产品的缺点，实现了产品的飞跃，这一点值得所有卖家学习。

3.5.4 爆款产品可遇不可求，踏踏实实做好基础工作

大多数卖家都希望能够打造出爆款产品。爆款产品具有足够的爆发力，能给卖家带来丰厚的利润。例如，亚马逊平台上曾有一款指尖陀螺玩具，因为它可以帮助人们缓解压力，所以它一上市便迅速在美国市场刮起一阵旋风，一些嗅觉灵敏的中国卖家迅速觉察到商机，利用这款产品获得了丰厚的利润。但是，随着各种制约因素的出现，这款产品最终没能让更多的卖家实现丰收，反之，后来的许多卖家还因为这款产品的滞销而出现了亏损。因此，爆款产品是可遇不可求的，而我们要做的，就是踏踏实实做好运营等基础工作，爆款产品应该是水到渠成的事。

3.6 选品的思路及产品利润的计算方法

3.6.1 选品的思路

选品在很大程度上决定了店铺的成败，所以卖家在选品时一定要多付出一些时间与精力。选品要遵循什么样的选品思路呢？下面来具体分析。

1．查询产品的市场需求量

产品的市场需求量直接反映该产品的市场需求程度和季节变化，市场需求量通常是以产品主要关键词的搜索量作为参考指标的。在确定了大致的产品范围后，将目标产品的主要关键词（英文的）进行罗列，然后在 Google Trends（谷歌趋势）中对这些关键词的搜索量进行查询，如图 3-8 所示，这些关键词的搜索量相加即为该产品主要关键词的搜索量。

另外，产品的搜索曲线还可以反映出产品的季节性趋势，如果一款产品的搜索曲线波动较大，则该款产品的季节性较强，前文曾提到过，新手卖家在选品时要尽量避开季节性的产品，所以对于搜索曲线波动较大的产品，可以先将其排除。

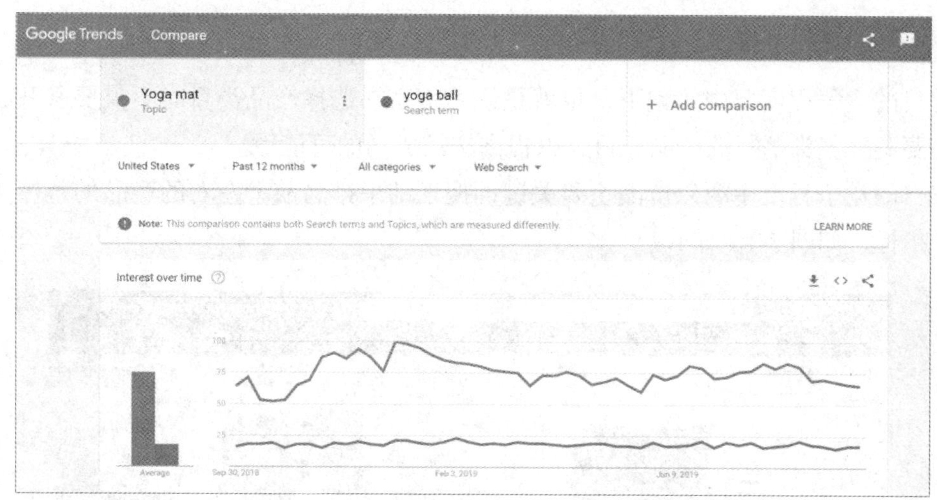

图 3-8

2．查询产品的市场供应量

有了产品的市场需求量数据，即可知道该产品的市场需求，但是要真正了解该产品的供求关系，还需要一个重要的数据——该产品的市场供应量。市场供应量通常以亚马逊前台显示的关键词搜索结果数据为计算指标，如图 3-9 所示。

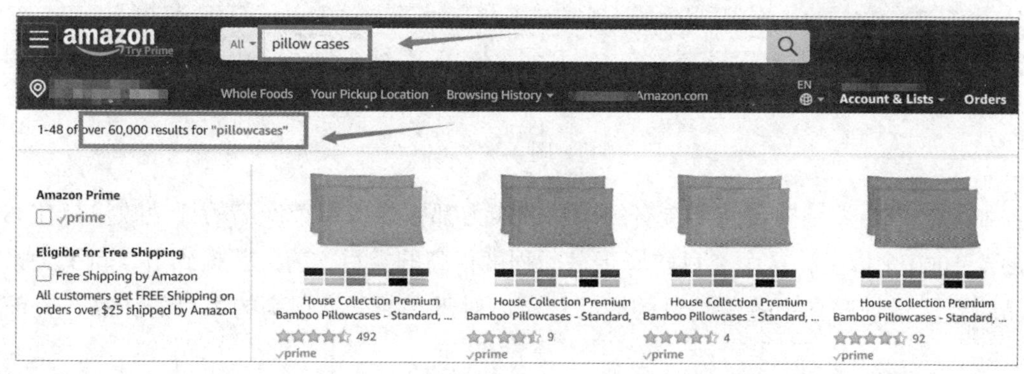

图 3-9

关键词搜索结果多的，说明在亚马逊平台上已经有很多卖家在销售该产品，这意味着该产品的市场饱和度较高，新手卖家要谨慎选择该产品。这里需要说明的是，一款产品的关键词有很多，卖家在进行产品的市场供应量查询时要逐个搜索产品的各个主要关键词，这样才能对该产品在亚马逊平台上的市场供应量有一个深入的了解。

3．查询类目的竞争程度

类目的竞争程度要中等偏下，也就是说，卖家在选择产品类目时不仅要避开红海类目，还要避开寡头垄断的产品类目，以提高选品成功的可能性。

类目的竞争程度主要以产品主要关键词搜索结果排名前十左右的产品的整体实力作为参考指标，如图 3-10 所示。

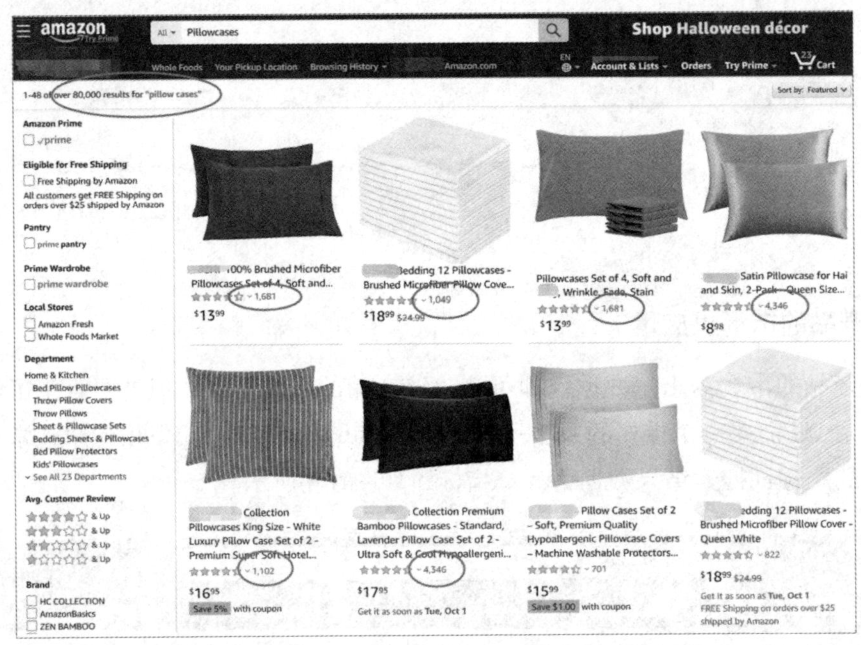

图 3-10

如果这个小类目排名前十左右的产品的实力都很强，每个产品的评论数量都在 500 个甚至 1000 个以上，这个类目就属于垄断程度很高的类目，前文曾提到过，新手卖家在选品时要尽量规避寡头垄断类目的产品，所以对于垄断程度很高的类目的产品，应该将其排除。

4．查询产品供应链寻找的难易程度

选品只是程序性的工作，最终产品的质量和外观还要通过供应链来落实，所以供应链的寻找也是选品过程中一项非常重要的工作。

有些卖家曾遇到过这种情况：选到一款产品，经过详细的数据推算和类目考察后认为它是一款具有市场前景的产品，但是在 1688 网站或其他货源网站上只能找到很少的甚

至找不到相应的供应商。

通常出现这种情况的原因是该产品是私模产品，即他人自己研发、自己开模并申请了专利等知识产权的产品，这种产品在各个站点都是受当地法律保护的，所以即使你找到了某家供应商并上架了该产品，也会很快被拥有该产品专利权的卖家发现并举报，从而导致你的产品被强制下架，甚至影响到你的店铺的安全。

所以在进行产品开发时，经过前期的产品筛选、产品审核，进入后期寻找产品供应链阶段时，一定要结合市场的供应情况进行深入的调研，确定这款产品是否属于私模产品、有无侵权的风险，以降低选品的风险。

5．计算产品的利润率

利润是店铺的生命线和底线，一家亚马逊店铺如果能持续地运营下去，其资金的转动必定是健康的，而利润就是保证资金健康转动的重要因素。虽然很多卖家在前期采取了“赔本赚吆喝”的方式，即以低价格或大折扣的方式进行产品促销，但是这样做的长期目标也是赚取利润。

所以在选品时要选有盈利能力、利润率高的产品。在扣除产品成本、物流费用等费用之后，利润率能达到 50%以上的产品，在后期的推广中才有更大的价格伸缩空间。

3.6.2 产品利润的计算方法

一款产品成功售出后，卖家能获得多少利润呢？下面来分析产品成本的结构，从而使卖家知道如何大致计算产品的利润。

1．产品的采购成本

产品的采购成本，即从供应商那里购买产品的成本，它是产品最基本的成本。建议新手卖家将产品的采购成本控制在产品售价的 10%左右。

2．产品的国内运输费用

大多数中、小卖家是从 1688 等网站上进行供应商开发的，而卖家所在的地址和供应商的厂址通常不在同一个城市甚至同一个省份，这就需要供应商将产品运至卖家的公司或者与卖家合作的头程物流服务商处，这就产生了产品的国内运输费用。当卖家的订货量逐渐增大时，卖家可以与供应商协商，尽量降低自己该项费用的支出。

3．产品的头程运输费用

头程即卖家的产品从国内港口出发到达美国亚马逊仓库的这一段路程。目前，头程运输主要由头程物流服务商来完成。头程的运输方式很多，如空运专线、海运快船、海运慢船等，头程运输方式的选择与产品的性质有很大的关系，如果产品属于小巧轻便型产品，那么空运专线是最合适的选择；反之，如果产品属于重量或体积超大的产品，那么从成本角度来讲，海运将是最合适的选择。

4．产品的 FBA 费用

该费用已经在 2.6.3 节中进行过详细的介绍，此处不再赘述。

5．商品佣金

该费用已经在 2.6.2 节中进行过详细的介绍，此处不再赘述。

6．产品的推广费用

在产品上线后，对其进行推广是必不可少的。产品的推广费用与产品的属性和卖家的资金实力有很大关系。资金实力较强的卖家，其产品的推广费用可能占据产品成本的绝大部分，而资金实力较弱的卖家，其产品的推广费用可能只占产品成本很小的一部分。

产品的推广费用主要包括 PPC 广告费、测评费、站外推广费等。

综上，卖家将产品的采购成本、国内运输费用、头程运输费用、FBA 费用、商品佣金及推广费用相加，就得到了产品成本，用产品售价减去产品成本，即可大致得出一款产品的利润。

3.7 常用的选品方法

3.7.1 数据化选品法

数据化选品法是目前最主要的选品方法。所谓数据化选品，是指卖家对目标类目设置一定的选品标准或门槛，通过选品软件的筛选以得到符合卖家选品标准的意向产品。

现如今跨境电商已进入精细化运营的时代，而数据化运营就是精细化运营最直接的体现。亚马逊等电商平台的流畅运行也得益于自身平台的算法等数据因素。可以说，以数据为基础的选品才有更大的胜算。

目前，市面上的选品软件有免费的也有付费的，卖家可以根据自己的操作习惯和经济实力做出选择。

3.7.2 亚马逊排行榜单选品法

亚马逊的前台页面中有 5 个排行榜单，分别是 Best Sellers（销量排行榜）、New Releases（新品排行榜）、Movers & Shakers（飙升排行榜）、Most Wished For（心愿单排行榜）、Gift Ideas（礼物选择排行榜），其中对卖家的选品工作最有帮助的是 Best Sellers，如图 3-11 所示。

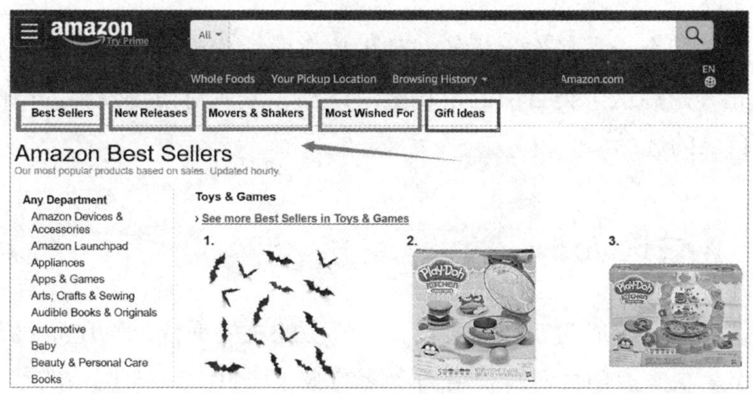

图 3-11

从 Best Sellers 中可以看到每个大、小类目销量前 100 名的产品，卖家可以根据这些产品去布局自己的选品思路。在 Best Sellers 中，大类目的排名对卖家选品的意义不大，因为大类目排名前 100 的产品通常是具有较强实力的大卖家的产品，这样的产品拥有较高的产品权重、较多的评论数量和较强的品牌实力，小卖家往往难以企及。小卖家应该先选定具体的大类目，然后在大类目中逐一筛查各个小类目，以确定自己的选品。

3.7.3 优秀店铺观察法

在亚马逊平台上，店铺的概念是比较模糊的，产品的概念比较强烈。但是对卖家而言，店铺仍然是卖家日常运营的主要平台和基本单位，卖家所有的产品都会以一个集合的形式存在于卖家的店铺中。所以卖家在进行选品时可以通过观察优秀的店铺来布局自己的产品线。

在选品的过程中，当你看到一款产品具有成功的潜质时，你除了要分析这款产品的具体情况和市场行情，还要考察这个产品所属的店铺，因为店铺的实力通常在很大程度上决定了产品的前期推广力度。通过对该店铺的仔细研究，你就可以推断出该店铺的实力水平和产品线分布，从而对你的竞争对手有一个更为全面的了解。

3.7.4　类目精挖选品法

目前，在亚马逊平台上做“小而美”的店铺是一种不错的选择，“小而美”的店铺的产品不多，但几乎都是精品，都可为店铺带来很高的利润。对“小而美”店铺的产品进行分析后你会发现，这些产品之间往往存在某种特殊的关联——这些产品都属于垂直类目的关联产品。

如果你选定了某个小类目作为你的选品主攻方向，你就可以认准这个方向，将产品线进行深挖，充分挖掘这个类目中的市场空缺产品，或者对市场现存的产品进行细微的改造，以确定自己的选品。

3.7.5　1688 网站选品法

目前，1688 网站已经成为亚马逊卖家寻找货源的主要平台，而 1688 网站也根据跨境贸易的特点推出了很多专门针对跨境电商卖家的服务项目。1688 网站的首页有“跨境专供”的入口，进入“跨境专供”页面之后可以看到“金牌供应商”“海外代发”“排行榜单”“爆款开发”等选项卡，其中包含的榜单和具体类目可以作为卖家选品的重要参考，如图 3-12 所示。

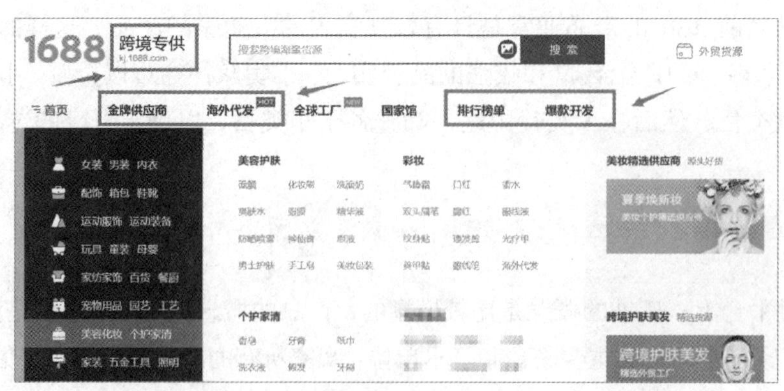

图 3-12

1688 网站还提供了相似产品的一键搜索功能。卖家在找到一款产品后，只需单击“相似产品”按钮，即可将 1688 网站上的相似产品全部搜索出来，这样会大大提升选品效率，如图 3-13 所示。

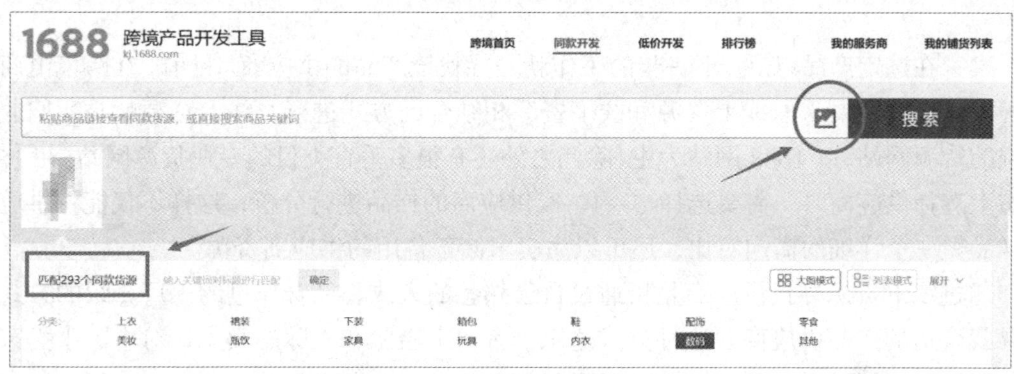

图 3-13

3.7.6　国外社交媒体选品法

国外有很多社交媒体，如 Facebook、Pinterest、Instagram、YouTube 等，这些社交媒体的日访问量巨大。一些产品在亚马逊平台上线后，会在社交媒体上进行一系列“红人”推广。所谓“红人”，是指那些在各自的领域内有一定的知名度和流量带动能力的博主和名人，他们会不时地在自己的图片或视频中加入一些自己代言的产品。卖家可以留意“红人”所推广的产品，然后用自己的选品思路对这些产品进行分类和筛选，从而确定自己的选品。

3.7.7　供应商产品线深挖选品法

优质的产品通常来自优质的供应商。当卖家的采购量较少时，卖家与供应商的议价能力较弱，卖家这时通常处于买卖环节的被动地位。但是，随着产品销量的增加，卖家的采购量也会有所增加，这时卖家就会获得与供应商协商谈判的机会，卖家可以要求供应商按照自己的要求进行产品的组合和包装，也可以让供应商为自己提供一份详尽的产品生产清单。这时，卖家就会成功获得那些没有被供应商放在 1688 网站上的特色产品，而这些产品通常是只对部分资深卖家供应的私模产品，如果能得到这些产品，选品的效率和成功率将会大大提升。

3.8 如何选择可以长期合作的供应商

3.8.1 如何寻找供应商

卖家在选定产品以后，下一步的工作就是寻找该产品的供应商。目前，在跨境电商行业开发供应商主要采取线上资源和线下资源相结合的方式进行。线上资源就是我们通常所说的货源网站，以 1688 网站为主，除此之外还有很多垂直类目的专业货源网站。在 1688 网站上选择供应商时，需要选择 5～10 家供应商的样品进行分析，这样不仅能将供应商的样品做一个详细的横向对比，还可以为卖家储备备用的供应商资源。

通过线下资源寻找供应商是指通过自己熟悉的人或曾经合作过的工厂介绍的方式，去寻找合适的产品供应商。这种方式适用于有一定经验和人脉的卖家，对中、小卖家来讲，还应以通过线上资源寻找供应商的方式为主。

3.8.2 如何判断供应商的实力和服务水平

在选择供应商时，如何判断该供应商的实力和服务水平呢？可从以下几个方面入手。

1．观察供应商寄发样品的细节

通常实力较强的供应商拥有一套完善的工作流程和模式，所以当他们接到一个卖家的索样请求时，他们会快速地将样品发送至卖家备注的地址，而且其样品的准备时间较短、样品的包装和配件齐全。

2．观察供应商的个性化定制实力

随着跨境电商的发展，其周边服务行业也逐渐发展起来，这其中就包括供应商。供应商紧紧围绕卖家的个性化需求，推出了很多个性化服务。例如，产品的外包装定制服务，以前卖家需要自己定制好包装盒，然后交由工厂进行包装，现在实力较强的供应商可以代为设计和制造内、外包装盒，卖家只要和供应商对接，就可以为自己的产品定制个性化包装。所以卖家在和供应商洽谈的过程中，可以在满足定制化需求等方面观察供应商的个性化定制实力，进而判断供应商的实力和服务水平。

3．观察供应商的产品价格

卖家在选择供应商时，不能只选择产品价格低的供应商，要综合考虑产品的价格和质量，在确保产品质量的前提下尽量选择产品价格低廉的供应商。因为这样的供应商的生产规模较大，所以分摊在每个产品上的生产费用较低，这样的供应商的实力较强。

4．观察供应商的问题处理能力

判断供应商是否值得长期合作，还要看该供应商的问题处理能力。在卖家和供应商的合作过程中时常出现一些问题，如产品的标签贴错了、部分产品的质量不合格、产品的交期突然发生变化等，如果供应商对这些问题有一套完善的应急处理预案，能快速、有效地解决问题，这样的供应商就适合长期合作；反之，如果供应商在出现问题时，不是积极地解决问题，而是逃避责任和问题，这样的供应商就不适合长期合作。

当卖家的店铺逐渐走上正轨，卖家的产品销量逐渐实现突破时，卖家可以向供应商要求更低的折扣，以便将节省下来的成本用于产品的推广，从而降低产品的运营成本，以获得更多的利润。

在产品的交期上，卖家也可以为自己争取更短的交期。在竞争日趋激烈的环境下，保证产品不断货将是打造一款成功产品的前提，而只有得到供应商的产品交期保证，才能大大提升产品不断货的可能性。

第 4 章

FBA

4.1　FBA 概述

4.1.1　FBA 的概念和优缺点

FBA（Fulfillment by Amazon）即亚马逊物流配送。选择 FBA 服务的卖家将自己店铺的产品运送到亚马逊平台预先分配的 FBA 仓库，接下来的入仓、分拣、仓储、发货、客服等工作全部由亚马逊平台来进行,卖家只要按照不同的费率缴纳相应的 FBA 费用即可。这是亚马逊平台吸纳卖家的一种方式，通过将卖家纳入自己的全球物流体系，亚马逊平台可以让卖家的产品享受到和亚马逊自营产品同样的物流服务和投递时效，进而大大提高了卖家的产品被购买的概率。

对卖家来讲，选择 FBA 服务是减少工作量和提升转化率的有效手段之一。当卖家选择了 FBA 服务之后，亚马逊平台将承担货物到仓以后的所有工作，即货物从入仓到出仓之间的所有流程都是由亚马逊平台负责的，即使出现退货或者需要销毁货物的情形，也不需要卖家处理，亚马逊平台会处理好所有事情。

但是，FBA 服务也有缺点。卖家选择了 FBA 服务就意味着卖家的产品要运送到美国或其他站点的 FBA 仓库，这些产品一旦启程，就不会再返回卖家手中。产品到达 FBA 仓库后，如果销量大，卖家需要补货；如果销量小，产品会被低价处理或直接销毁（因为退货费用高昂）。

另外,选择了 FBA 服务也意味着卖家要囤积大量的货物在各国站点的 FBA 仓库中，如果产品的销路不畅，卖家除了要承受很大的库存压力，还要支付高昂的长期仓储费。

4.1.2　亚马逊轻小商品计划

亚马逊轻小商品计划是亚马逊平台专门为小件商品量身定做的配送方案，它仅适用于尺寸不超过 16 英寸（1 英寸=2.54 厘米）×9 英寸×4 英寸、重量不超过 10 盎司（1 盎司=28.35 克）且价格不超过 7 美元的新商品（在 2019 年 7 月 26 日之前注册亚马逊轻小商品计划的商品的价格可以放宽到 15 美元，但是在 2019 年 7 月 26 日或之后注册亚马逊轻小商品计划的商品的价格上限为 7 美元）。亚马逊轻小商品计划只适用于普通商品，对亚马逊受限商品（见图 4-1）、亚马逊物流禁运商品（见图 4-2）、翻新品、温度敏感型商品等商品它是不适用的。

Help / 账户设置 / 参考 / 计划政策 / 销售政策和卖家行为准则 / 分类、商品和商品限制 / **受限商品**

亚马逊受限商品列表

- 动物和动物相关商品
- 汽车用品
- 服装
- 合成木制品
- 化妆品和护肤/护发用品
- 货币、硬币、现金等价物和礼品卡
- 膳食补充剂
- 回收电视机/音响类商品
- 性健康用品
- 监控设备
- 烟草和烟草类商品
- 质保、服务方案、合约和担保
- 其他受限商品
- 植物、植物制品和种子
- 激光商品
- 照明灯具
- 开锁和盗窃设备
- 医疗器械和配件
- 冒犯性和有争议的商品
- 杀虫剂和杀虫剂设备
- 珠宝首饰和贵重宝石
- 药物和药物用具
- 电视机/音响
- 爆炸物、武器及相关商品
- 出口控制商品
- 食品和饮料
- 有害商品和危险品

图 4-1

Help / 开始使用亚马逊物流 (FBA) / 亚马逊物流的政策与要求 / 亚马逊物流商品限制 / **亚马逊物流禁运商品**

亚马逊物流禁运商品

参与亚马逊物流 (FBA) 计划的卖家必须遵守亚马逊的受限商品政策和亚马逊物流特定商品限制。以下是亚马逊物流禁运的商品：

- 酒精饮料（包括无醇啤酒）
- 孔明灯或水灯
- 汽车轮胎
- 礼品卡、礼券和其他储值工具
- 带有未授权营销材料（例如宣传册、价格标签和其他非亚马逊标签）的商品
- 需要预处理但未根据亚马逊物流包装和预处理要求进行预处理的商品
- 包装松动的电池
- 存在残损或缺陷的商品
- 在发货前未向亚马逊正确注册标签或标签与所注册的商品不符的商品
- 不符合亚马逊与卖家之间任何协议要求的商品
- 非法复制、复印或制造的商品
- 被亚马逊通过其他方式确定为不适宜销售的商品

图 4-2

亚马逊轻小商品计划有专门的商品预处理和包装要求，卖家在进行商品的包装和发送前，应在卖家后台仔细了解亚马逊平台对轻小商品的详细规定，避免因为包装不符而被亚马逊仓库拒之门外。另外，亚马逊平台还为轻小商品开辟了专门的 FBA 仓库，一般所有的轻小商品都会被指定到专门分配的 FBA 仓库中。

对卖家来说，加入亚马逊轻小商品计划的直接好处是可以有效降低 FBA 费用（FBA 费用表如图 4-3 所示），所以很多经营轻小商品的卖家选择加入该计划。

虽然加入亚马逊轻小商品计划的商品的配送费用较为低廉，但其配送时效相对要长，这使得一些买家因为商品配送时间太长而选择其他配送时间较短的商品。亚马逊轻小商品计划对 Prime 会员提供免费的 4 ~ 5 个工作日的配送服务，为非 Prime 会员提供 6 ~ 8 个工作日的免费配送服务，非 Prime 会员可以选择支付额外的费用来将自己所购商品的配送时效缩短为 4 ~ 5 个工作日。

订单类型	配送费用	轻小商品计划
商品价格低于或等于 $5.00	订单处理费	每个订单 $0.80
	基础服务费	每件商品 $0.75
	首重和续重费（单件重量 + 包装重量）	每盎司 $0.11（每件不超过 15 盎司）（向上取整到最接近的整数盎司）
商品价格高于 $5.00　且小于或等于 $15.00	订单处理费	每个订单 $1.00
	基础服务费	每件商品 $0.75
	首重和续重费（单件重量 + 包装重量）	每盎司 $0.11（每件不超过 15 盎司）（向上取整到最接近的整数盎司）

图 4-3

4.1.3　FBA 费用的计算方式

当卖家选定一款商品后，需要对该商品的成本和利润进行计算，以确保经营该商品是有利可图的。在商品的成本中，FBA 费用占比很大。计算 FBA 费用主要有两种方式：一种是使用亚马逊平台提供的 FBA 费率表进行计算；另一种是使用亚马逊官方的 FBA 费用计算器进行计算。

1．使用亚马逊平台提供的 FBA 费率表进行计算

卖家登录自己的卖家后台，在右上角的搜索框中输入“FBA 费用”，即可在搜索结果中看到 FBA 费率表，如图 4-4 所示。

标准尺寸商品分段 **(标准尺寸)**

	小号标准尺寸（不超过10盎司）	小号标准尺寸（10至16盎司）	大号标准尺寸（不超过10盎司）	大号标准尺寸（10~16盎司）	大号标准尺寸（1~2磅）	大号标准尺寸（2~3磅）	大号标准尺寸（3~21磅）
配送费用	$2.41	$2.48	$3.19	$3.28	$4.76	$5.26	$5.26 + 超出首重（3 磅）的部分 $0.38/磅

注意：

- 服装、运动服装和户外服装商品需要按件支付 $0.40 的额外配送费用。该费用不适用于钱包和皮带等服装配饰。
- 锂电池及包含锂电池或与锂电池一同销售的商品需要按件支付 $0.11 的额外配送费用。

图 4-4

这种计算方式是以商品的尺寸和重量作为计算依据的，尺寸和重量都在某一计算阶层内的商品，才可以执行这一阶层的费用；反之，尺寸和重量如果有一项超出某一计算阶层，则应按照下一计算阶层进行计费。

2. 使用亚马逊官方的 FBA 费用计算器进行计算

这种计算方式较为简单、快捷，卖家无须自己动手计算，只需找到一款相同或高度相似的商品，然后根据这款商品来推算自己商品的 FBA 费用。具体操作步骤如下。

（1）在百度首页的搜索框中输入“Fulfillment by Amazon Revenue Calculator”，在搜索结果中找到亚马逊官方 FBA 费用计算器的链接并打开它，如图 4-5 所示。

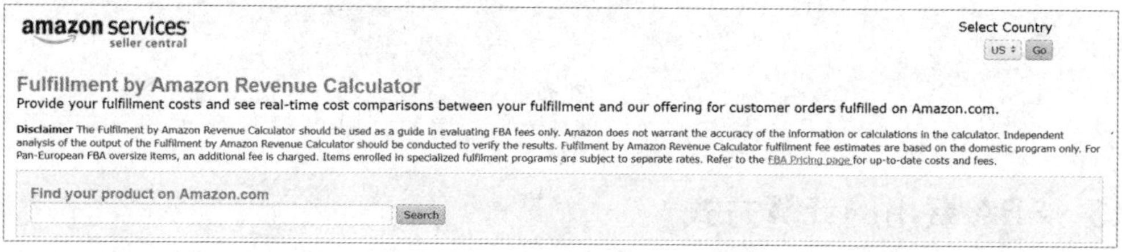

amazon services
seller central
Select Country
US Go
Fulfillment by Amazon Revenue Calculator
Provide your fulfillment costs and see real-time cost comparisons between your fulfillment and our offering for customer orders fulfilled on Amazon.com.
Disclaimer The Fulfilment by Amazon Revenue Calculator should be used as a guide in evaluating FBA fees only. Amazon does not warrant the accuracy of the information or calculations in the calculator. Independent analysis of the output of the Fulfilment by Amazon Revenue Calculator should be conducted to verify the results. Fulfilment by Amazon Revenue Calculator fulfilment fee estimates are based on the domestic program only. For Pan-European FBA oversize items, an additional fee is charged. Items enrolled in specialized fulfilment programs are subject to separate rates. Refer to the FBA Pricing page for up-to-date costs and fees.
Find your product on Amazon.com
Search

图 4-5

（2）在亚马逊平台上找到一款和自己的商品相同或高度相似的商品，复制该商品的标题或 ASIN 至图 4-5 中的搜索框中，单击“Search”（搜索）按钮，搜索结果如图 4-6 所示。

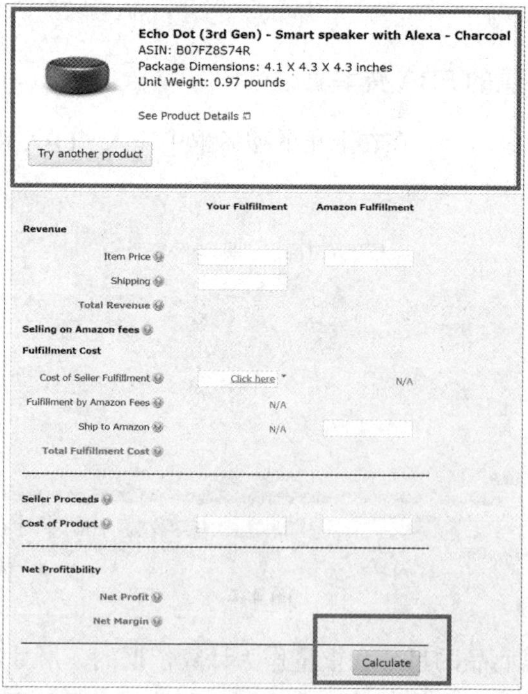

Echo Dot (3rd Gen) - Smart speaker with Alexa - Charcoal
ASIN: B07FZ8S74R
Package Dimensions: 4.1 X 4.3 X 4.3 inches
Unit Weight: 0.97 pounds
See Product Details
Try another product

	Your Fulfillment	Amazon Fulfillment
Revenue		
Item Price		
Shipping		
Total Revenue		
Selling on Amazon fees		
Fulfillment Cost		
Cost of Seller Fulfillment	Click here	N/A
Fulfillment by Amazon Fees	N/A	
Ship to Amazon	N/A	
Total Fulfillment Cost		
Seller Proceeds		
Cost of Product		
Net Profitability		
Net Profit		
Net Margin		

Calculate

图 4-6

在图 4-6 上方的框中显示的即为搜索到的商品的详细信息，卖家可以将该商品的尺寸和重量与自己的商品逐一进行核对，以确保计算结果精准无误。

（3）单击“Calculate”按钮，即可得出该商品所需支付的 FBA 费用，如图 4-7 所示。

	Your Fulfillment		Amazon Fulfillment	
Revenue				
Item Price	$	0.00	$	0.00
Shipping	$	0.00	$	0.00
Total Revenue	$	0.00	$	0.00
Selling on Amazon fees	$	0.00	$	0.00
Fulfillment Cost				
Cost of Seller Fulfillment	$	0.00		N/A
Fulfillment by Amazon Fees		N/A	$	3.29
Ship to Amazon		N/A	$	0.00
Total Fulfillment Cost	$	0.00	$	3.29
Seller Proceeds	$	0.00	$	-3.29
Cost of Product	$	0.00	$	0.00

图 4-7

亚马逊官方的 FBA 费用计算器不仅可以计算 FBA 费用，还能计算商品的成本和利润，卖家只需输入商品的相应信息，即可计算出商品的成本和利润。

4.1.4　FBA 的发货流程

FBA 的发货流程如下。

（1）卖家登录自己的卖家后台，进入管理亚马逊库存的界面，单击“编辑”右侧的 按钮，如图 4-8 所示。

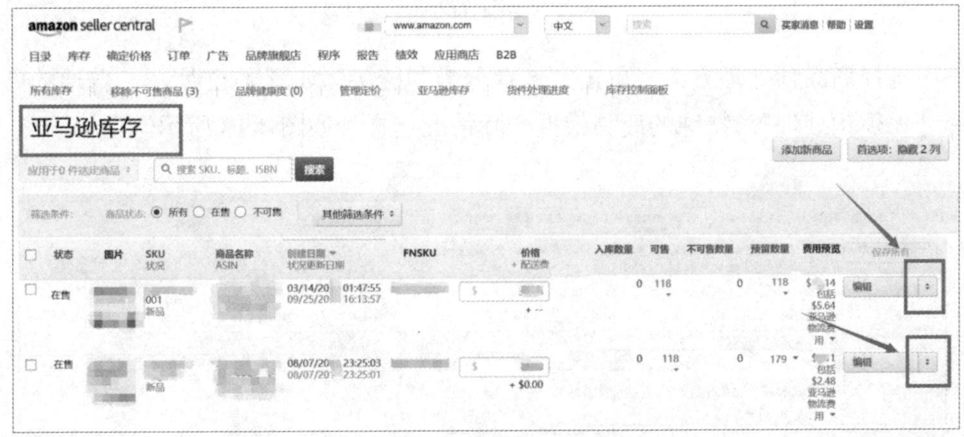

图 4-8

（2）选择“发/补货”选项，如图 4-9 所示。

（3）根据自己的实际情况选择入库计划和包装类型，如图 4-10 所示。其中，“混装商品”是指将不同的 SKU 商品装在同一个箱子里，“原厂包装发货商品”是指整个箱子装的都是相同 SKU 的商品。

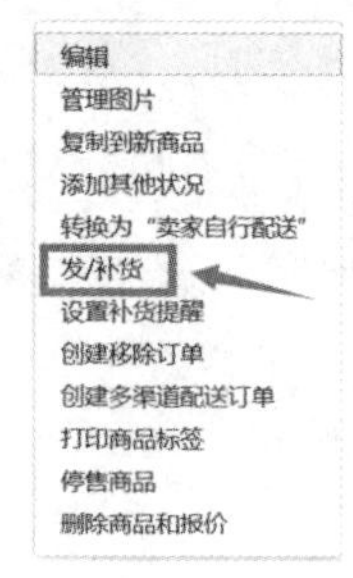

图 4-9

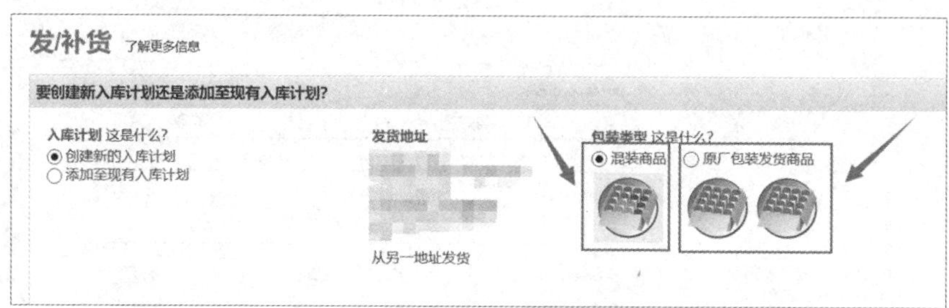

图 4-10

（4）填写每个装运箱的商品数量和装运箱数量，如图 4-11 所示。

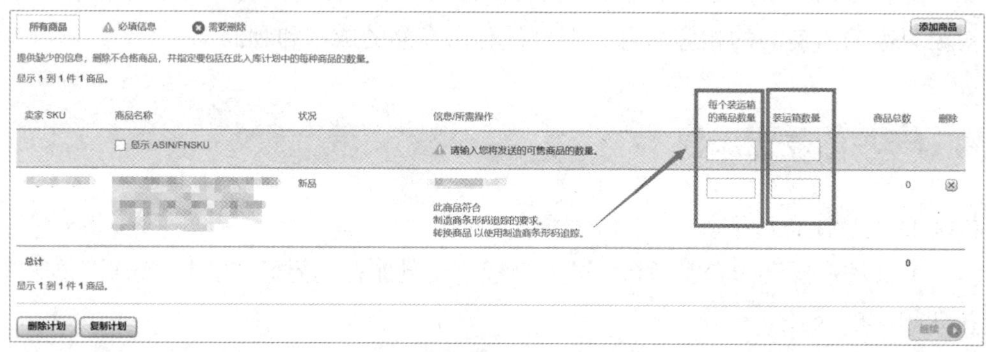

图 4-11

（5）选择商品预处理方案。单击“选择分类”链接，如图 4-12 所示。普通的商品一般选择“无须预处理”，特殊的商品根据实际情况选择，如图 4-13 所示。

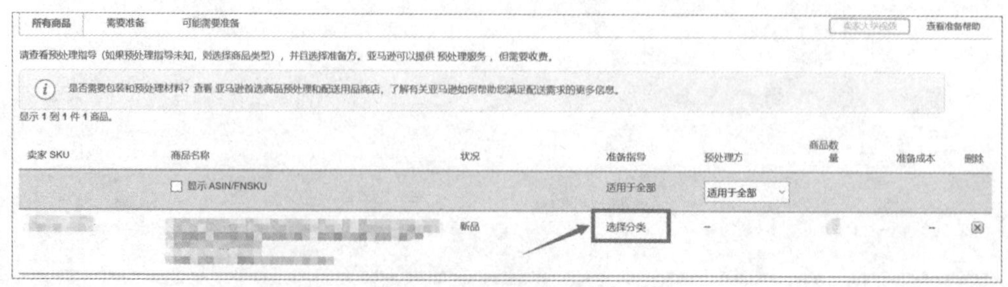

图 4-12

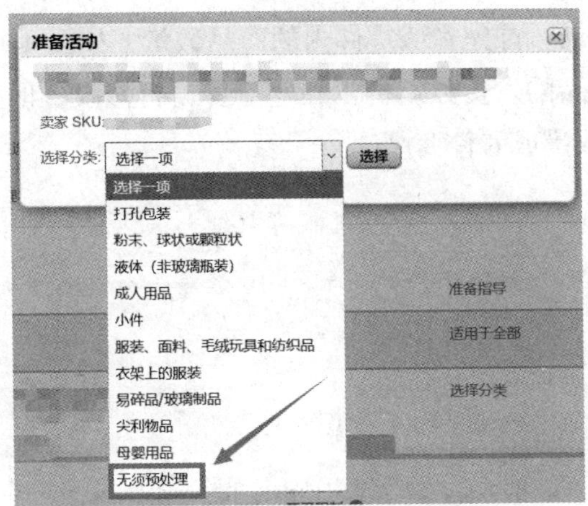

图 4-13

（6）选择商品的标签处理方案。一般选择“卖家”贴标，因为委托亚马逊平台贴标的费用太高。选择后单击“为此页面打印标签”按钮，就可以打印商品的标签了，如图 4-14 所示。卖家还可以根据自己的标签打印机的尺寸选择不同的标签尺寸。

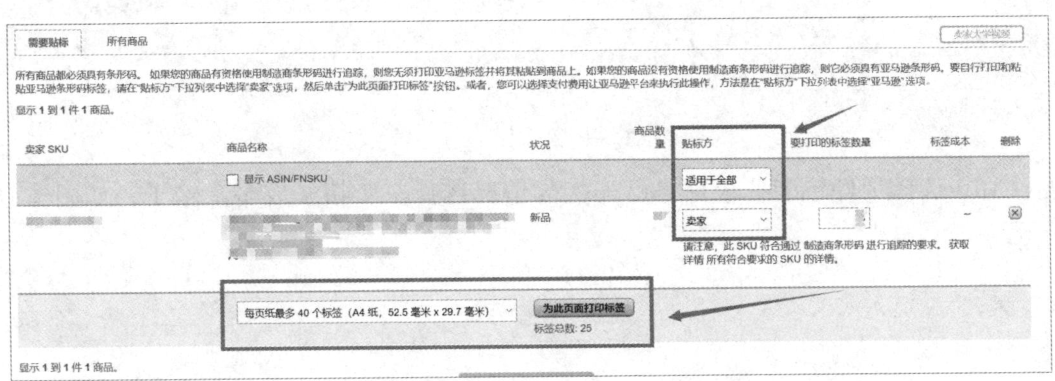

图 4-14

（7）确认亚马逊平台分配的仓库信息和商品数量，如图 4-15 所示。如果这里只显示了一个仓库地址，说明商品没有被分仓，商品可以全部被发送到同一个仓库中；如果这里显示两个或两个以上的仓库地址，说明商品被进行了分仓处理。

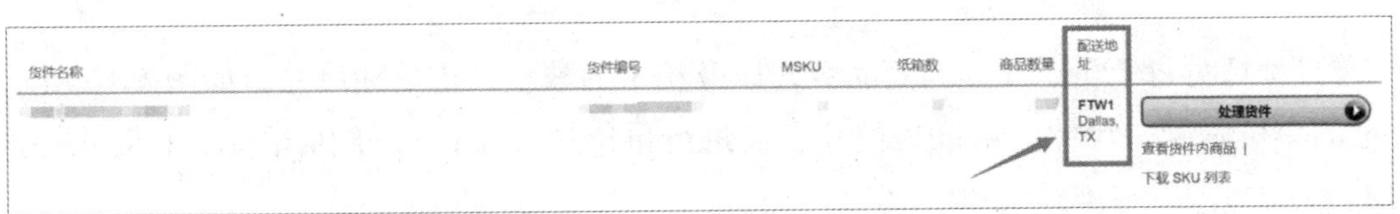

图 4-15

（8）确认商品的信息。首先确认货件内的商品数量，如图 4-16 所示。这一步一般直接略过，如果要修改商品的发货数量可以在这一步进行修改，但是这里的修改有数量限制——只能更改 5%的数量或 6 件商品。

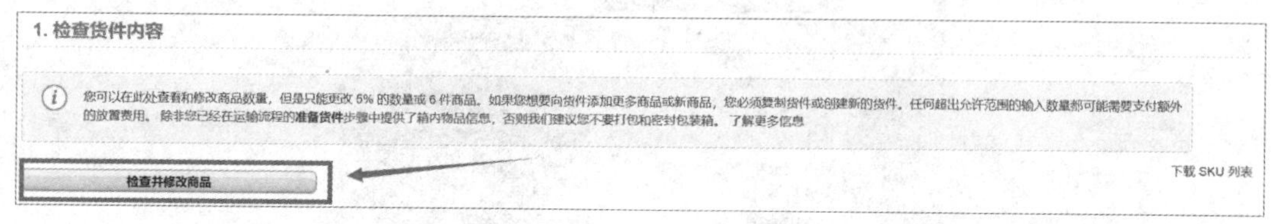

图 4-16

（9）确认配送服务。一般选择系统默认的选项，如图 4-17 所示。

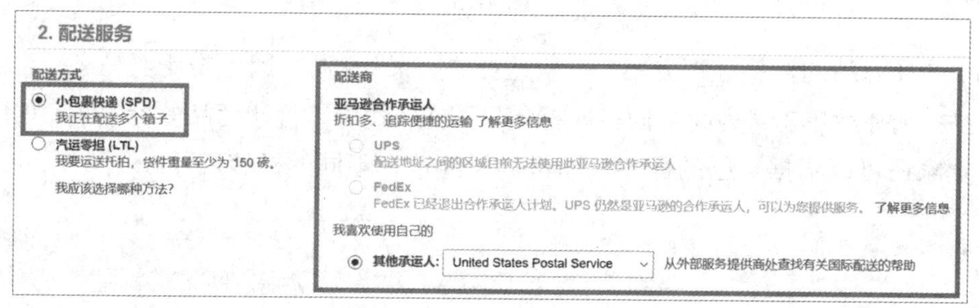

图 4-17

（10）选择货件包装。根据自己的实际情况选择一个箱子或多个箱子，如图 4-18 所示。

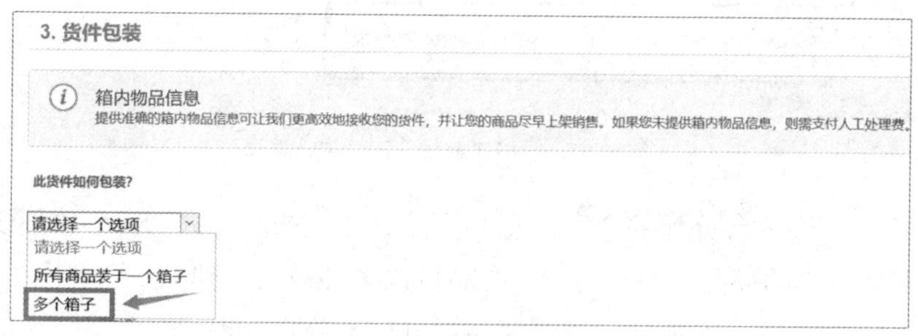

图 4-18

（11）填写每个箱子配置的商品数，以及箱子的数量、重量和尺寸，如图 4-19 所示。重量的单位是磅，尺寸的单位是英寸，需进行单位换算（1 磅=0.45 千克，1 英寸=2.54 厘米）。

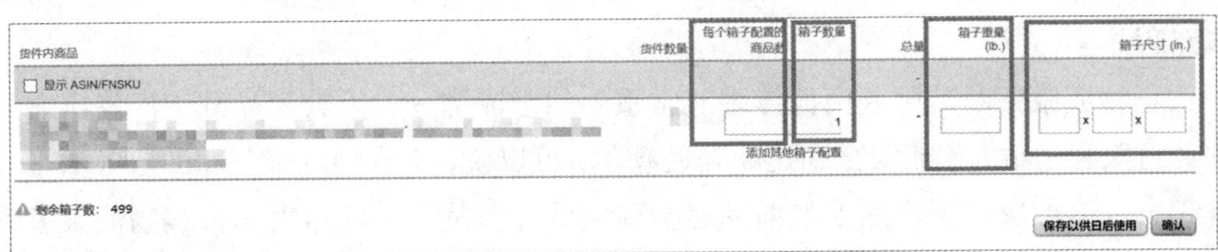

图 4-19

（12）打印箱子标签，如图 4-20 所示。标签的尺寸一般是默认的标准尺寸，卖家无须更改。

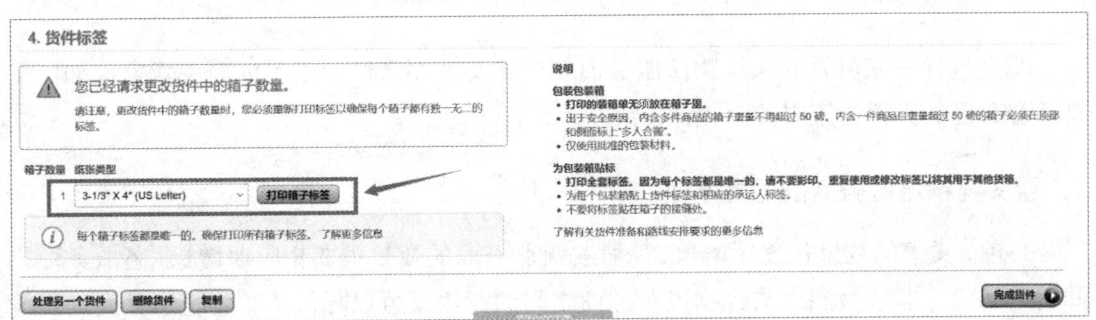

图 4-20

（13）至此，货件的创建工作就完成了。卖家将货件发给自己的头程物流服务商之后，头程物流服务商会给卖家一个追踪编码，卖家将这个追踪编码输入图 4-21 所示的方框中并单击“返回‘货件处理进度’”按钮，即可查看货件的处理进度。

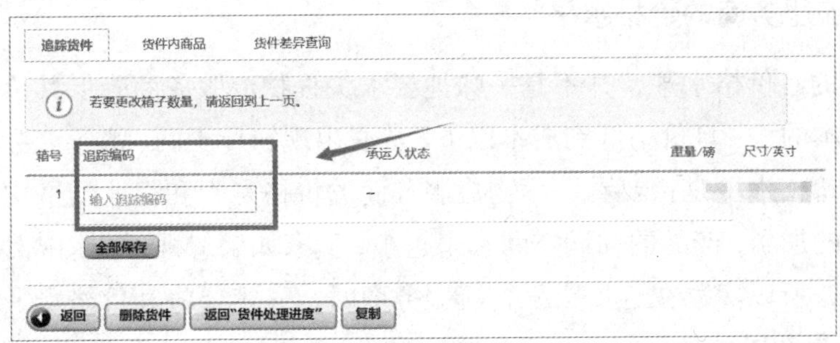

图 4-21

4.1.5　FBA 头程

头程是跨境电商行业的一个术语，是指货物从国内的出发港到亚马逊仓库之间的这一段路程。

头程物流服务商是服务商群体中非常重要的组成部分，因为产品从工厂发出之后，必须经过头程运输，才能安全到达亚马逊仓库，可以说，头程物流服务商的服务水平和时效在很大程度上决定了产品上架前的运营稳定性。但是，近些年由于头程物流服务商的失误造成卖家损失的事件屡有发生，所以选择一家值得信赖的头程物流服务商并与之建立稳定的合作关系是卖家不可忽视的事。

4.1.6 如何选择合适的头程物流服务商

既然选择一家可靠的头程物流服务商如此重要，那么经验不足的新手卖家该如何选择适合自己的头程物流服务商呢？

1．看头程物流服务商的服务水平

目前，卖家的数量在逐年增长，头程物流服务商的数量也在相应地增长，各服务商之间的市场争夺非常激烈。头程物流服务商之间的竞争既可以降低头程物流服务商的运输价格，又可以提高头程物流服务商的服务水平，而服务水平的高低往往可以从侧面反映出头程物流服务商的综合实力。例如，现在的头程物流服务商基本可以做到同城免费上门收货、代贴外包装箱标签和进行一定的产品抽检工作，而这些服务项目的提供与否都可以作为衡量头程物流服务商服务水平的重要标准。

2．看头程物流服务商的价格水平

这里所说的看价格水平，并不是一味地要求头程物流服务商降低其价格，因为任何行业都是有成本的，一旦价格低到成本以下，势必出现缺斤少两、滥竽充数的质量问题。这里所说的看价格水平是指要看头程物流服务商的价格是否和行业的平均价格基本持平。因为随着竞争的加剧，产品的利润空间越来越小，卖家如果忽视了节约成本的问题，可能就没有利润了，所以卖家在选择头程物流服务商时，一定要将其价格水平纳入头程物流服务商的考核体系中。

3．看头程物流服务商的经济实力

选择一家经济实力雄厚的头程物流服务商对卖家今后的资金链周转有很大的帮助。当卖家的产品运营达到一定规模时，卖家可以向经济实力雄厚的头程物流服务商申请一定的账期，以使自己有限的资金发挥出更大的作用，同时缓解资金紧张的局面。所以选择一家可以提供一定账期、经济实力雄厚的头程物流服务商，对卖家的后续运营非常重要。

4．看头程物流服务商的运输时效承诺

作为一家运输服务机构，头程物流服务商最重要的工作是安全、快速地把卖家的产品送至亚马逊仓库中。因此，运输时效问题可以说是头程物流服务商的服务是否达标的核心问题。如果头程物流服务商承诺的时效过长或者并不能保证其所承诺的合理的运输时效，就会影响产品的稳定运营和权重积累，给产品带来很大的负面效应。所以卖家在选择头程物流服务商时要考虑其运输时效承诺。

4.1.7　常见的头程运输方式

头程运输方式根据价格和运输时效的不同，可以分为很多种类。下面列举了几种常见的头程运输方式，卖家可以根据自己产品的种类和性质，结合自己的成本预算，综合进行选择。

1．国际商业快递

国际商业快递是目前最为快速的头程运输方式，其运输时效为 3 ~ 5 天。这种方式的运输时效性强，但是价格也较高，所以一般只适用于对运输时效要求高的产品或紧急补货的产品。目前，市场上主要的国际商业快递有 UPS、DHL、FedEx 等。

2．FBA 空运+派送

FBA 空运+派送也是较为快速的一种运输方式，它先通过空运将产品运输至亚马逊仓库所在国，再利用当地的快递公司将产品运输至亚马逊仓库，其运输时效为 5 ~ 7 天。这种方式对重量较小的产品来说是一种不错的选择。

3．FBA 海运+派送

FBA 海运+派送是一种价格比较低廉的运输方式，但是其运输时效较长，通常为 25 ~ 45 天。目前，海运主要分为海运快船和海运慢船，海运快船和海运慢船的价格和运输时效又有很大区别，卖家可以根据产品的重量和尺寸，结合自己的经济实力和运营策略进行综合选择。

4.2 首批备货数量的确定

4.2.1 根据店铺的整体思路进行首批备货

新手卖家在选品时，由于资金的制约，通常会选择单价为 10 ~ 20 美元的产品。这种产品的备货成本相对较低，即使选品失败，卖家的损失也不会太大。另外，在产品的风险把控上，首批备货的数量也是一个重要的因素。

首批备货数量要根据卖家的资金实力和产品战略来定。如果卖家选择了一款节日性的产品，如圣诞节的产品，那么卖家的首批备货数量要充足到可以覆盖整个圣诞节的旺季。如果卖家选择的是非节日性的产品，那么卖家可以根据竞争对手的销量来推断自己的销量，一般保证产品的在库数量是月销量的 1.5 倍即可，这是根据海运快船的运输时效推断出的安全库存。但是对于空运的产品来说，其补货的时效性较高，为缓解资金紧张局面，卖家可以采用少批量、多批次的补货方式，最大限度地降低因意外事件造成的断货风险。

另外，首批备货数量还要结合亚马逊传统的淡旺季进行分析。如果在传统的淡季发货，那么亚马逊仓库和各大物流服务商的业务量一般为正常水平，不会出现爆仓或者排队入仓等意外情形，发货可以按照正常计划进行。但是如果在传统的旺季发货，那么卖家需要把相应排队入仓和因为爆仓而耽误的时效纳入考虑范围。特别是在传统的旺季之前，一般需对参加旺季促销的产品确定一个最迟入仓时间（通常为 11 月中上旬），争取将产品在最迟入仓时间之前送进亚马逊仓库。

4.2.2 尽量避免断货

虽然采用 FBA 发货方式的好处很多，但在产品销量出现波动或者头程物流出现意外时，产品就难以准时到达亚马逊仓库，甚至可能产生断货的风险。断货的危害非常大，如可能导致自己产品的权重、销量大幅下降，进而被竞争对手超越，而若要重新超越竞争对手，可能要付出很大的代价。

断货的影响如此之大，因此卖家一定要做好充分的应对。首先，卖家要准确地预估自己产品的销量，备货数量要略多于预估的销量。其次，卖家要扩大自己的供应商队伍，以避免某个供应商交货不及时而导致断货。

如果断货已经不可避免，那么卖家可以提高产品的售价，以使剩余的产品可以支撑到补货到库。虽然提高产品的售价会降低产品的销量，但是两害相较取其轻，断货与销量降低的危害相比，断货的危害更大，所以将产品的售价提高，以保持库存的完整是必要的操作手法。

如果因为自己的疏忽或者操作失误，产品已经断货，可以用自发货的方式来自己跟卖自己，以保持产品 Listing 权重的完整性。可以为跟卖的产品设定一个较高的价格，以避免跟卖的产品抢走 FBA 产品的流量和权重。当补货的产品成功上架后，在卖家后台直接删除跟卖的产品即可。

4.3　FBA 产品被分仓的原因及默认合仓的设置

4.3.1　亚马逊将 FBA 产品分仓的原因

众所周知，亚马逊在美国有很多 FBA 仓库，也正是依赖于这些遍布全美的 FBA 仓库，亚马逊才能将“Prime 会员两日达”运行得如此顺畅。为了提升送货效率，亚马逊会在默认的情况下把卖家准备发往 FBA 仓库的产品分为几票，以减少后期的调配时间和成本，亚马逊内部称之为“分布式库存配置”。亚马逊会把卖家的库存按照大数据计算的结果分配至全国的多个亚马逊运营中心，以确保买家可以更快收到其购买的产品。

在卖家没有对后台 FBA 进行设置的情况下，亚马逊系统对 FBA 的设置默认为“分布式库存配置”，也就是卖家默认允许亚马逊将其 FBA 产品进行分仓。

4.3.2　FBA 产品默认合仓的设置

分仓会给卖家带来不利影响，最直接的当属头程运费的提高，因为头程运输的费率和产品的总体重量或体积息息相关，产品的总体重量或体积越大，其头程运输的费率就会越低。但是当一批产品被分为几小批以后，产品的重量或体积也被分成了几部分，所以产品头程运输的费率会增加。那么，卖家怎样在卖家后台设置 FBA 产品为默认合仓呢?

（1）卖家登录自己的卖家后台，单击右上角的“设置”，然后选择“亚马逊物流”选项，如图 4-22 所示。

（2）单击“入库设置”中的“编辑”按钮，如图 4-23 所示。

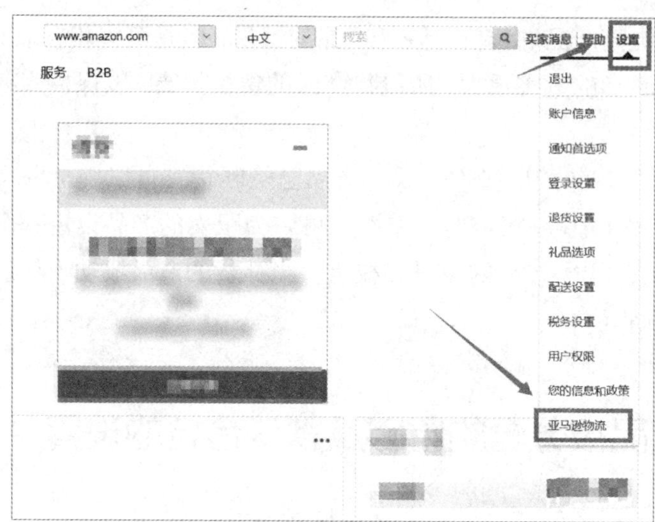

图 4-22

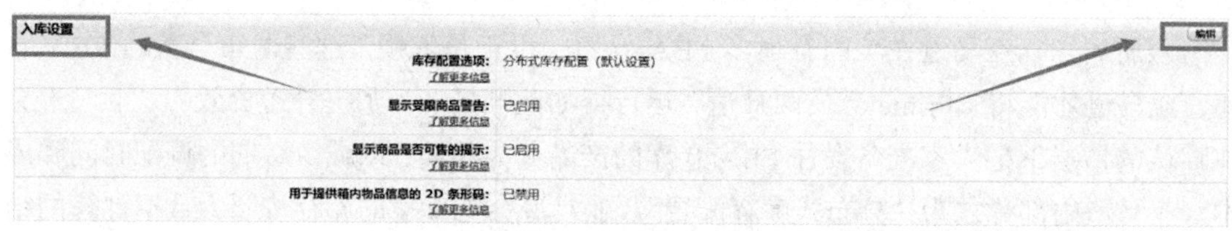

图 4-23

（3）选中“库存配置服务”单选按钮，再单击“更新”按钮，如图 4-24 所示。

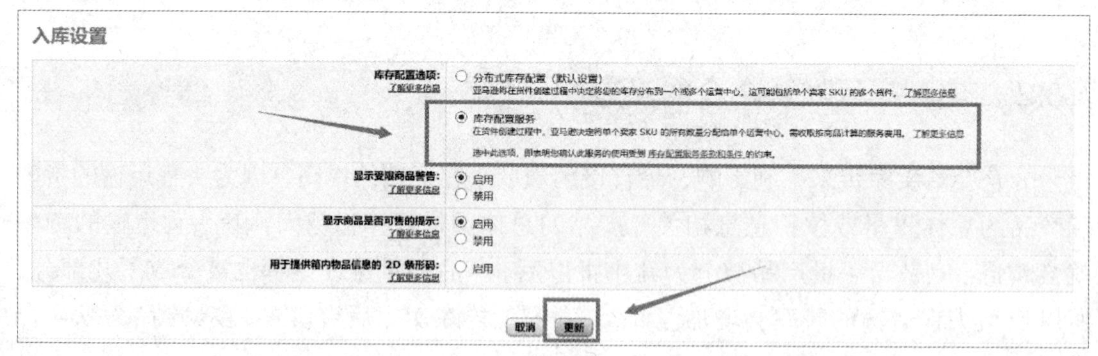

图 4-24

（4）这样就完成了 FBA 产品默认合仓的设置。但是这种合仓的操作是要付费的，亚马逊官方提供的费率表如图 4-25 所示。

库存配置服务费

标准尺寸（每件商品）	
小于或等于 1 磅	$0.30
1～2 磅	$0.40
超过 2 磅	$0.40 +（超出首重 2 磅的部分）$0.10/磅

大件商品（每件商品）	
小于或等于 5 磅	$1.30
超过 5 磅	$1.30 +（超出首重 5 磅的部分）$0.20/磅

图 4-25

4.4 海外仓

4.4.1 海外仓的概念

海外仓是指在销售目标国设立的集仓储、分拣、包装、换标等服务于一身的立体式跨境物流仓储体系。海外仓在跨境电商兴起之前就已广泛存在，随着跨境电商的发展，海外仓的发展也被跨境电商卖家推上了一个新的高度。海外仓其实和 FBA 仓库是同一个概念，只是服务的提供者有所不同，FBA 仓库是亚马逊官方为卖家提供的服务，而海外仓是非官方提供的仓储服务。

目前，一些大型的跨境电商公司基本都拥有自己的海外仓基地，一些中小型卖家如果需要海外仓，可以直接与海外仓进行对接。市面上的海外仓虽然数量众多，但质量良莠不齐，有些海外仓的服务水平低、隐性费用多、出货时效慢，卖家在选择相应的海外仓时要多加比较，尽量选择时效稳定、费用透明、服务水平高的优质海外仓。

4.4.2 海外仓的服务

1. 退货换标

卖家在产品运营的过程中时常遇到客户退货的情况，退货的处理事关利润的大小。亚马逊平台是以客户为中心的平台，所以很多客户购买的产品的包装或产品破损后，依然可以顺利地退货并拿到退款。当这些退货到达亚马逊仓库后，由于包装破损或出现轻微损毁（不影响使用和美观），亚马逊平台通常会对卖家的产品进行轻微补偿，然后以 Amazon Warehouse 的名义将该产品挂在卖家的产品下面进行跟卖。如果卖家的退货数量较多或者产品的单品价值很高，卖家可以选择将退货直接发送至同自己合作的海外仓，将产品重新贴标和包装后，再次上架售卖。这样对退货的处理方式既可以大大提升退货产品的利润率，又可以防止亚马逊官方对卖家的产品进行跟卖。

除此之外，在产品运营过程中，还有可能出现标签贴错、账户被关、产品被强制下架等问题。如果出现这些问题，存放在 FBA 仓库中的产品就失去了正当的身份标签，卖家必须对这些产品进行挪仓和重新贴标，这时海外仓也可以发挥巨大的作用。

2. 一件代发

一件代发是指跨境电商卖家将批量产品存储在同自己合作的海外仓中，如果有客户下单，那么海外仓会完成后续的分拣、包装、出库等工作。由于卖家一般都是大批量地将产品发送至海外仓的，而且海外仓的价格普遍低于 FBA 服务的价格，因此存放在海外仓中的产品的平均物流成本一般较低。但是使用 FBA 服务的产品会得到更多的流量，卖家在选择仓储服务时要根据自己的情况综合考虑。

3. 作为 FBA 仓储的中转站和补给站

海外仓承担着一项很重要的任务——作为 FBA 仓储的中转站和补给站。亚马逊平台为了提升自身 FBA 仓库的货物流转效率，要对存放在 FBA 仓库超过一定期限的产品征收长期仓储费。所以很多卖家不敢在 FBA 仓库中备货太多，他们害怕高昂的长期仓储费会消耗掉他们不少成本。而海外仓的出现恰好消除了卖家的这个顾虑。卖家将批量产品存储在目的国的海外仓中，当其在 FBA 仓库中的库存快要耗尽时，卖家可以快速地从海外仓中进行调拨，由于海外仓和 FBA 仓库在同一个国家，因此省去了很多的中间环节，从而最大限度地保证了产品的稳定运营。特别是在圣诞节等传统节日期间，海外仓的作用更是可以得到充分发挥，卖家可以避开物流高峰，直接选择从海外仓进行 FBA 补货或直接从海外仓发货，这为卖家旺季的大丰收创造了极大的有利条件。

4.5 新手卖家如何选择物流方式

对新手卖家来说，是选择 FBA 服务、自发货方式还是选择海外仓，主要看自己的产品运营思路和自身的综合实力。

如果新手卖家的启动资金有限，只有微薄的预算可用于产品的开发和运营，那么自发货方式是最合适的选择。选择自发货方式的卖家可以不用在亚马逊仓库中囤积太多的产品，由于没有很大的库存压力，选择自发货方式的卖家可以灵活地决定自己的运营路线，甚至可以向某些跨境供应商争取“一件代发”的服务。但是，选择了自发货方式就意味着自己的产品在产品权重、购物车获得、流量倾斜等方面无法得到亚马逊平台的额外照顾，所以选择自发货方式的新手卖家在起步时期会非常艰难。

如果新手卖家有一定的启动资金，并且计划在亚马逊平台上长期运营，那么 FBA 服务将是最合适的选择。选择 FBA 服务的卖家，在产品曝光、客户体验、购物车获得等方面会获得亚马逊平台更多的倾斜，而且有些站内活动和站外促销活动只允许选择 FBA 服务的产品参与。预计以后选择 FBA 服务的卖家会越来越多，客户对投递时效的要求也会越来越高。

海外仓作为 FBA 仓储的有效补充手段，通常是有一定实力的卖家的常规选择。当卖家的店铺和公司成功地在亚马逊平台站稳脚跟，卖家的资金可以正常流转时，为了抵御运营中的断货和其他风险，卖家可以考虑引入海外仓资源，利用海外仓来为自己的店铺运营增加必要的补充手段。而新手卖家在刚刚起步时，还是要以 FBA 服务和自发货方式为主。

4.6　FBA 发货前的准备工作

4.6.1　包装产品

当产品被生产出来以后，供应商要对其进行包装。对于产品的包装，无论是产品自身的包装，还是外部的大箱子包装，亚马逊平台都有明确的要求。卖家要将这些要求告知供应商，让供应商务必按照亚马逊平台的要求进行包装，以避免产品到达亚马逊仓库后无法准时上架。

（1）如果是散装产品，那么每一件产品都必须有独立的包装；如果是组合的产品，那么一定要将配套的各个产品包装在一起，换言之，如果产品需要组装起来才可以使用，那么必须所有的零部件都放在一个完整的包装中，否则可能无法入库。

（2）如果产品是一个套装，要在产品外包装上加上“This is A Set，Do Not Separate”（套装勿拆）的标记。

（3）如果产品需要外包装箱，则务必要用六面体的外包装箱，外包装箱可以使用胶带进行封装，但是不能使用扎带或绑钉进行处理，以免造成亚马逊工作人员的不便或身体伤害。

（4）如果产品使用的是塑料包装（聚乙烯袋子），且包装的开口大于 5 英寸，那么必须在包装的明显位置标注“窒息警告”，以告知客户这个包装可能存在导致窒息的风险，也可以将“窒息警告”用标签的形式贴在包装外面的显眼位置。不标注“窒息警告”的产品可能会被亚马逊仓库拒收。

（5）亚马逊美国站对于单箱产品的重量也有具体限制，即单箱产品的重量不能超过50 磅（22.68 千克），除非该箱子中只有一个产品且该产品的重量超过了 50 磅。对于重量超过 50 磅的超重产品，要在产品的外包装上张贴明显的“Team Lift”标签；对于重量超过 100 磅的超重产品，要在产品的外包装箱上张贴明显的“Mech Lift”标签。

（6）亚马逊美国站对于外包装箱的尺寸也有明确的要求，即外包装箱任何一边的长度均不能超过 25 英寸。但是对于单一 SKU 的产品外包装箱，则没有明确的尺寸限制。

4.6.2　张贴产品标签和外包装箱标签

在产品顺利抵达亚马逊仓库后，亚马逊仓库的工作人员通过张贴在产品和外包装箱上的标签来识别产品并将它们放入指定的区域。标签的张贴是产品准备过程中非常重要的工作，贴错了标签的产品，往往只能选择重新贴标后再次入库，这既浪费了资金又拖延了入仓时间，是绝对应该避免的失误。目前，跨境电商产品供应商都会提供完善的标签打印和张贴服务，但是在所有产品的标签张贴完毕后，卖家一定要让供应商抽取一定数量的产品进行拍照并把照片传送给自己，以确定标签的张贴是准确无误的，这是避免标签张贴错误的最后一道防线，卖家应该坚持这个习惯。

亚马逊的标签分为产品标签（见图 4-26）和外包装箱标签（见图 4-27），两种标签都可以在上传产品的过程中进行保存和打印。另外，目前多国的海关要求进口的产品标注产品的来源地，所以卖家在保存标签之后要记得在标签上加上“Made In China”的字样，以免在海关查验时遇到不必要的麻烦。

图 4-26

图 4-27

4.7　上传商品到亚马逊店铺的方式

上传商品的方式有两种：一种是单独上传，即每次只能上传一个商品；另一种是批量上传，即每次可以上传多个商品。

4.7.1　单独上传

单独上传商品的操作步骤如下。

（1）卖家登录自己的卖家后台，选择“库存”选项卡中的“添加新商品”选项，如图 4-28 所示。

图 4-28

（2）单击“创建新商品信息”链接，如图 4-29 所示。

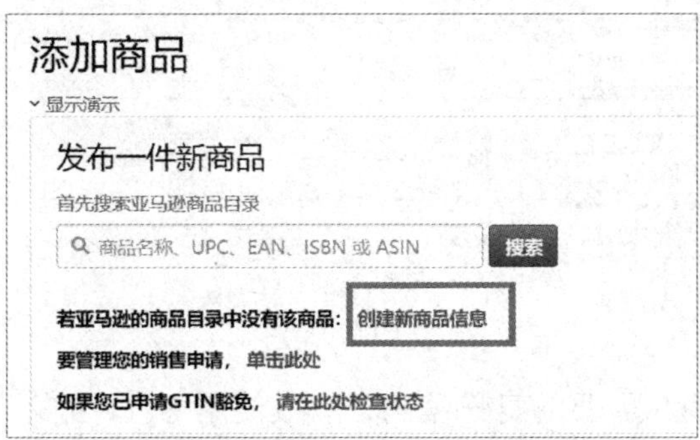

图 4-29

（3）选择自己要上传的商品所属的类目，如图 4-30 所示。如果不了解自己要上传的商品所属的类目，可先在平台上找到一款相同的商品，依据这款商品所属的类目来确定自己要上传的商品所属的类目。

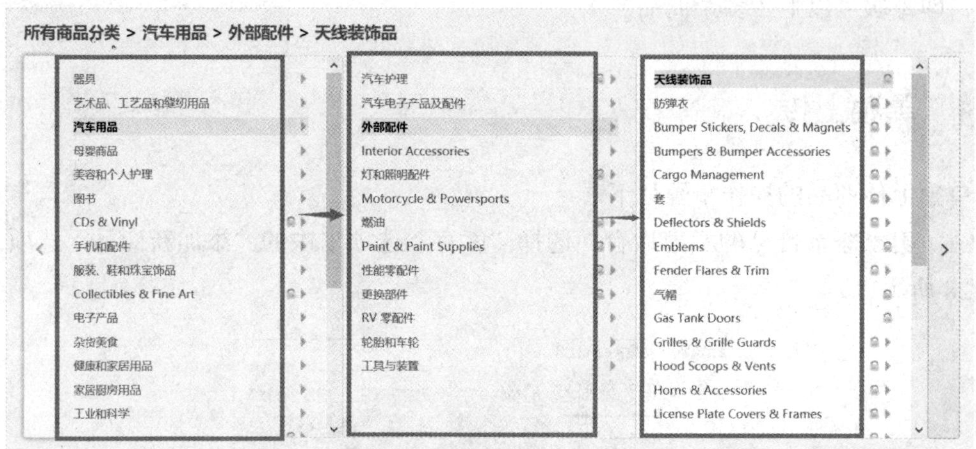

图 4-30

（4）进入商品的详情填写界面，这里共包含 8 个选项卡，其中有些内容是必填的，缺少这些内容将导致商品上传失败，有些内容是选填的，卖家根据自己商品的情况选择填写即可。

① 第一个选项卡是“Vital Info”，在此处填写重要的信息，如图 4-31 所示。

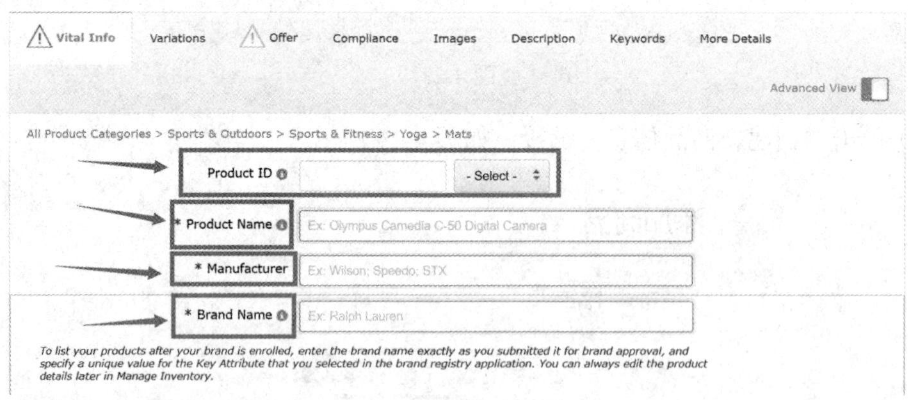

图 4-31

Product ID：上传商品需要的身份编码，一般使用 UPC 居多，缺少 UPC 的卖家可以向服务商购买。

Product Name：商品的标题，标题是有字符数限制的，一般不超过 200 个字符。

Manufacturer：商品的制造商，一般填写和自己的品牌名称一样的内容。

Brand Name：填写自己的品牌名称，即使没有注册品牌，也可以填写自己心仪的品牌名称，但要注意不能侵权。

② 第二个选项卡是“Variations”，即商品的变体，如图 4-32 所示。

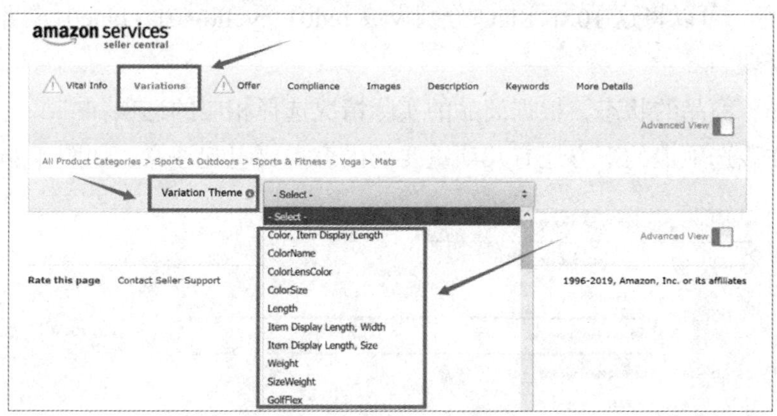

图 4-32

卖家可以根据自己商品的种类和变体的类别，在“Variation Theme”中选择相应的变体类型，如长度变体、颜色变体等。

③ 第三个选项卡是“Offer”，在此处填写商品的价格等信息，如图 4-33 所示。

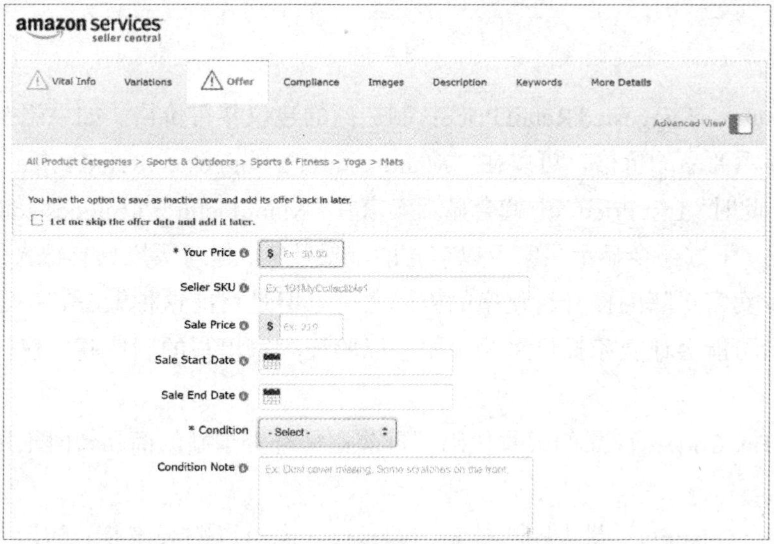

图 4-33

Your Price：商品的定价。“Sale Price”是指商品的最终售价，如果商品以某种折扣价出售，就可以填写“Sale Price”，并在下方的“Sale Start Date”和“Sale End Date”中填写活动的开始时间和结束时间。活动结束后，前台将自动显示“Your Price”中的价格。

Seller SKU：卖家为不同的商品设置的商品库存单位代号。商品库存单位代号通常是设置给自己看的，所以商品库存单位代号的编辑要按照自己的日常操作习惯进行，如商品有 10 种颜色，可以将这 10 个 SKU 分别设成 red01、yellow01、blue01 等形式，以方便自己的后期管理。

Condition：商品的状态，根据商品的实际情况选择相应的选项。

另外，在该选项卡的下方还有几项重要的内容需要引起注意，如图 4-34 所示。

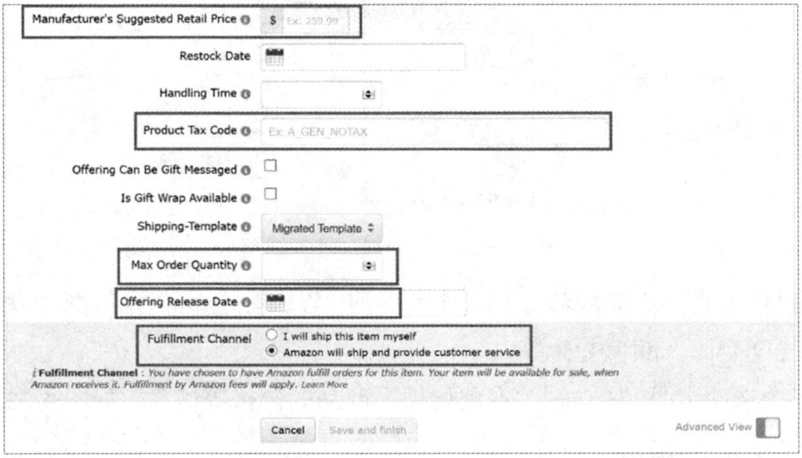

图 4-34

Manufacturer's Suggested Retail Price：制造商的建议零售价格。如果想要以如图 4-35 所示的形式显示商品的价格，可以在“Manufacturer's Suggested Retail Price”中填写一个较高的价格，此时“List Price”中就会显示卖家在“Manufacturer's Suggested Retail Price”中所填的价格，下方还会显示买家可以节省的金钱数额，这对买家具有很大的吸引力，同时这也是不少卖家青睐的提升转化率的方式之一。但是目前这种做法有一定的风险，因为亚马逊平台可能会让卖家提供采购发票，以验证卖家填写的制造商的建议零售价格是否真实可信。

Product Tax Code：商品的税收代码，目前亚马逊美国站的商品暂时不用填写商品的税收代码。

Max Order Quantity：最大购买数量，即每位买家可以购买该商品的最大数量。在做促销活动时，一定要填写此项内容，以避免一些投机取巧的买家买空卖家的库存。

Offering Release Date：商品的预售时间。

Fulfillment Channel：有两种方式可供选择，即自己发货和使用 FBA 发货。此项内容在后期可以更改。

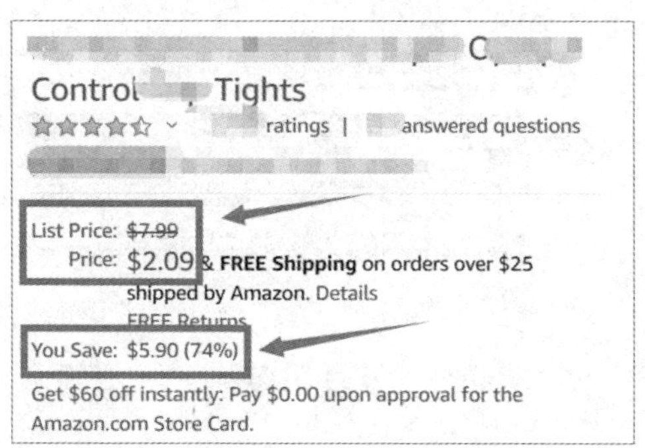

图 4-35

④ 第四个选项卡是“Compliance”，在此处主要填写商品的专业属性，如图 4-36 所示。普通商品可以先略过这个选项卡。

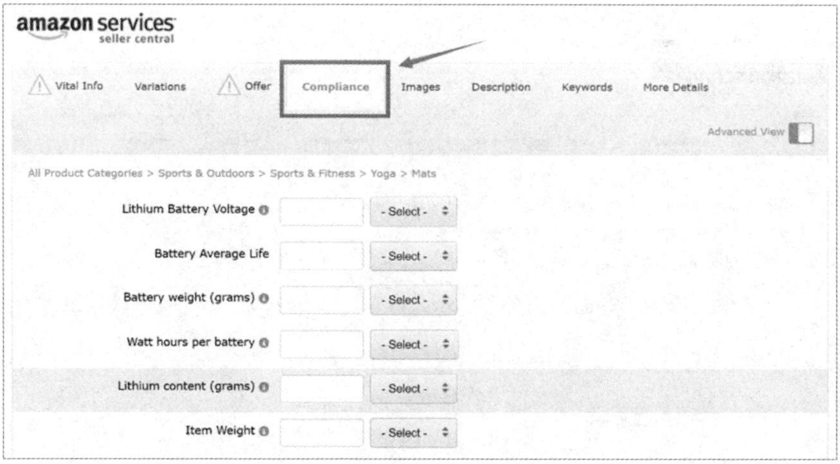

图 4-36

⑤ 第五个选项卡是“Images”，在此处上传商品图片，如图 4-37 所示。按照亚马逊平台的要求上传商品图片即可，由于在 6.3 节中详细说明了亚马逊平台对商品图片的要求，因此这里不做过多描述。

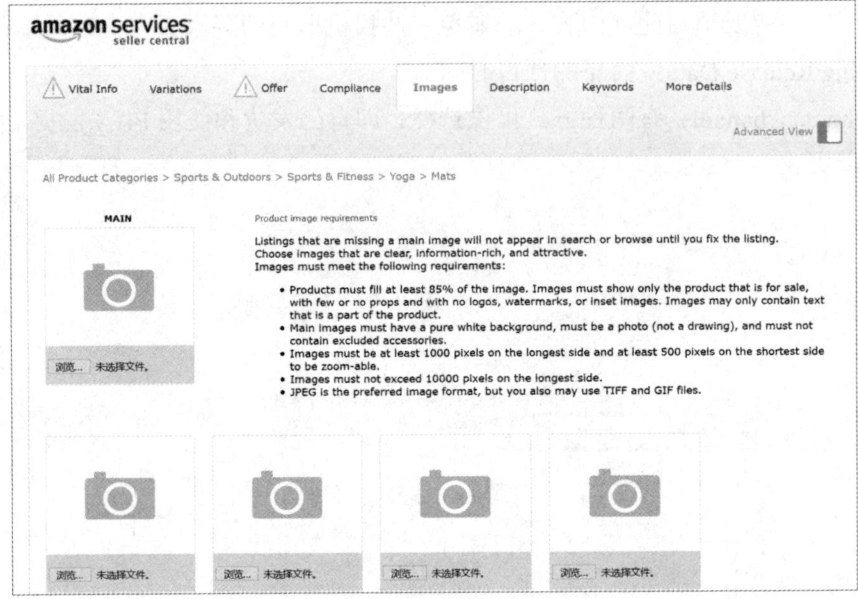

图 4-37

⑥ 第六个选项卡是“Description”，在此处填写商品的描述等详细内容，如图 4-38 所示。

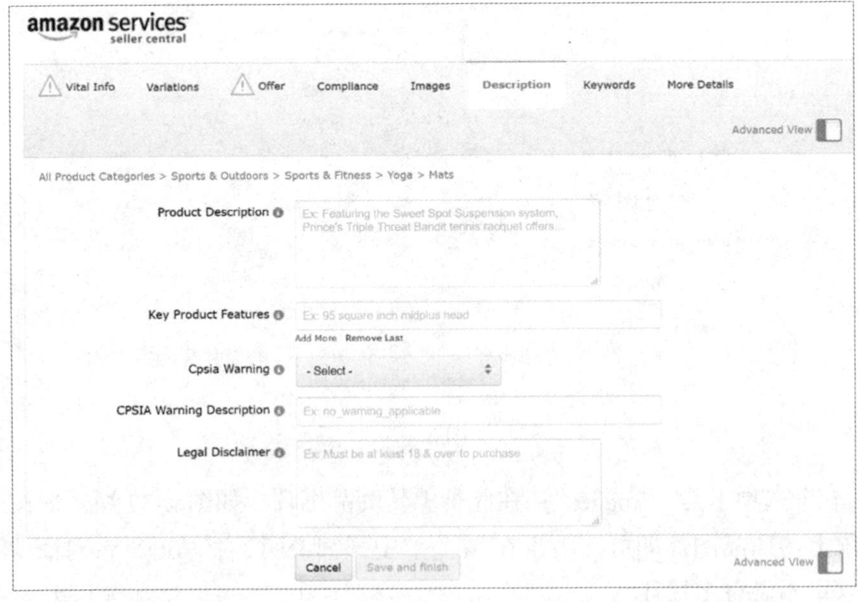

图 4-38

Product Description：商品的详情描述，当商品完成品牌备案以后，此部分会被 A+页面取代。

Key Product Features：卖家所说的商品的五行特性或五点描述。可以单击下方的“Add More”链接进行扩展。

Cpsia Warning：美国消费安全协会强制要求的警示说明，若商品为儿童小玩具或者其他极易引起窒息的商品，则必须在此处对商品的潜在危险进行详细的说明，以免对消费者造成人身伤害。

Legal Disclaimer：卖家免责声明，即如果此商品只适合 18 岁以上的人使用，那么卖家必须在此处进行详细的说明，否则一旦出现问题，卖家可能要承担一定的责任。

⑦ 第七个选项卡是“Keywords”，在此处主要填写商品的目标人群或搜索关键词，如图 4-39 所示。

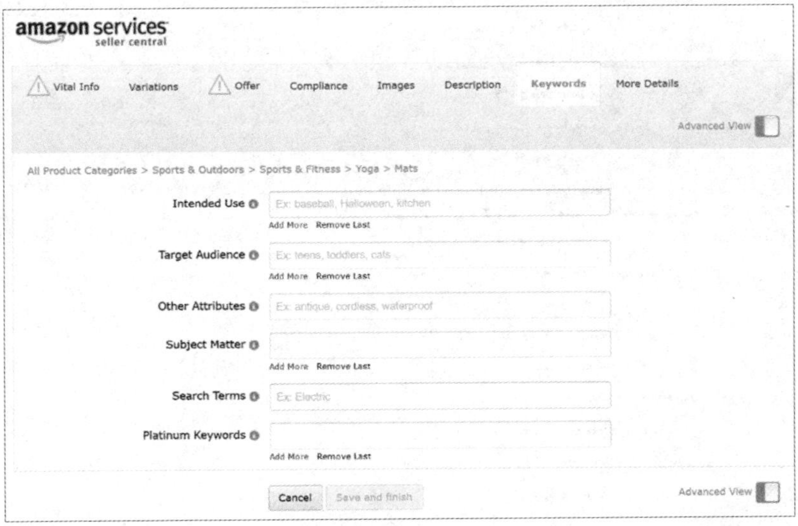

图 4-39

Intended Use：在此处说明该商品可以使用的场景、条件等，如可以在户外使用、可以在旅行时使用等。可以单击其下方的“Add More”链接将其内容扩展至 5 行。

Target Audience：商品的目标人群，可以在其下拉列表中进行选择。

Other Attributes：其他特性，可以补充一些前面未提到的商品特性，如防水、无线等功能。

Subject Matter：商品的主题特性，如适用于母亲节、父亲节、情人节等节日，可以在其下拉列表中进行选择。

Search Terms：亚马逊平台的后台搜索关键词。在商品关键词的处理上，应该将商品的主要关键词首先放在商品的标题、商品的五行特性和商品的详情描述中，若还有未放入的关键词，可以放在此处。

Platinum Keywords：白金关键词。一般的卖家没有资格填写此项内容，暂且可以忽略。

⑧ 第八个选项卡是“More Details”，在此处补充其他更详细的信息，如图 4-40 所示。此选项卡中的内容要按照自己商品的特性选择填写，填写时要谨慎，因为所填内容可能影响该商品的 FBA 费用。

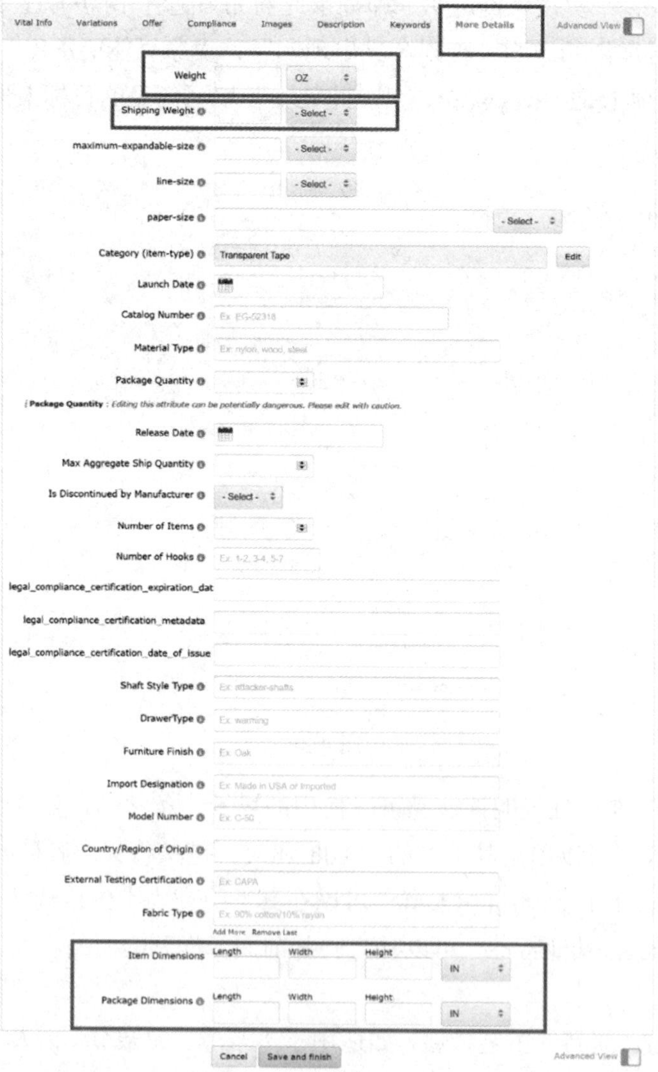

图 4-40

Weight：商品的净重，即不包含包装物的重量。

Shipping Weight：商品包含包装物的重量。

Item Dimensions：商品的具体尺寸，以长、宽、高的形式填写。

Package Dimensions：包装物的具体尺寸，以长、宽、高的形式填写。

以上 4 项为必填项，其他选项卖家可根据自己商品的具体属性进行选择性填写。

填写完所有必填信息后，单击“Save and finish”按钮，即可完成商品的上传。一般 15 分钟后卖家即可在自己的卖家后台看到自己刚刚上传的商品。

4.7.2　批量上传

批量上传商品的操作步骤如下。

（1）卖家登录自己的卖家后台，选择“库存”选项卡中的“批量上传商品”选项，如图 4-41 所示。

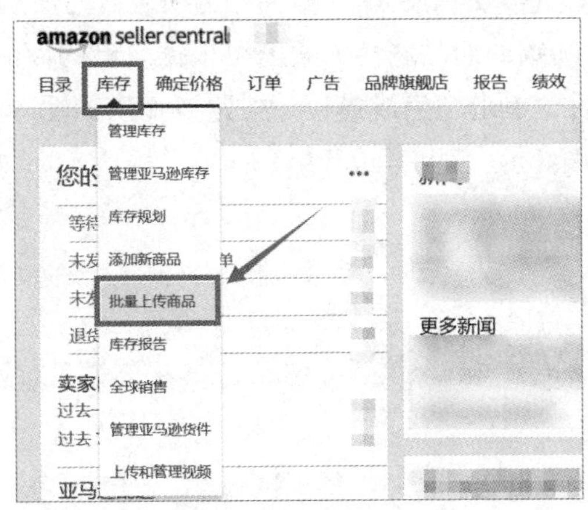

图 4-41

（2）选择“下载库存文件”选项卡，如图 4-42 所示。

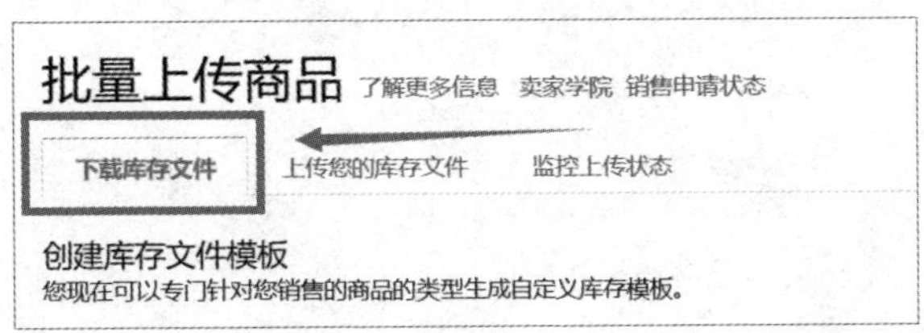

图 4-42

（3）如图 4-43 所示，卖家既可以在上方的搜索框中输入自己商品的名称来进行搜索，也可以在下方的商品类目中分级寻找。

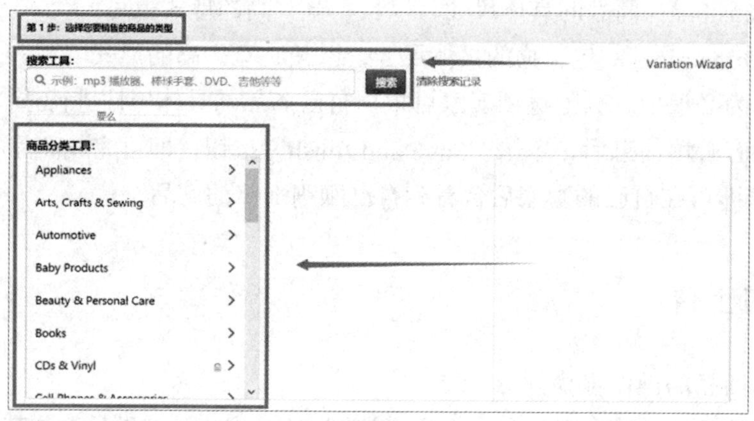

图 4-43

（4）如图 4-44 所示，选择模板类型。“精简”选项包含与所选商品关联的必填属性，“高级”选项则包含更为细致的商品属性，卖家可根据自己的商品情况进行选择。

（5）选好模板类型后，单击“生成模板”按钮，弹出如图 4-45 所示的对话框。

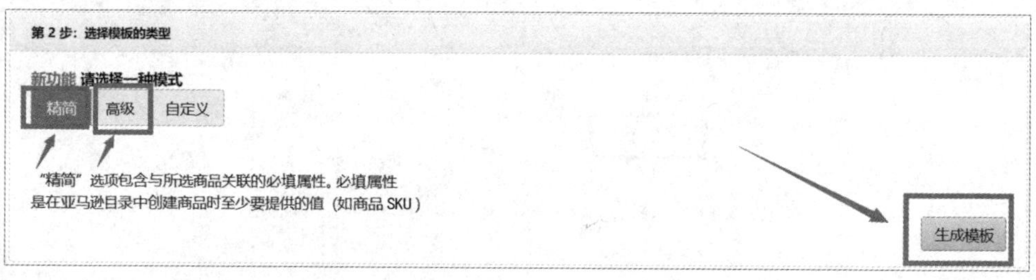

图 4-44

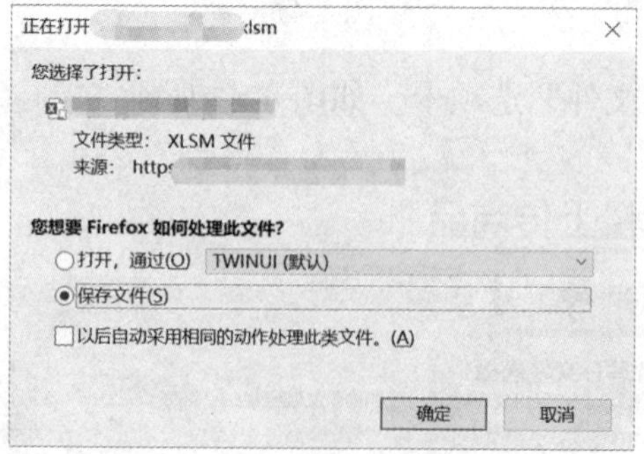

图 4-45

（6）保存下载的模板后打开它，它是一个 Excel 表格，其中“Template”工作表中的内容需要卖家填写，如图 4-46 所示。

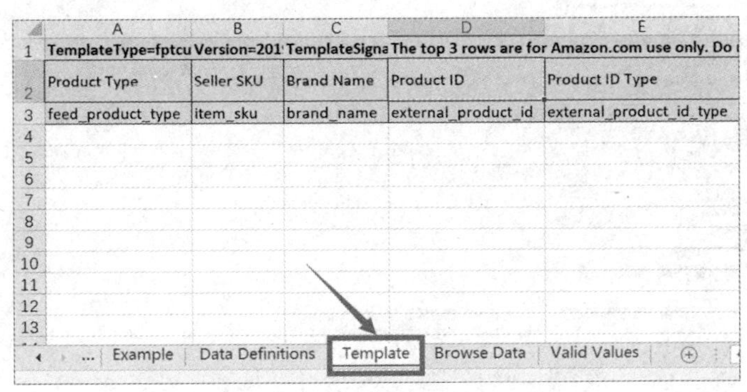

	A	B	C	D	E
1	TemplateType=fptcu	Version=201	TemplateSigna	The top 3 rows are for Amazon.com use only. Do	
2	Product Type	Seller SKU	Brand Name	Product ID	Product ID Type
3	feed_product_type	item_sku	brand_name	external_product_id	external_product_id_type
4					
5					
6					
7					
8					
9					
10					
11					
12					
13					

图 4-46

“Example”工作表中包含亚马逊官方给出的填表范例，卖家若遇到不知如何填写的项目，可以从“Example”工作表中查找相应的表格填写范例进行参考。

“Data Definitions”工作表中包含对模板中每个项目的解释和说明。

“Template”工作表中包含卖家需要填写的模板。

“Browse Data”工作表中包含对商品的类目路径的说明。

“Valid Values”工作表中包含对一些项目提供的有效值限制，即对模板中的有些项目来讲，必须选择其下拉列表中的选项。

（7）填写商品的详细信息，如图 4-47 所示。

TemplateType=fptcu	Version=201	TemplateSigna	The top 3 rows are for Amazon.com use only. Do not modify or del		
Product Type	Seller SKU	Brand Name	Product ID	Product ID Type	Product Name
feed_product_type	item_sku	brand_name	external_product_id	external_product_id_type	item_name

图 4-47

这里填写的信息和单独上传商品时填写的信息是一致的，此处不再赘述。但是在批量上传商品图片时，要在此处填写图片的存储网址，而不是直接上传图片。这就需要卖家通过网上的图片存储空间进行图片的网址转化。网上有很多免费的图片存储空间可供卖家选择。

（8）填写完成并保存后，返回卖家后台，选择“上传您的库存文件”选项卡，如图 4-48 所示。

（9）单击“浏览”按钮，上传自己填好的模板文件，上传完毕后单击“检查库存文件”按钮对其进行检查，如图 4-49 所示。

图 4-48

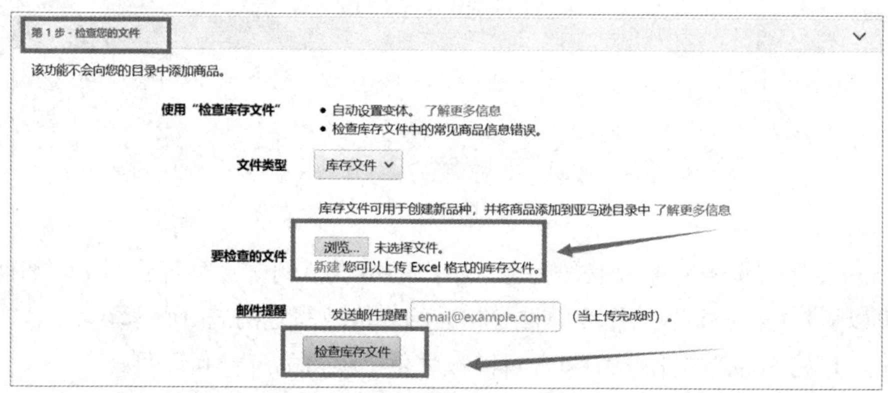

图 4-49

（10）如果在（9）中出现错误，系统会提示错误的类型，卖家只要按照系统的提示进行修改并再次上传即可。如果没有出现错误，就可以单击"上传"按钮上传模板文件，如图 4-50 所示。

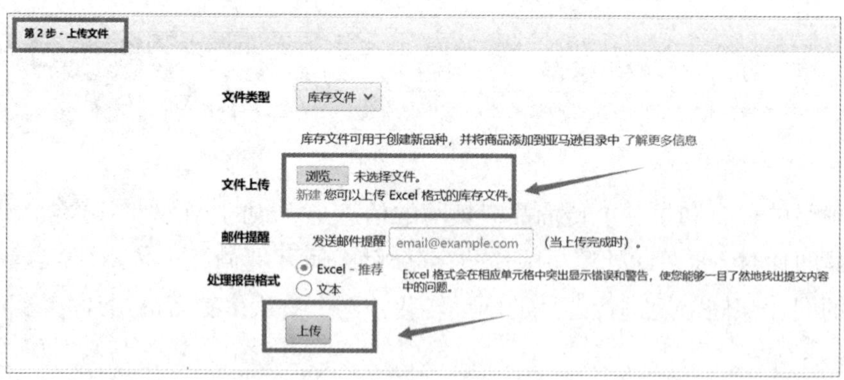

图 4-50

模板文件上传成功 5 ~ 15 分钟后，卖家就可以在自己的卖家后台看到自己刚刚批量上传的商品了。

4.8 产品进入 FBA 仓库时常见的问题及其应对措施

目前，大多数卖家会选择 FBA 服务，所以 FBA 仓库的吞吐量非常大，这使得 FBA 仓库工作人员的劳动量很大，从而可能导致产品进入 FBA 仓库时产生一些问题。这些问题可能会给卖家造成不必要的损失。下面介绍产品进入 FBA 仓库时常见的问题及其应对措施，以帮助卖家尽量减少损失。

1．产品的入仓时间过长

很多卖家都曾遇到过自己的产品迟迟不能入仓的情况。产品的入仓时间过长会导致产品迟迟不能上架。这就需要卖家在自己的产品被 FBA 仓库签收之时就联系亚马逊客服进行友善的催促，美国客服有部分权限可以为入仓的产品加上“紧急”或“较为紧急”的标签，被加上“紧急”或“较为紧急”标签的产品的入仓时间会大大缩短。如果你的产品即将断货，你可以直接电话联系美国客服，向美国客服说明问题的紧要性和危害性，请求美国客服协助你进行催促。

2．产品的入仓重量和尺寸误差过大

FBA 费用是按照产品的重量和尺寸来计算的。卖家在填写自己产品的重量和尺寸信息时，要按照产品的实际重量和尺寸来填写，工作人员在产品入仓的过程中会对产品的重量和尺寸进行复检。有时由于工作人员的失误可能导致某个产品的入仓重量和尺寸误差过大，进而导致该产品被多收取 FBA 费用。所以卖家要注意核对产品的入仓重量和尺寸，以免被多收取 FBA 费用。

3．产品入仓后丢失或毁损

产品主要是通过人员+机器人装卸搬运进入 FBA 仓库的，在装卸搬运过程中难免出现产品的丢失或毁损，这就需要卖家通过卖家后台及时跟踪自己的产品，在自己的产品丢失或毁损时，及时向亚马逊平台提供证据进行索赔，以求将自己的损失降到最低。

第 5 章

卖家后台的基本操作

5.1　登录卖家后台的方式

卖家日常的店铺管理工作都要在卖家后台进行。登录卖家后台的方式主要有以下几种。

（1）在地址栏中输入卖家后台的网址。

（2）通过亚马逊导航网站登录卖家后台。这是一种比较方便快捷的方式。一般亚马逊导航网站上汇集了卖家日常运营中所需要的大部分专业网站，卖家可以将亚马逊导航网站页面设置为自己浏览器的主页，这样卖家每次登录卖家后台或其他亚马逊软件时就可以非常快捷。市场上的亚马逊导航网站有 AMZ123 等，AMZ123 网站的首页如图 5-1 所示。

图 5-1

（3）通过手机 App 登录卖家后台。卖家可以从亚马逊全球开店的官方网站上下载手机 App，并通过手机 App 登录卖家后台。但要注意防止账户关联的问题，尽量做到在同一个网络环境中只登录一个卖家账户。

5.2　卖家后台操作界面详解

卖家后台操作界面中包含很多模块，如图 5-2 所示。下面按照图 5-2 中的编号逐一进行讲解（以中文版操作界面为例）。

（1）选项卡模块（图 5-2 中编号为①的部分），这里汇集了卖家后台的主要功能。由于 5.3 节中对其有详细的讲解，因此这里不再赘述。

（2）“您的订单”模块（图 5-2 中编号为②的部分），其展开后如图 5-3 所示。

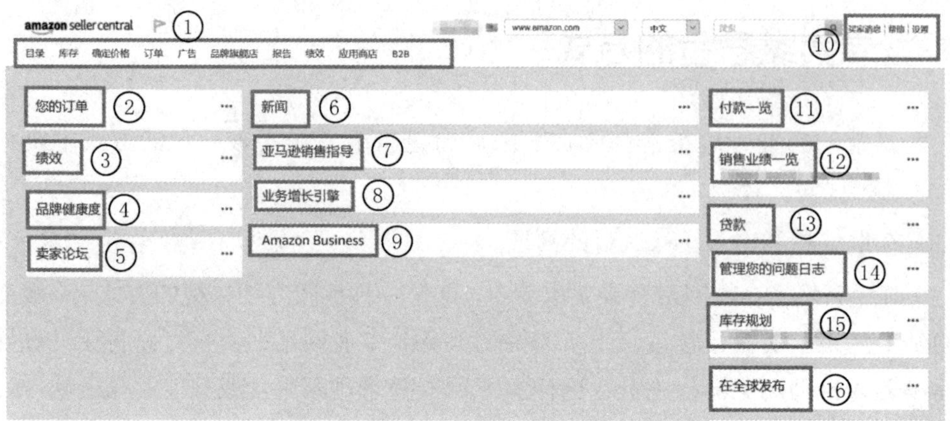

图 5-2

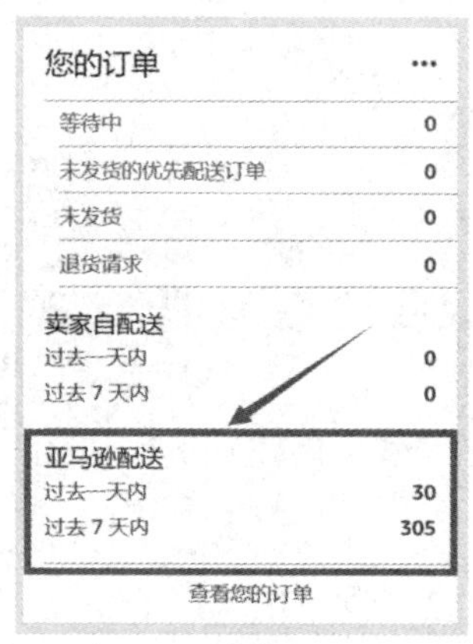

图 5-3

“您的订单”模块被分成 3 个部分。第一个部分显示的是选择自发货方式的卖家的订单数据，包括等待中的订单数、未发货的优先配送订单数、未发货的订单数和已经发起退货请求的订单数。如果卖家选择的是 FBA 发货方式，则这里的数据一直为“0”。第二个部分显示的是卖家自发货商品在过去一天内和过去 7 天内的订单数据，选择 FBA 发货方式的卖家也可以忽略这一部分。第三个部分显示的是选择 FBA 发货方式的卖家在过去一天内和过去 7 天内的订单数据，这一部分是选择 FBA 发货方式的卖家要重点关注的部分。

（3）“绩效”模块（图 5-2 中编号为③的部分），其展开后如图 5-4 所示。

“绩效”模块也被分成 3 个部分。第一个部分显示的是卖家的绩效表现，显示“买家消息”“亚马逊商城交易保障索赔”“信用卡拒付索赔”3 个方面的消息数量。第二个部分是对买家消息的详细数据说明。卖家要在 24 小时以内至少回复 90%的买家消息才不会影响自己的绩效指标。如果出现未回复的买家消息即将超过 24 小时的情形，卖家可以先单击消息下方的“不需要回复”按钮进行系统计时的截断，在准备充分后再进行回复，这样就不会影响自己的绩效指标了。第三个部分显示的是卖家账户获得的买家反馈的数量和总体得分情况，卖家可以查看详细的反馈情况，若其中有不符合亚马逊平台规则的买家反馈，卖家可以自行删除或请亚马逊客服帮助删除。

（4）“品牌健康度”模块（图 5-2 中编号为④的部分），其展开后如图 5-5 所示。

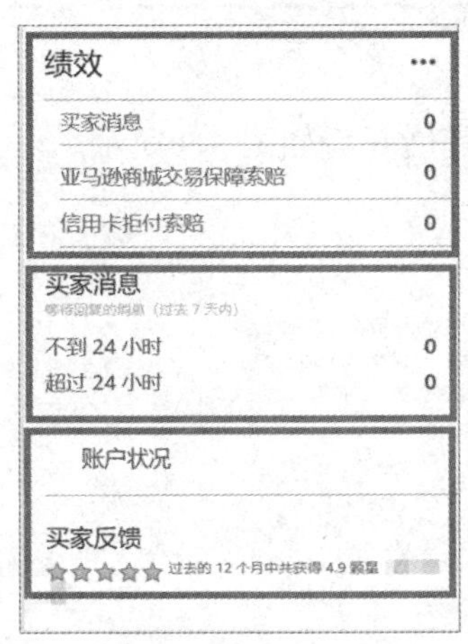

图 5-4

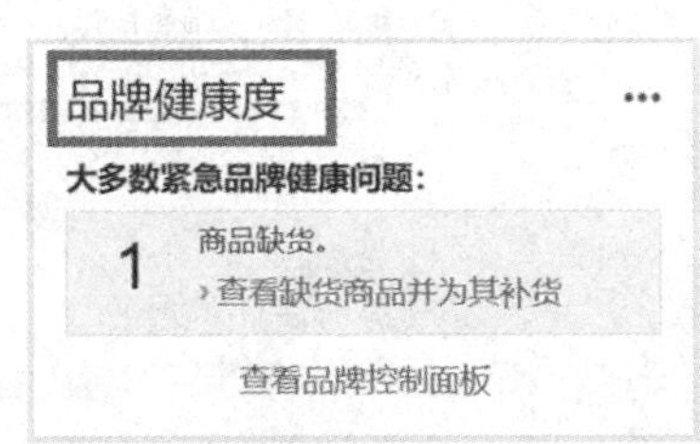

图 5-5

“品牌健康度”模块主要显示品牌的健康程度，一般完成品牌备案的卖家的卖家后台才会显示这一模块。该模块主要显示存货问题、违规情况、品牌推广、品牌健康度等内容。如果出现品牌问题，则该问题会以阿拉伯数字的形式显示在该模块中，如图 5-5 所示的商品缺货问题就属于品牌问题。

（5）“卖家论坛”模块（图 5-2 中编号为⑤的部分），其展开后如图 5-6 所示。

图 5-6

这是亚马逊官方的卖家论坛，是全球的卖家进行交流的平台。该平台的默认语言为英语，卖家可以在该平台上和全球的卖家进行经验和技术的交流与合作。单击“查看论坛板块”链接，卖家可以按照主题浏览帖子，也可以按照帖子的发布时间浏览帖子，如图 5-7 所示。

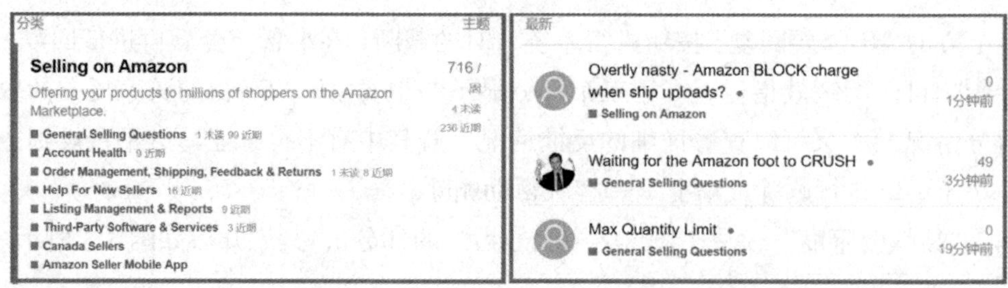

图 5-7

（6）“新闻”模块（图 5-2 中编号为⑥的部分），其展开后如图 5-8 所示。

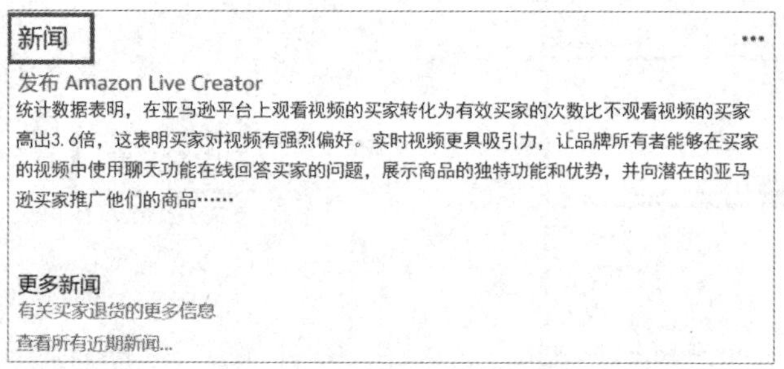

图 5-8

“新闻”模块是亚马逊平台的新闻发布模块，主要用于发布一些亚马逊官方的主要新闻，包括卖家服务条款的变化、亚马逊各种费用的调整、亚马逊平台广告政策的变化等内容。卖家可以多多关注这个模块，以避免错过最新的政策调整信息。

（7）“亚马逊销售指导”模块（图 5-2 中编号为⑦的部分），其展开后如图 5-9 所示。

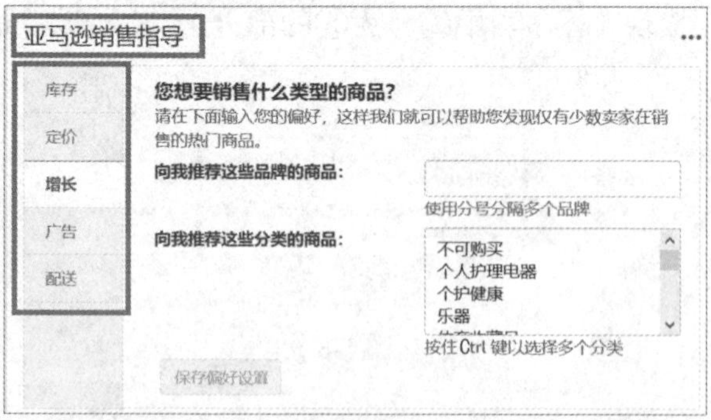

图 5-9

“亚马逊销售指导”模块中显示的是亚马逊官方提供的销售指导信息，主要包括亚马逊平台根据卖家的商品的库存、定价等方面的信息，给卖家提供的建议。特别是在库存方面，当卖家的库存数量不足以支撑其15天左右的销量时，亚马逊平台会在“亚马逊销售指导”模块提醒卖家补货。

（8）“业务增长引擎”模块（图5-2中编号为⑧的部分），其展开后如图5-10所示。

业务增长引擎

通过完成以下步骤来帮助您实现业务增长：

图文版商品描述
让买家了解您的商品和品牌
创建内容

打造您的品牌
帮助您向买家推广您的品牌
创建广告活动

创建更多促销
使用更多限时折扣激励买家
查看促销推荐

获取更多评论
在早期评论者计划中注册更多商品
选择要注册的 SKU

添加更多商品
持续扩大您的商品目录
创建更多商品信息

图5-10

“业务增长引擎”模块主要显示亚马逊平台向卖家推荐的官方的业务增长工具，包括A+页面、PPC广告、站内促销、早期评论者计划等，卖家可以根据自己的需要选择性地定制这些业务增长工具。

（9）“Amazon Business”模块（图5-2中编号为⑨的部分），其展开后如图5-11所示。

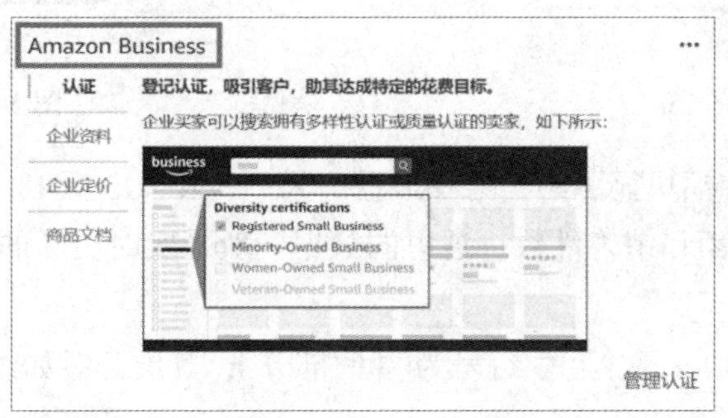

图5-11

“Amazon Business”模块用于亚马逊平台的企业卖家注册与推广，只有销售计划为“专业销售计划”的企业卖家的卖家后台才会出现这个模块。注册企业卖家的卖家要达到亚马逊平台对注册企业卖家设置的门槛。注册成功后，在面对企业买家的采购需求时，企业卖家的店铺将会对企业买家具有更大的吸引力。

（10）图5-2中编号为⑩的部分如图5-12所示。其中有关“帮助”的内容已在2.12节中介绍过，有关“设置”和“买家消息”的内容将在 5.4 节和 5.5 节中介绍，这里不再赘述。

图 5-12

（11）“付款一览”模块（图 5-2 中编号为⑪的部分），其展开后如图 5-13 所示。

“付款一览”模块主要显示卖家账户中的资金余额。总余额表示卖家账户中所有的已付款订单扣除相关费用之后的余额，是亚马逊平台应该支付给卖家的卖家收益。总余额包括两个部分，其中，标准订单余额是指普通订单产生的余额；发票支付订单余额是指企业买家在收到亚马逊平台发来的发票后支付的相应金额。

（12）“销售业绩一览”模块（图 5-2 中编号为⑫的部分），其展开后如图 5-14 所示。

图 5-13

图 5-14

“销售业绩一览”模块显示的卖家在最近一天、7 天、15 天和 30 天内的销售数据，包括卖家的商品销售额和销售件数。这里的数据一般是实时更新的，但有时会出现数据的延迟。

（13）“贷款”模块（图 5-2 中编号为⑬的部分），其展开后如图 5-15 所示。

图 5-15

为了给需要资金的卖家一定的支持，亚马逊平台联合第三方贷款机构推出了贷款项目，贷款的年利率通常为 12% ~ 18%。卖家可申请的贷款数额与其店铺的销售额有直接的关联。

（14）“管理您的问题日志”模块（图 5-2 中编号为⑭的部分），其展开后如图 5-16 所示。

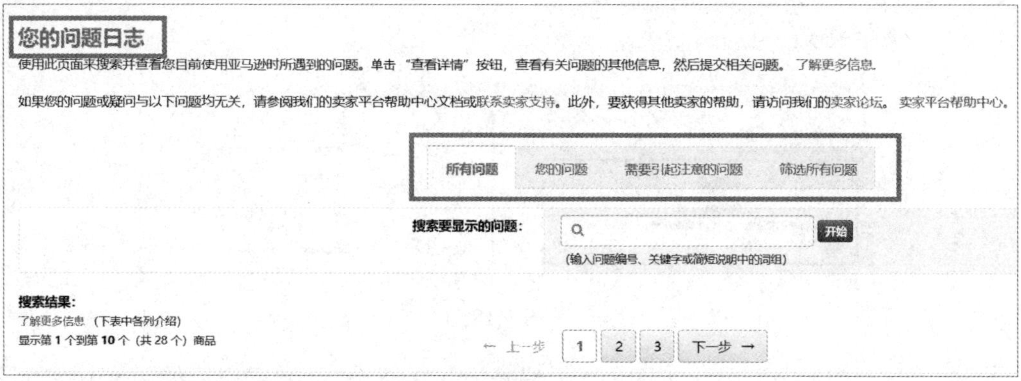

您的问题日志
使用此页面来搜索并查看您目前使用亚马逊时所遇到的问题。单击“查看详情”按钮，查看有关问题的其他信息，然后提交相关问题。了解更多信息
如果您的问题或疑问与以下问题均无关，请参阅我们的卖家平台帮助中心文档或联系卖家支持。此外，要获得其他卖家的帮助，请访问我们的卖家论坛。卖家平台帮助中心。
所有问题
您的问题
需要引起注意的问题
筛选所有问题
搜索要显示的问题：
开始
(输入问题编号、关键字或简短说明中的词组)
搜索结果：
了解更多信息（下表中各列介绍）
显示第 1 个到第 10 个（共 28 个）商品
← 上一步
1
2
3
下一步 →

图 5-16

卖家可以在此处查找自己与亚马逊客服所有的沟通记录。该模块提供了日志搜索功能，日志太多的卖家可以按照日志的关键词进行搜索查询。

（15）“库存规划”模块（图 5-2 中编号为⑮的部分），其展开后如图 5-17 所示。

库存规划
上次更新时间 19-9-21 下午11时36分09秒
库存绩效指标
496
0
1000
库存天数 24
今天要补货的 SKU 2
冗余商品 0
具有无在售信息库存的 SKU 0
查看库存控制面板

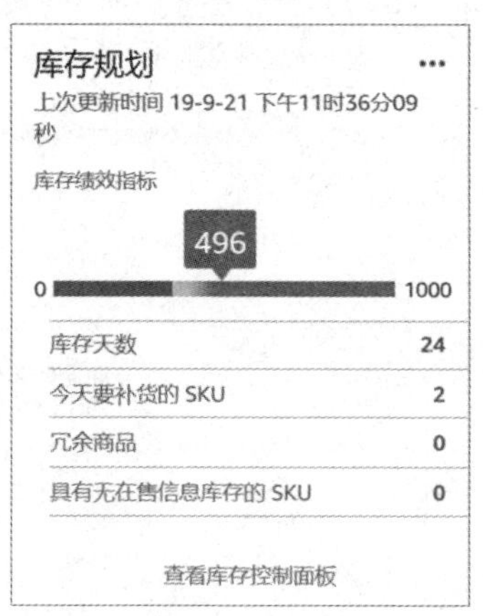

图 5-17

“库存规划”模块主要显示库存绩效指标。库存绩效指标用于衡量卖家在一段时间内整体库存绩效的优劣，库存绩效指标高于 550 分，表示库存绩效十分出色；库存绩效指

标低于 450 分，则表示库存绩效不佳。

单击“库存绩效指标”链接，进入卖家库存绩效管理界面，如图 5-18 所示。卖家可以在此查看影响自己库存绩效的重要因素：冗余库存、售出率、无在售信息的亚马逊库存、有存货库存，卖家可以通过提升这 4 个因素的绩效分数来提升自己的库存绩效分数。

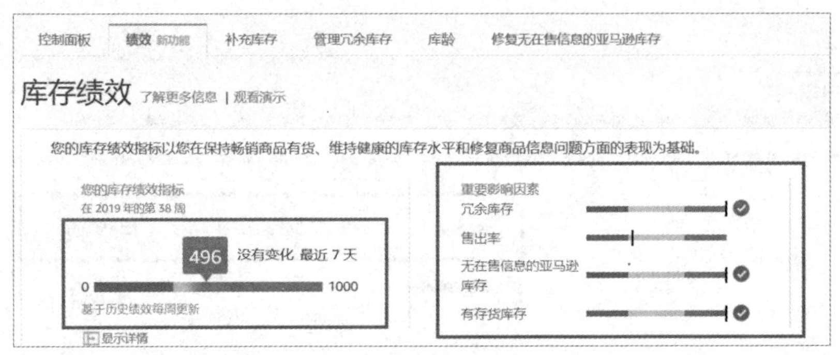

图 5-18

（16）“在全球发布”模块（图 5-2 中编号为⑯的部分），其展开后如图 5-19 所示。

“在全球发布”模块主要提供一种功能，卖家通过这个功能可以将自己在一个亚马逊站点上销售的商品扩展到其他亚马逊站点上。该功能目前只对专业卖家开放，专业卖家可以根据卖家后台提示的商品迁移建议进行全球推广。如图 5-20 所示，该卖家在亚马逊美国站销售某商品获得了在亚马逊欧洲站推广的机会，该卖家可以在亚马逊美国站后台直接将该商品在亚马逊欧洲站进行发布。

图 5-19

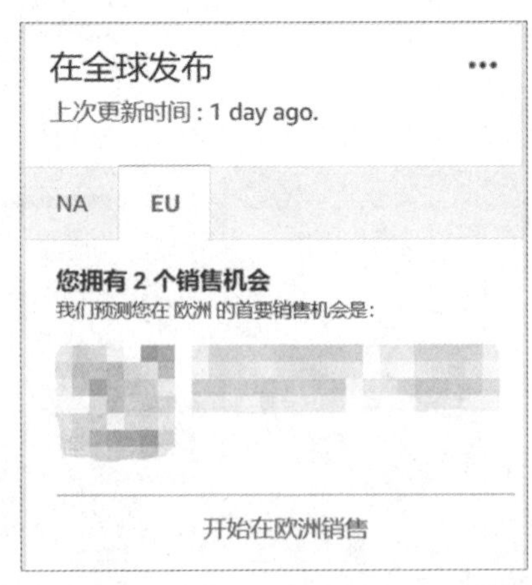

图 5-20

5.3　卖家后台的更多功能

卖家后台的主要功能包含在卖家后台的十大选项卡中，这十大选项卡如图 5-21 所示。在这些选项卡的上方有一个小红旗标志，如果小红旗变成红色的，则表示卖家账户目前存在某些影响账户绩效的问题，卖家应及时查看并解决问题，以免因为对这些问题处理不及时而影响到账户绩效。

图 5-21

下面详细讲解这些选项卡中包含的功能。

1. “目录”选项卡

“目录”选项卡如图 5-22 所示。

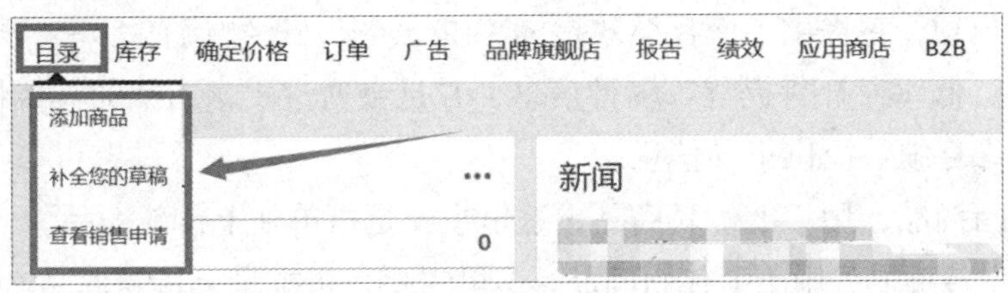

图 5-22

（1）添加商品，用于新商品的上传。利用此功能，卖家可以单独上传新商品，也可以批量上传新商品。

（2）补全您的草稿，主要用于存储在提交商品信息时被系统驳回的商品信息。这些商品信息不符合商品信息的创建政策，被系统拒绝后以草稿的形式存储于系统中，卖家可以随时查看和编辑这些商品信息。

（3）销售申请，主要用于存在销售限制的商品的销售申请。在销售申请被通过之后卖家才可以销售此类商品，卖家可以在此处查看销售申请的进度和结果。

2. “库存”选项卡

“库存”选项卡如图 5-23 所示。

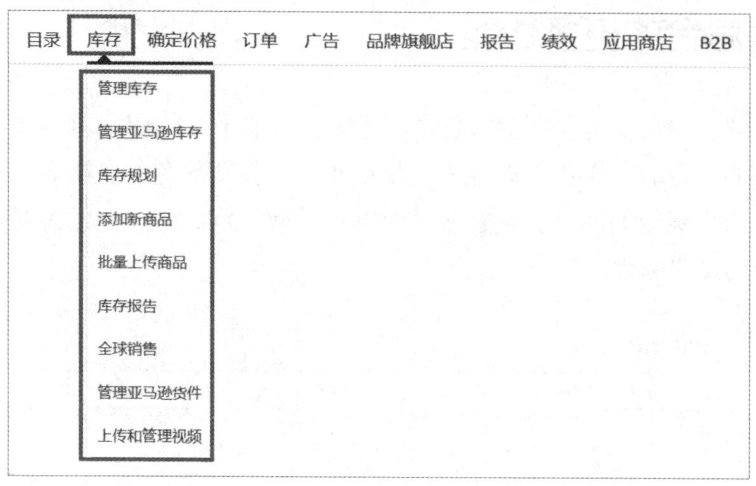

图 5-23

（1）管理库存，主要为卖家提供搜索、查看和更新库存商品信息的工具。这里的库存是指卖家的全部库存，包括自发货库存和 FBA 库存。

（2）管理亚马逊库存，与“管理库存”功能类似，但是这里的库存只包括 FBA 库存。

（3）库存规划，它提供了库存绩效指标（IPI）、亚马逊物流有货率、管理冗余库存、库存天数概览、低库存补货提醒等多种信息，并且会通过卖家店铺的具体情况为卖家提高库存效率和库存绩效提供指导信息。

（4）添加新商品，用于上传新商品，这里主要是指单独上传新商品。

（5）批量上传商品，用于上传新商品，这里主要是指批量上传新商品。同时，商品的合并、拆分也可以通过这里的表格工具进行。

（6）库存报告，卖家在此处可以下载所有在售商品的库存报告。库存报告是卖家在亚马逊平台上可售商品的信息汇总，其中包括每种在售商品的 SKU、价格、数量和 ASIN 等信息。

（7）全球销售，为卖家提供不同亚马逊销售区域的账户关联功能。卖家可以将自己的北美账户同日本账户、欧洲账户等进行关联，关联后的账户信息可以在同一个页面中显示出来。这是亚马逊全球开店业务的重要推广方式，卖家可以在卖家后台自行进行申请。

（8）管理亚马逊货件，主要展示卖家发往 FBA 仓库的商品动态信息。卖家在将自己的商品发往 FBA 仓库以后，可以在卖家后台查看商品的动态信息。

（9）上传和管理视频，卖家可以在此处进行商品视频的上传和管理。上传后的商品视频会出现在商品的详情页面中。

3．“确定价格”选项卡

“确定价格”选项卡如图 5-24 所示。

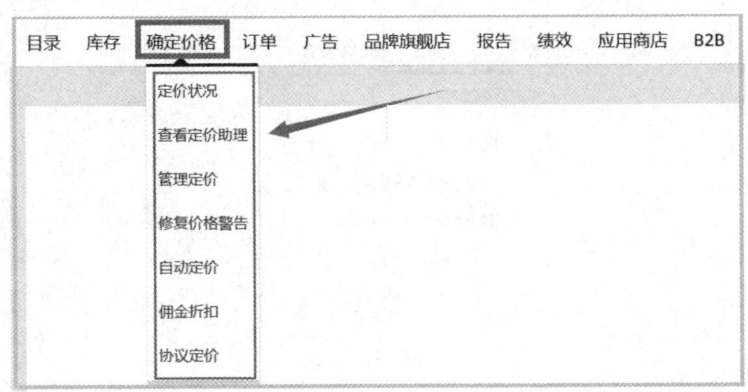

图 5-24

（1）定价状况，主要展示卖家上传的所有商品中没有获得购物车的商品。这些商品因为价格不具有竞争力，所以暂时未获得购物车。卖家要根据系统提示的具有竞争力的价格对这些商品的价格进行适当的调整，以使这些商品获得购物车。

（2）查看定价助理，主要向卖家展示其商品的购物车获得率和综合转化率。卖家可以依据系统显示的数值对自己商品的价格进行适当的调整。

（3）管理定价，主要用于设置商品的价格，与“管理库存”功能基本类似。

（4）修复价格警告，主要向卖家展示系统列出的价格异常的商品。卖家要根据系统推荐的价格进行价格调整。

（5）自动定价，主要为卖家提供自动为其商品提供定价的功能，在这种功能下，卖家预先设置好自己的定价规则和规则参数，再设置好适用的商品 SKU，系统就会按照卖家预先设定好的条件进行定价，以最大限度地提升商品获得购物车的概率。

（6）佣金折扣，这是亚马逊官方为卖家提供的佣金打折服务。对于某些商品，如果卖家以等于或低于系统显示的价格上限的价格销售，这些商品便有可能享受到相应的销售佣金折扣。销售佣金折扣是亚马逊官方提供的限时优惠，旨在帮助卖家以具有竞争力的价格发布畅销商品。

（7）协议定价，该功能只对已经注册了亚马逊企业采购商城的卖家开放。已经注册了亚马逊企业采购商城的卖家可以在企业采购商城中和企业买家通过预先协议的形式进行价格的商定，并以商定的价格进行最终的商品交易。

4. “订单”选项卡

“订单”选项卡如图 5-25 所示。

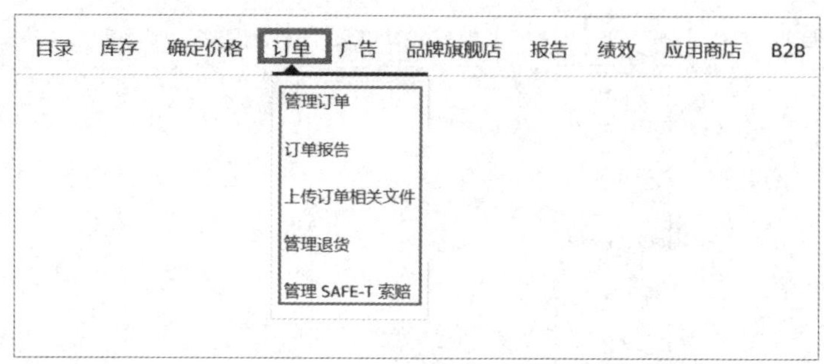

图 5-25

（1）管理订单，主要向卖家展示其店铺通过各种渠道销售的所有订单的数量。另外，卖家还可以利用该功能中的高级搜索功能进行特定类型订单的搜索。

（2）订单报告，主要向卖家提供其 90 天内的订单数据报告。订单数据报告中既包括详细的商品信息，又包括买家的部分个人信息，但是出于保护隐私的考虑，订单中的买家信息不包含买家的账单地址或信用卡信息。

（3）上传订单相关文件，该功能只对选择自发货方式的专业卖家开放。选择自发货方式的专业卖家可以通过上传配送确认文件的方式进行订单信息的批量修改，从而大大节省其订单处理时间。

（4）管理退货，主要向卖家展示其商品退货的相关信息，包括详细的退货数据、退货原因、退货订单记录等信息。

（5）管理 SAFE-T 索赔，这是亚马逊平台针对退货政策为卖家提供的一项索赔功能。如果亚马逊平台的自动退货出现错误，或者卖家收到的是被买家损坏的商品，卖家就可以通过此功能进行索赔。

5. “广告”选项卡

“广告”选项卡如图 5-26 所示。

（1）广告活动管理，这是卖家设置 PPC 广告的入口。卖家可以在此处设置自动广告、手动广告、产品详情页广告等各种类型的亚马逊广告。

（2）A+页面，该功能只对已经完成品牌备案的卖家开放。在完成品牌备案并通过亚马逊审核后，卖家就可以在此处进行商品 A+页面的设计和申请。

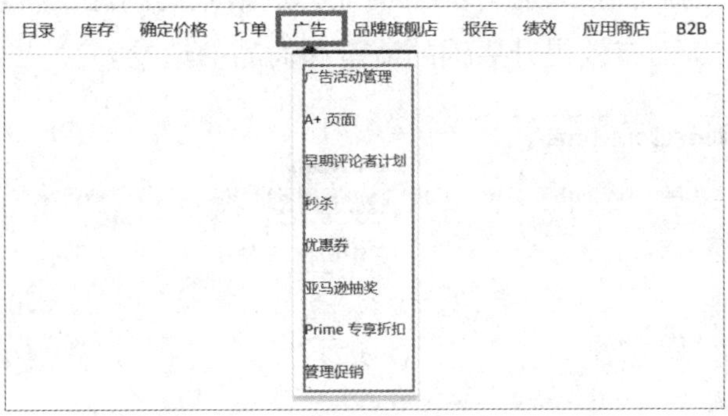

目录　库存　确定价格　订单　广告　品牌旗舰店　报告　绩效　应用商店　B2B

广告活动管理
A+ 页面
早期评论者计划
秒杀
优惠券
亚马逊抽奖
Prime 专享折扣
管理促销

图 5-26

（3）早期评论者计划，这是亚马逊平台为促进平台上新商品的销售，为上线的新商品提供的官方的索评功能。该功能主要针对商品评论在 5 条以下且商品价格高于 9 美元的商品，成功申请并获得商品评论的商品，亚马逊平台要对其收取一定的服务费。目前，该功能只对亚马逊美国站的卖家开放。

（4）秒杀，这是亚马逊官方提供的站内促销工具之一。卖家可以在卖家后台为自己的商品申请秒杀活动，包括普通秒杀活动和 7 天秒杀活动。秒杀页面的访问量非常大，所以经常参与秒杀活动可以有效提升商品的销售排名。

（5）优惠券，这也是亚马逊官方提供的产品促销工具之一。设置了优惠券的商品，成功售出后需缴纳一定的服务费。优惠券会展示在商品的详情页面中，对提升商品的转化率有一定的作用。

（6）Prime 专享折扣，这是亚马逊官方为其 Prime 会员设置的专享优惠。该功能自 2019 年 7 月的 Primeday 推出以来，一直存在于卖家后台中，不过 Primeday 过后，该功能的作用和价值都出现了很大的下滑。

（7）管理促销，主要为卖家提供店铺促销的管理功能。卖家可以在此处查看自己店铺所有促销活动的汇总信息，从而从全局上把控其店铺的促销活动。

6. “品牌旗舰店”选项卡

“品牌旗舰店”选项卡如图 5-27 所示。

“品牌旗舰店”选项卡中只包含一项功能——管理店铺。只有完成品牌注册和品牌备案的卖家，才会被赋予创建亚马逊品牌旗舰店的资格。此功能为卖家提供了更加美观的店铺设计风格，卖家无须具备编码技能就可以自行设计自己的店铺风格和品牌故事，同时卖家还可以为自己的店铺设置独一无二的亚马逊格式的网址，将自己的品牌旗舰店和站外活动有效结合，从而有效提升店铺的流量和商品的销量。

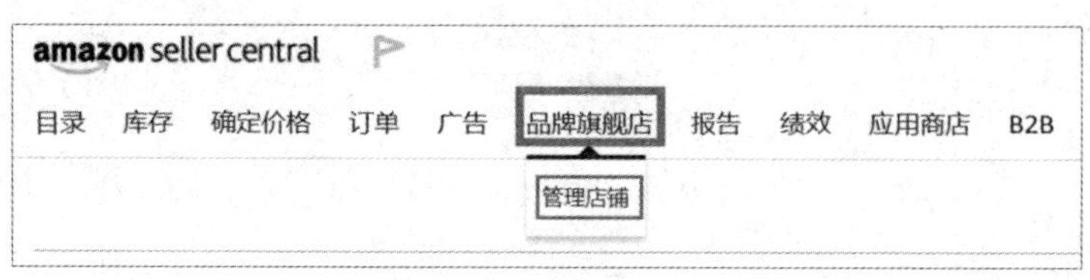

图 5-27

7. “报告”选项卡

“报告”选项卡如图 5-28 所示。

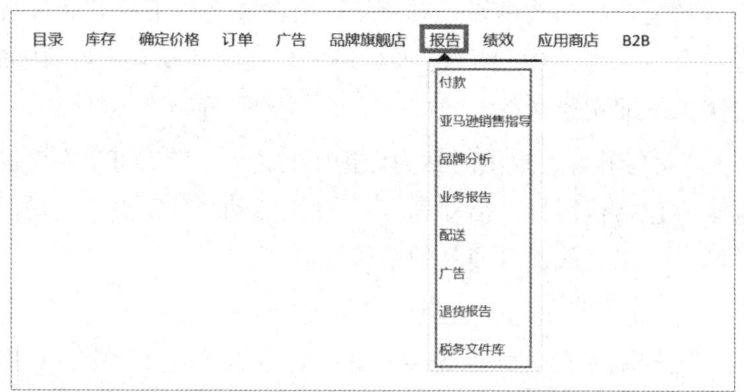

图 5-28

（1）付款，主要为卖家展示其账户款项的周转情况。卖家可以在此处查看其账户的转账日期、转账金额、广告费用、仓储费用等信息。另外，卖家每个转账周期的转账申请也是在此处进行操作。

（2）亚马逊销售指导，主要为卖家提供专业的亚马逊官方销售指导。卖家可以在此处查看亚马逊官方的销售指导报告，包括亚马逊官方为卖家提供的关于库存、销售、配送、广告、定价等方面的建议。另外，卖家还可以在此处设置接收邮件的类型，对自己不想接收的邮件，卖家可以将其设置为拒绝接收。

（3）品牌分析，主要为品牌卖家提供综合性的品牌服务。卖家可以在此处直接查看各个商品搜索词的搜索量大小，还可以查看同类型商品买家的购买数据，这些数据对调整商品的价格和品类具有重要的参考价值。

（4）业务报告，主要为卖家提供其主要的销售数据。卖家可以以商品为单位进行查看，也可以以日期为单位进行查看。此处的数据包括商品转化率、页面浏览量等重要的数据，这些数据可以为卖家进行数据决策提供依据。

（5）配送，主要为卖家提供与 FBA 相关的店铺信息，包括移除订单的详情、各类仓储费用的详情、库存状况的综合报告等信息。这些信息为卖家提升其库存绩效提供了参考依据。

（6）广告，主要为卖家提供 PPC 广告报表。卖家可以根据自己的具体需求下载相应的广告报告，广告报告中的数据是卖家进行广告调整的重要参考指标。

（7）退货报告，主要为卖家提供特定时期内退货的详细信息。卖家如需查看自己店铺的退货情况，可以在此处下载退货报告进行查看。

（8）税务文件库，主要为卖家提供与税务相关的资料。卖家可以下载特定日期的税务资料，并通过这些资料得出准确的商品税收数据。

8．“绩效”选项卡

“绩效”选项卡如图 5-29 所示。

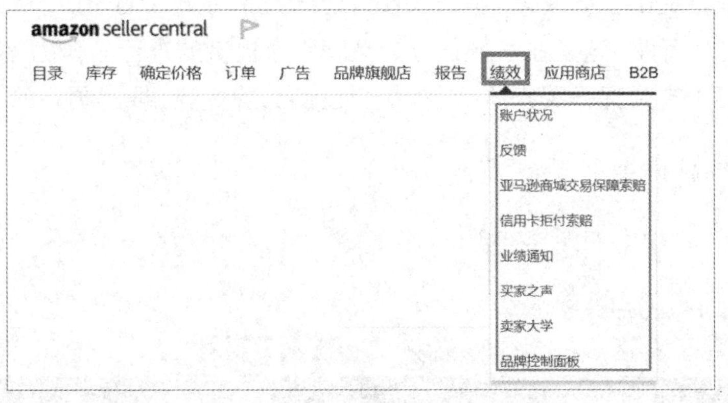

图 5-29

（1）账户状况，主要为卖家展示其账户的整体绩效情况。在“账户状况”界面，卖家可以查看详细的客户服务绩效、商品政策合规性、配送绩效等内容，还可以下载绩效报告。有了绩效报告中的详细数据，卖家就可以有的放矢地改进自己的运营手法，从而更快速地提升店铺的绩效指标。

（2）反馈，主要展示店铺的反馈数据详情。卖家在此处可以查看其店铺完整的反馈内容、反馈得分，还可以下载反馈报告并依据反馈报告对店铺的反馈情况进行综合的梳理。

（3）亚马逊商城交易保障索赔，即 A-Z 索赔，这是亚马逊平台对买家实行的一项保护政策。买家如果对卖家的商品或者服务不满意，可以向亚马逊平台发起亚马逊商城交易保障索赔。亚马逊商城交易保障索赔对卖家店铺的绩效有很大的影响，所以卖家一定要重视亚马逊商城交易保障索赔问题，尽量在合规的方式下劝导买家终止亚马逊商城交易保障索赔，否则自己的店铺可能会因为亚马逊商城交易保障索赔问题被审核或被关闭。

（4）信用卡拒付索赔，该索赔是买家在对自己的亚马逊订单存在质疑时，向自己信用卡的开户行提出的拒付申请。如果卖家认为亚马逊平台不应该将信用卡拒付的费用从卖家账户余额中扣除，可用邮件的方式联系亚马逊相关团队进行处理。

（5）业绩通知，主要向卖家展示在过去的 365 天之内，亚马逊官方发给卖家的绩效通知邮件，这些邮件通常是很重要的邮件，卖家要注意查收和处理。

（6）买家之声，这是亚马逊新推出的买家对商品的评价方式。该绩效指标以商品为单位，用于衡量单个商品的客户满意度。如果在一段时期内商品的不满意订单比率过高，该商品就有可能被审核或被暂停销售。卖家要经常查看自己“买家之声”的绩效得分，以确保出现危险情形时可以及时处理。

（7）卖家大学，这是亚马逊官方为卖家提供的学习平台。在这里，卖家通过文字或视频的方式学习亚马逊的官方政策、平台操作及运营技术等方面的知识，从而快速地成长。

（8）品牌控制面板，这是亚马逊官方为品牌卖家提供的进行品牌优化的工具。卖家可以通过这个工具来有效提升买家体验、挖掘自己的品牌优势、取得更好的流量转化效果。

9.“应用商店”选项卡

“应用商店”选项卡如图 5-30 所示。

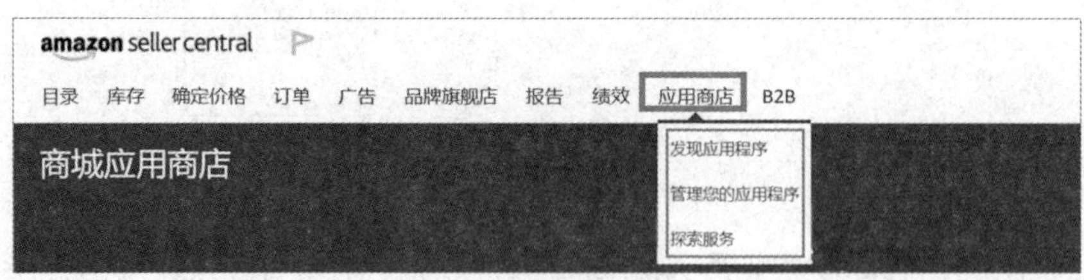

图 5-30

（1）发现应用程序，这是亚马逊平台和第三方软件供应商联合推出的小程序应用市场。卖家可以在此处自由选择自己的运营程序，这些程序一般都是经过亚马逊平台审核的，安全系数较高。

（2）管理您的应用程序，主要用于管理卖家已经订购的小程序。

（3）探索服务，这是亚马逊平台为服务需求者和服务供应者提供的服务对接平台。卖家可以在此处找到符合自己需求的财务、仓储、图片处理等方面的供应商资源。同时，具有服务资质和能力的卖家，也可以将自己的服务在此处进行推广。

10．“B2B”选项卡

“B2B”选项卡如图 5-31 所示。

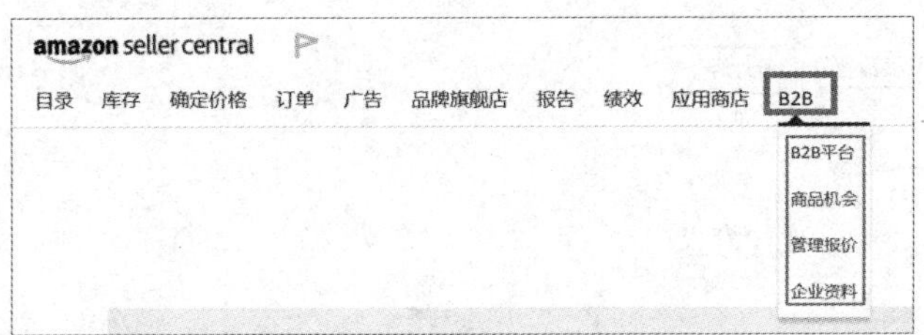

图 5-31

“B2B”选项卡主要介绍亚马逊企业采购商城的功能和信息。亚马逊企业采购商城卖家可以直接对接亚马逊企业采购商城中的企业买家，通过设置企业买家专供的价格体系等方式吸引企业买家下单。而且通常企业买家的购买数量较大，退货等其他问题出现的概率也较低，所以很多卖家选择注册亚马逊企业采购商城卖家。

5.4　卖家后台的“设置”详解

卖家后台的“设置”是卖家后台基本设置的主要入口，如图 5-32 所示。

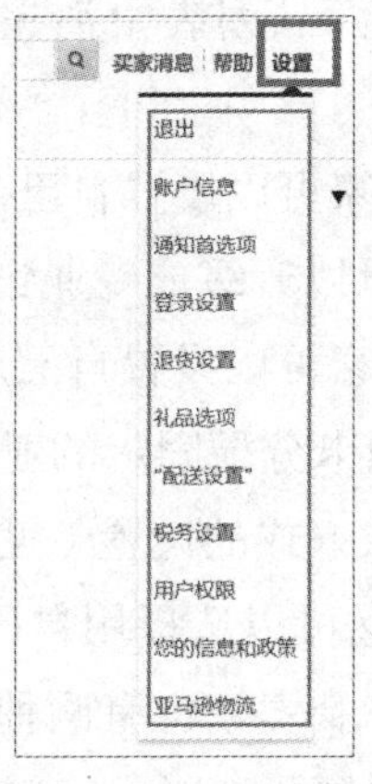

图 5-32

1. 退出

“退出”主要用于让卖家退出卖家账户。

2. 账户信息

“账户信息”主要用来设置卖家资料、付款信息等，如图 5-33 所示。

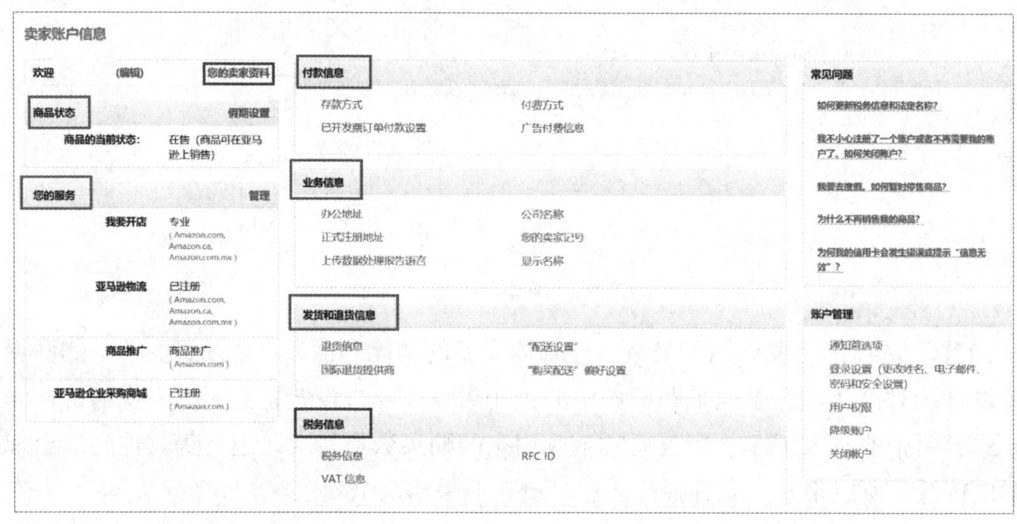

图 5-33

（1）在“您的卖家资料”模块中，卖家可以编辑自己账户的显示名称、店铺的链接网址、客服的电话和邮件等店铺基本信息。

（2）在“商品状态”模块中，卖家可以设置自己店铺的假期状态，设置成假期状态的店铺的商品将暂时从亚马逊平台的商品列表中消失。假期设置仅适用于自发货方式的商品。

（3）在“您的服务”模块中，卖家可以设置自己的销售计划。专业销售计划可以降级成个人销售计划，个人销售计划也可以升级成专业销售计划。

（4）在“付款信息”模块中，卖家可以设置自己店铺的存款方式和付费方式，还可以增加或删除绑定的信用卡，并为信用卡分配固定的亚马逊站点。在该模块中的“广告付费信息”中，卖家可以进行广告费付款方式的设置（见图 5-34），卖家既可以选择从自己的卖家账户余额中直接扣除广告费，又可以选择用自己绑定的信用卡支付广告费。在该模块中的“已开发票订单付款设置”中，卖家也有两种方式可供选择（见图 5-35），卖家既可以选择在发货后立即获得付款（选择此种形式卖家需支付 1.5%的处理费），又可以选择当买家付款给亚马逊时获得付款（此种方式的支付时限通常较长，对卖家的资金实力是个很大的考验）。

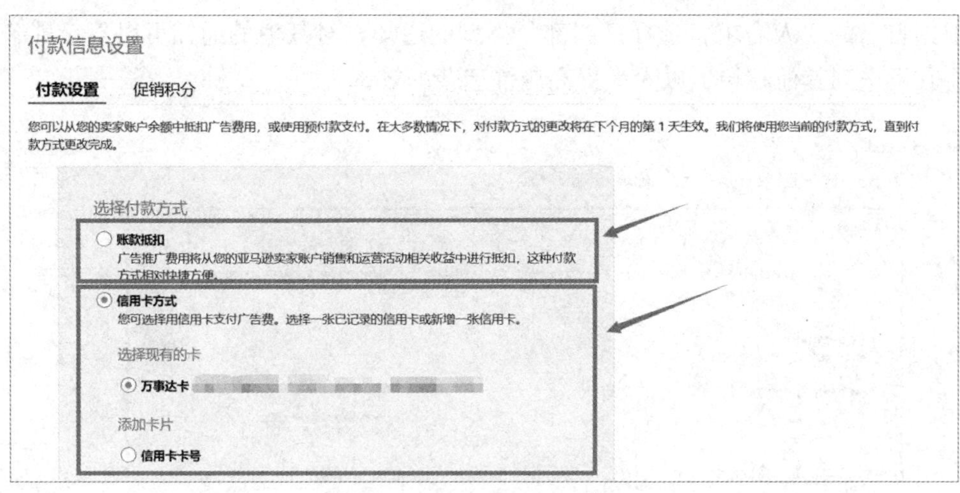

图 5-34

图 5-35

（5）在“业务信息”模块中，卖家可以在“办公地址”和“公司名称”中进行公司和店铺的资料更新，一般在公司营业执照变更时需要用到此项编辑功能。

（6）在“发货和退货信息”模块中，卖家可以在“退货信息”中进行退货模板的设置、退货地址的设置、退货条款的设置等；可以在“‘配送设置’”中设置自发货商品的配送模板；可以在“国际退货提供商”中在线寻找可以接受退货服务的服务商。

（7）“税务信息”模块主要包含需要纳税的商品的详细信息，卖家根据卖家后台的要求进行操作即可。

3．通知首选项

“通知首选项”主要用来设置卖家允许接收的亚马逊通知类型，如图 5-36 所示。卖家可以根据自己的个人需求，选择订阅部分类型的通知，对其他的通知可以直接屏蔽或者选择将其发送到其他邮箱，以大大提高店铺运营的效率。

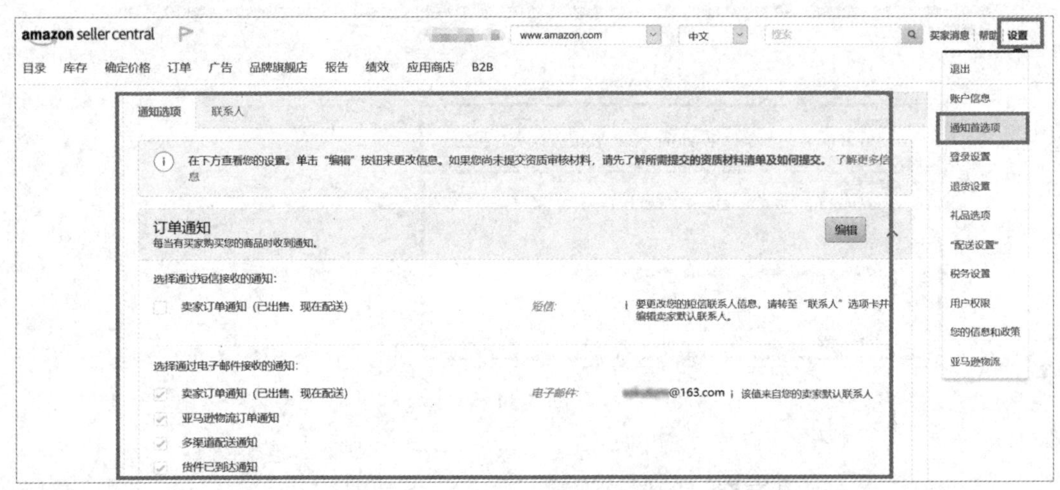

图 5-36

4．登录设置

“登录设置”主要用来设置卖家登录卖家账户的一些基本信息，包括姓名、邮箱地址、手机号码、密码及两步验证设置，如图 5-37 所示。

图 5-37

5．退货设置

“退货设置”主要用来设置退货地址等信息，如图 5-38 所示。它的功能与“账户信息”中的“发货和退货信息”模块的功能类似。

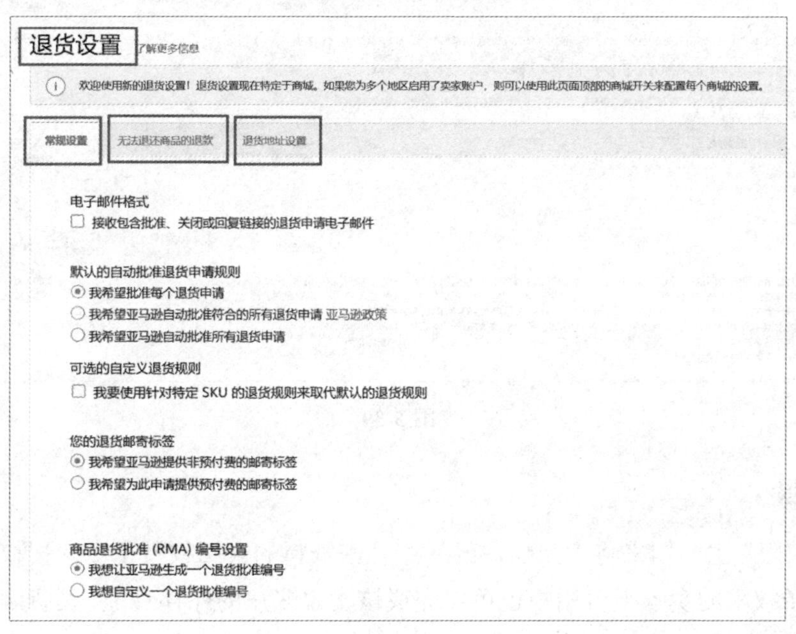

图 5-38

6．礼品选项

“礼品选项”主要用来设置商品的礼品信息，包括礼品的包装和其他个性化方案，但是目前该功能已经被系统禁止使用。

7．“配送设置”

“‘配送设置’”主要用来设置自发货商品的配送模板，如图 5-39 所示。它的功能与“账户信息”中“发货和退货信息”模块中的“‘配送设置’”的功能类似。

8．税务设置

“税务设置”主要用来设置卖家征税的相关税务信息。对亚马逊美国站来说，目前该功能主要针对以美国本土公司注册的卖家，以中国公司注册的卖家的所有设置均为默认设置。

图 5-39

9．用户权限

“用户权限”主要用来将卖家账户的一些私密资料的查阅权授予卖家授权的卖家平台用户。被授予权限的卖家平台用户也可以完成该卖家账户的库存管理、发货确认等工作，如图 5-40 所示。

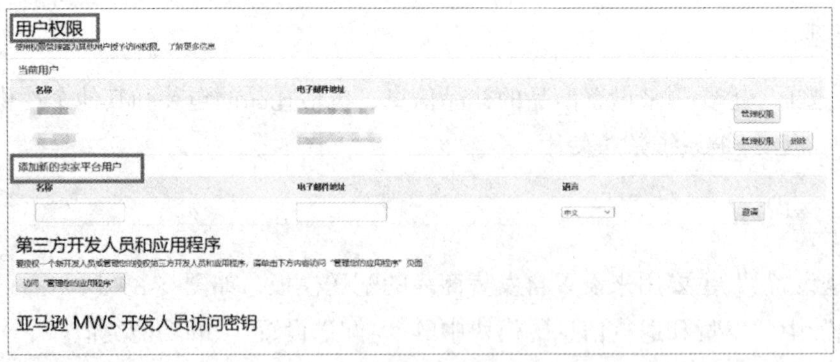

图 5-40

10．您的信息和政策

“您的信息和政策”主要用来设置卖家账户的个人资料、配送、隐私政策等内容，如图 5-41 所示。

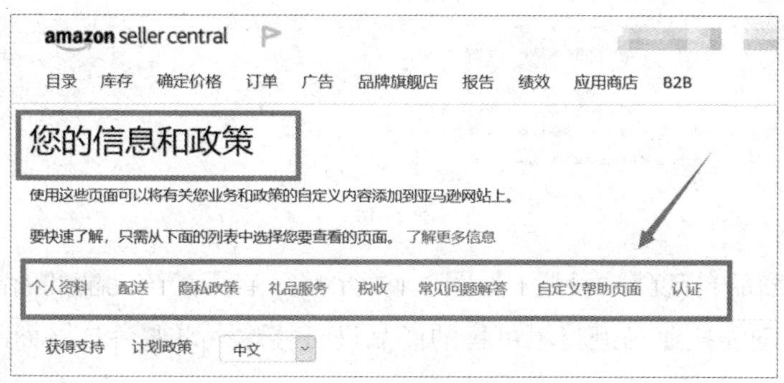

图 5-41

11．亚马逊物流

“亚马逊物流”主要用来设置 FBA 服务的一些细节问题，如可选服务、入库设置、翻新设置、不可售商品自动移除设置等内容。下面进行详细讲解。

（1）可选服务（见图 5-42），主要的服务内容是贴标服务，默认的设置为“已禁用”。卖家如果需要贴标服务，可以在此处进行设置。贴标服务是收费的，使用贴标服务的中国卖家较少，因为中国大部分的商品供应商可以提供贴标服务。

图 5-42

（2）入库设置（见图 5-43），主要用来设置卖家 FBA 仓库的分仓和合仓情况。如果卖家想把自己的商品全部发往一个 FBA 仓库，可以在这里进行设置，系统默认的设置为“已分配的库存布局”。

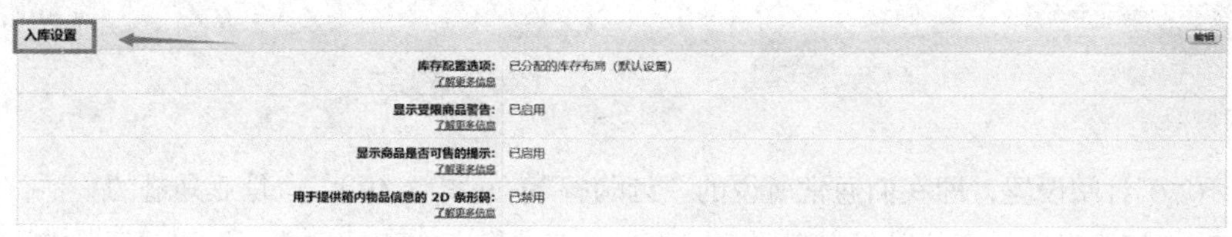

图 5-43

（3）翻新设置（见图 5-44），这是亚马逊物流为包装残损但处于可售状况的商品提供的商品重新包装和翻新服务。该功能为默认功能，无法自己设置为禁售。

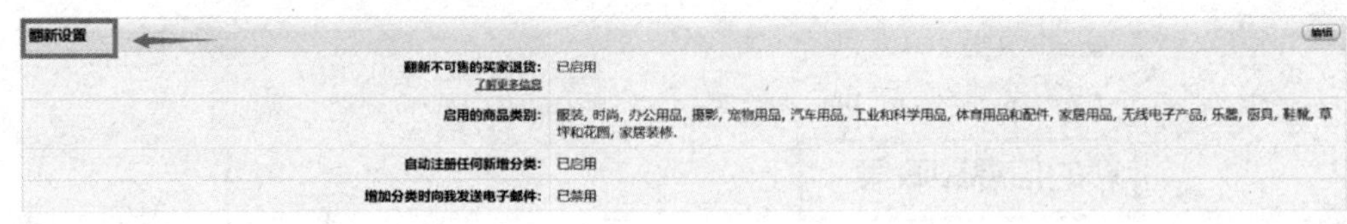

图 5-44

（4）不可售商品自动移除设置（见图 5-45 所示）。启用了该功能的商品可以在长期仓储费征收之前自动委托亚马逊将不可售的商品进行移除，以避免这些商品被征收长期仓储费。

图 5-45

（5）允许亚马逊购买我的库存（见图 5-46）。如果卖家启用该功能，则意味着默许亚马逊可以购买卖家的 FBA 商品并将该商品销往其他亚马逊站点。当其他亚马逊站点中的某位买家购买了亚马逊发布的该商品之后，亚马逊会立即从卖家的亚马逊店铺中购买该商品并将其配送给下单的买家。该功能的默认设置为“已启用”，卖家可以在卖家后台自行更改。

图 5-46

（6）亚马逊物流商品条形码首选项（见图 5-47），主要用来设置商品条形码的种类。卖家可以选择亚马逊条形码，也可以选择制造商条形码，目前的默认设置为“亚马逊条形码”。

图 5-47

（7）订阅设置，即我们通常所说的“订购省”（见图 5-48），这是亚马逊的一项官方服务。“订购省”的商品以买家需要定期购买、需求稳定的商品为主。订阅“订购省”的买家可享受 5%、10%、15%或 20%的折扣及免费的配送服务。参加“订购省”的卖家的商品的综合评分要在 4.7 分以上，并且使用 FBA 服务的时间超过 3 个月。

图 5-48

（8）亚马逊物流捐赠计划（见图 5-49），这是一项慈善计划。卖家在参与该项计划后，可以自动将自己不想要的库存商品捐赠给选定的美国相关的慈善机构，但是卖家需要支付常规的库存弃置费用。该计划只适用于使用 FBA 服务的商品。

图 5-49

5.5　卖家后台的“买家消息”详解

卖家后台的“买家消息”是卖家发送站内信的主要途径，也是卖家接收买家留言的主要场所，如图 5-50 所示。

图 5-50

1. “买家消息”的功能与注意事项

买家消息的管理界面如图 5-51 所示。

图 5-51

亚马逊希望将自己的平台打造成一个流量闭环，也就是说，亚马逊平台的买家信息只有亚马逊自己能获得，卖家几乎得不到买家的有用信息。在这样的沟通环境中，买家消息是亚马逊官方为卖家提供的唯一与买家沟通的途径。但是亚马逊官方设置买家消息的初衷只是在具体交易的一些细节和流程上，为买卖双方提供的一个交流途径。卖家在回复买家的消息时只能发送一些符合亚马逊平台规定的内容，如果卖家将自己的联系方式插入对买家消息的回复中发送给买家，亚马逊系统就会屏蔽该联系方式，买家看不到卖家提供的联系方式。

买家消息的内容规则在亚马逊的卖家服务条款中有明确的规定，卖家不可以在其中进行邀评和删评，特别是以提供免费商品和商品折扣码的形式进行邀评和删评。卖家的这种行为一旦被亚马逊系统发现，其店铺极有可能被关闭。

2．“不需要回复”按钮

在买家消息的管理界面中有一个“不需要回复”按钮，如图 5-52 所示。这个按钮非常重要，因为在亚马逊绩效系统中，对买家消息的回复时效也是评判卖家绩效的指标之一，卖家在 24 小时之内至少回复 90%的买家消息，才不会影响卖家的绩效。当卖家由于种种原因无法及时有效地回复买家消息时，卖家可以先单击“不需要回复”按钮，这样就会人为地暂停绩效系统的计时，待自己准备充足之后再进行回复。

图 5-52

3．“替代地址”的作用

在买家消息的管理界面中有一个“替代地址”链接，如图 5-53 所示。这里的替代地址是指卖家预先设定的邮箱地址，如果卖家想把买家的消息发送到自己的其他邮箱中，可以在这里进行邮箱的绑定和授权，授权后的买家消息会被发送到卖家绑定的邮箱中。

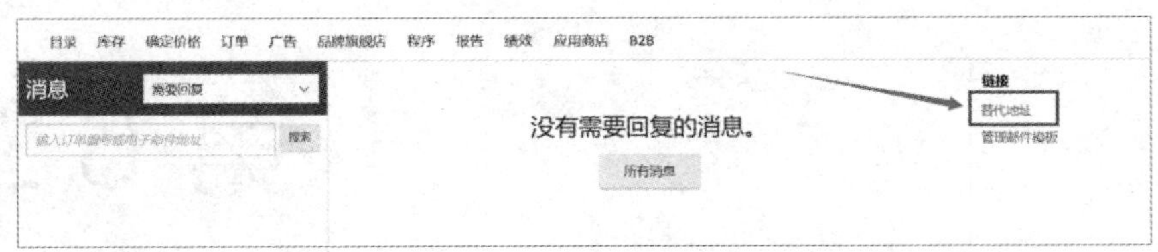

图 5-53

4. “管理邮件模板”的作用

在买家消息的管理界面中有一个“管理邮件模板”链接，如图 5-54 所示。这里的邮件模板是指卖家发送给买家的站内信的模板，卖家可以预先设定好站内信的内容，还可以在邮件中插入占位符（占位符是指可以依据订单具体内容而改变的变量信息），这样卖家在站内信的编辑中就可以节省大量的时间，如图 5-55 所示。

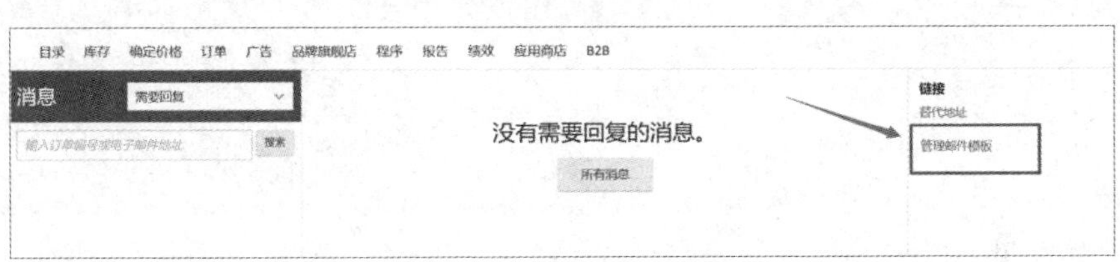

图 5-54

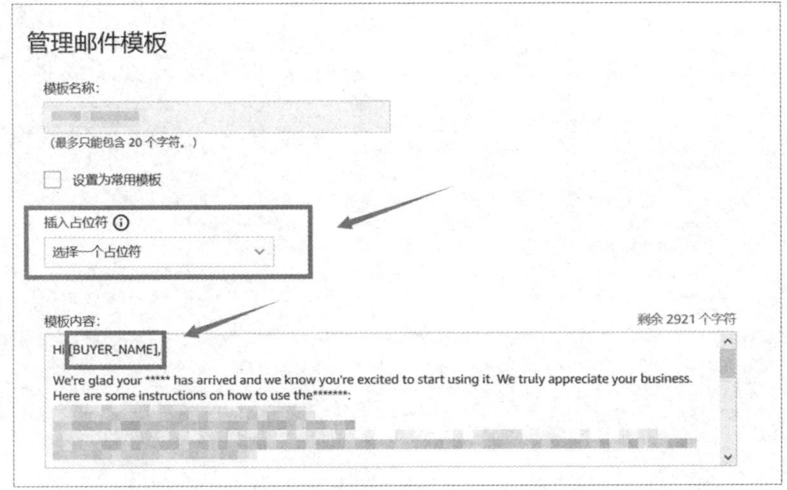

图 5-55

第 6 章

产品 Listing 的打造

6.1　产品 Listing 的概念和重要性

6.1.1　产品 Listing 的概念

大多数卖家都知道产品 Listing 的重要性，亚马逊的运营人员也把优化产品 Listing 作为一项常规工作来做，而在各大亚马逊培训机构中，产品 Listing 的创建与优化更是被放在了重要的位置。那么究竟什么是产品 Listing 呢？

产品 Listing 是指产品的详情页面，即产品的详细信息的集合。它是众多因素的集合体，包括产品的图片、标题、价格、五行特性、详情描述、问答、评论等，如图 6-1 ~ 图 6-4 所示。

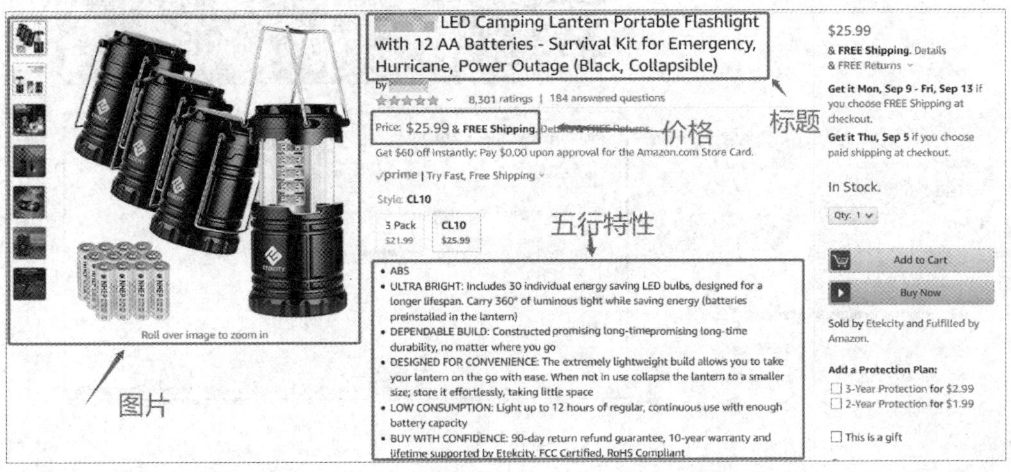

图 6-1

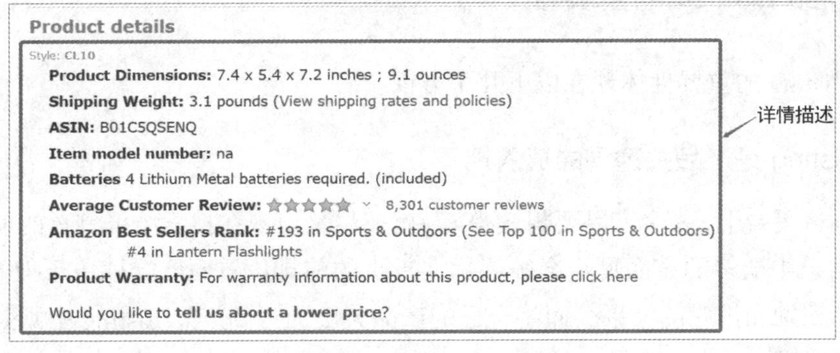

图 6-2

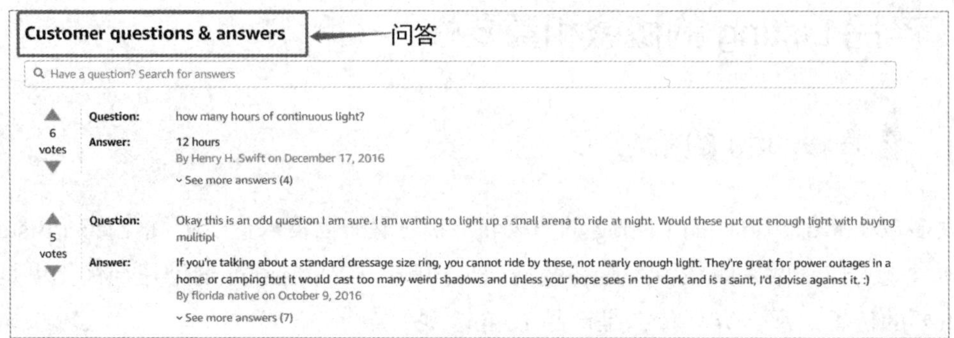

图 6-3

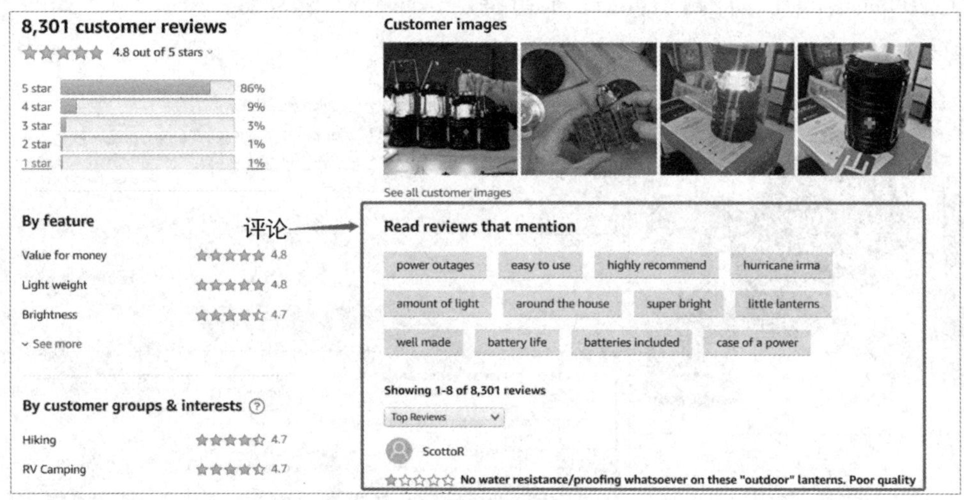

图 6-4

6.1.2 产品 Listing 的重要性

产品 Listing 的重要性体现在以下几个方面。

1. 产品 Listing 是产品关键词的植入地

在亚马逊平台上，一个产品要想卖得好，就要尽量出现在搜索结果首页的前排位置。那么搜索结果中众多的产品哪个会被展示在首页的前排位置呢？这取决于亚马逊的 A9 算法对产品识别和排序的结果。而将合适的产品关键词写到产品 Listing 中则是让产品被 A9 算法识别的第一步。

2．产品 Listing 中的内容是产品的外在表现

亚马逊是电商平台，电商平台与传统商店不同，电商平台的买家在购物之前是看不到产品的，只能根据产品 Listing 中的图片、评价、描述等一系列信息来判断该产品是否值得购买。如果你的产品 Listing 不能吸引买家，买家就不会购买你的产品。

我们可以把产品比作我们自己，产品 Listing 就是我们的形象，在商务礼仪中，形象是非常重要的，而在电商平台上，产品 Listing 的重要性也是不言而喻的。

3．产品 Listing 是分析竞争对手的主要途径

知己知彼才能百战不殆，所以分析竞争对手是十分必要的。而竞争对手的一些操作方法会通过他们的产品 Listing 展现出来。根据竞争对手的产品 Listing，我们可以得到其价格策略、关键词布局、销量预估、站外资源布局等信息，从而有针对性地设计自己的打法。

6.2　A9 算法详解

6.2.1　A9 算法的概念

亚马逊平台上的产品数以亿计，亚马逊是按照怎样的规则对这些产品进行排序的呢？答案就是 A9 算法。A9 是亚马逊为自己的搜索引擎所起的名字，亚马逊之所以将自己的搜索引擎算法命名为 A9 算法，是因为“算法”的英文单词“Algorithm”以 A 开头，并且有 9 个字母。

A9 算法通过对买家大数据的综合比对，保证出现在买家搜索结果中的产品是买家想看到的产品。A9 算法在亚马逊的发展中起到了至关重要的作用。

6.2.2　A9 算法识别产品的依据

A9 算法是如何对产品进行识别的呢？答案就是产品 Listing 中的产品关键词。

对亚马逊来说，它无法看到产品的具体形象，只能通过产品 Listing 中的产品关键词来识别产品。例如，某产品 Listing 中出现了大量关于“knife”（刀具）的单词，亚马逊会识别该产品属于厨房大类目的刀具小类目，从而在买家搜索刀具产品时将该产品识别出来并推荐给买家。

可以这样说，产品关键词是产品在亚马逊平台上的识别特征，想要自己的产品被准确识别并推荐，给 A9 算法提供准确的产品关键词是很重要的。缺乏准确的产品关键词，可能会使 A9 算法对产品产生误解，从而影响产品的销量。

6.2.3 搜集产品关键词的途径

随着数据应用技术的推广，搜集产品关键词的途径有了很大扩展，下面介绍几种常用的搜集产品关键词的途径。

1. 付费软件

付费软件在选品、关键词筛选、广告推广等方面起到了至关重要的作用。目前，市面上的付费软件的种类很多，国内的主要有卖家精灵、紫鸟等，国外的主要有 Jungle Scout、AMZ Tracker、SurTime 等。这些软件在主要功能上大同小异，在页面布局及交互方式上略有区别，卖家可以根据自己的日常操作习惯及个人喜好进行选择。

2. 竞品的 Listing

在研究竞品时，可以将竞品 Listing 中出现频率较高的词进行统计，通常出现频率最高的那个词就是该产品的主要关键词。通过这种方法可以快速地找到竞品的精准关键词，特别是对那些在小类目排名中排在前列的竞品要深入研究其 Listing 中产品关键词的布局方式及内容，如图 6-5 所示。

图 6-5

3．亚马逊的产品搜索框

卖家在确定自己要销售的产品后，要查询该产品的关键词的英文名称。进入亚马逊买家页面，将该关键词输入产品搜索框中，此时可以看到很多高频关键词，如图 6-6 所示。把这些关键词加入自己的产品 Listing 中，无疑会大大增加自己的产品被搜索到的概率。

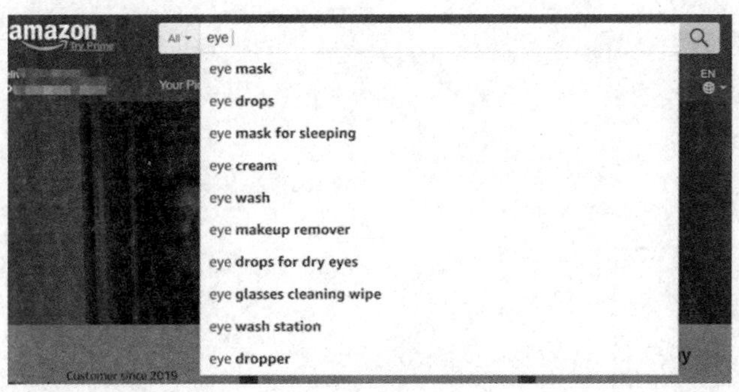

图 6-6

4．产品自动广告报表中的关键词

在新品刚刚上线时，卖家可以首先开启亚马逊的自动广告。自动广告不需要卖家设定目标关键词，A9 算法会根据产品 Listing 中的内容为客户进行广告推荐，当有客户点击卖家的自动广告位时，产品自动广告报表中会产生点击记录。在自动广告上线一周左右的时候，卖家可以下载产品自动广告报表，将其中产生点击的词进行梳理和筛选，把筛选过后的词优化后加入产品 Listing 中，如图 6-7 所示。

开始日期	结束日期	广告组合名称	货币	广告活动名称	广告组名称	客户搜索词
Jun 10, 2019	Jun 10, 2019	auto总表	USD	auto 001	Sheet & Pillowcase Sets 自动广告	Sheet Set
Jun 01, 2019	Jun 01, 2019	auto总表	USD	auto 001	Sheet & Pillowcase Sets 自动广告	Bedding-Wrinkle Fade
May 31, 2019	May 31, 2019	auto总表	USD	auto 001	Sheet & Pillowcase Sets 自动广告	fitted sheet twin
May 31, 2019	May 31, 2019	auto总表	USD	auto 001	Sheet & Pillowcase Sets 自动广告	flat twin sheet
May 29, 2019	May 29, 2019	auto总表	USD	auto 001	Sheet & Pillowcase Sets 自动广告	red twin sheet set
May 30, 2019	May 30, 2019	auto总表	USD	dog auto	Sheet & Pillowcase Sets 自动广告	twin size bed
May 30, 2019	Jun 05, 2019	auto总表	USD	dog auto	Sheet & Pillowcase Sets 自动广告	twin size beds
Jun 10, 2019	Jun 10, 2019	auto总表	USD	dog auto	Sheet & Pillowcase Sets 自动广告	sheex twin sheets
Jun 10, 2019	Jun 10, 2019	auto总表	USD	dog auto	Sheet & Pillowcase Sets 自动广告	bed sheet set twin

图 6-7

5．在为产品创建手动广告组时系统推荐的关键词

在为产品创建手动广告组时，在“添加关键词”阶段，当输入一个关键词时，系统会将以这个关键词开头的所有相关的关键词展示出来，如图 6-8 所示。这些词是亚马逊系统收录的产品高频搜索词，对卖家建立关键词库会有很大帮助。

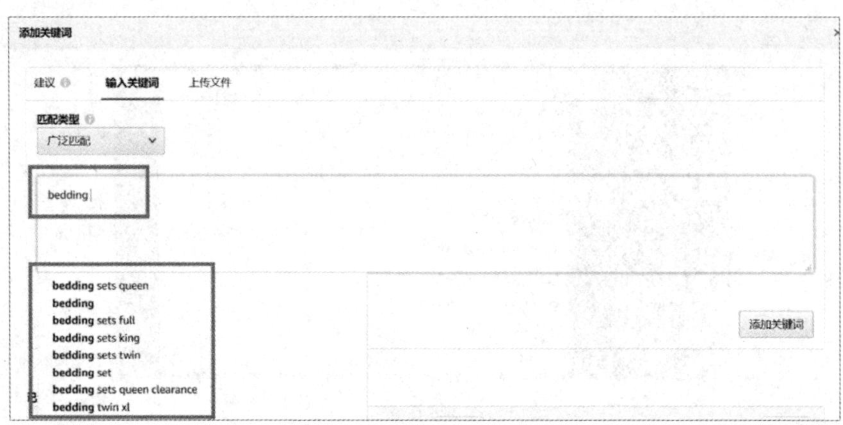

图 6-8

6.2.4 对产品关键词的处理

搜集到产品关键词后，卖家要对搜集到的关键词按照其搜索量进行排序，并在排序的过程中加入与自己产品相关的关键词。例如，卖家在搜索关键词“yoga mat”时，系统还推荐了“thick yoga mat”“yoga mat towel”“yoga mats”等相关关键词，如图 6-9 所示。

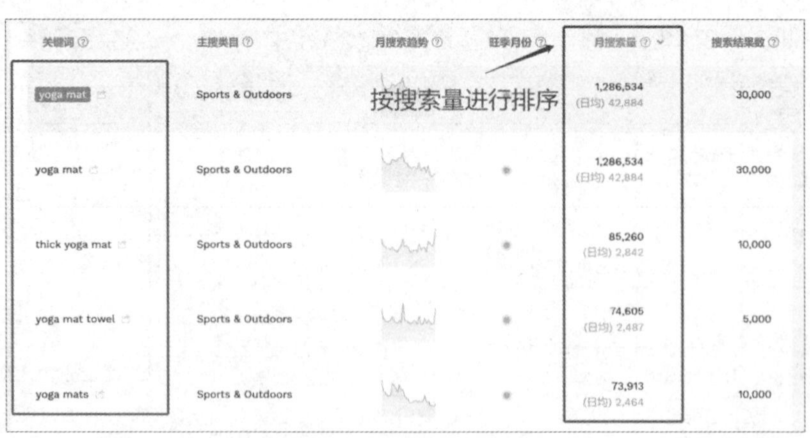

关键词	主搜类目	月搜索趋势	旺季月份	月搜索量	搜索结果数
yoga mat	Sports & Outdoors			1,286,534 (日均) 42,884	30,000
yoga mat	Sports & Outdoors			1,286,534 (日均) 42,884	30,000
thick yoga mat	Sports & Outdoors			85,260 (日均) 2,842	10,000
yoga mat towel	Sports & Outdoors			74,605 (日均) 2,487	5,000
yoga mats	Sports & Outdoors			73,913 (日均) 2,464	10,000

图 6-9

卖家可以把这些关键词按照其搜索量进行排序，并逐一检查其与自己产品的相关性。其中那些搜索量大、与自己产品的相关性大的关键词就是自己产品的核心关键词。而对于那些虽然搜索量大却与自己产品的相关性小的关键词，应将其删除，否则这些词会影响自己产品的转化率和广告费用。

6.3　产品 Listing 的创建和优化

确定了产品的关键词后，就进入一个关键的环节——创建和优化产品 Listing。

6.3.1　产品图片

如果说产品 Listing 是产品的整体形象，产品图片就相当于产品的脸面。买家在看不到产品实物的前提下，产品图片就成为其重要的考量因素。

亚马逊平台对产品图片有明确的要求。

（1）产品必须占据产品图片面积的 85%以上，产品图片应仅展示所售的产品，尽量少出现支撑物或者完全不出现支撑物，且不能包含文本、徽标或水印。

（2）主图片的背景必须为纯白色的照片（不能是画的图），且不能包含额外的配件、不属于产品的文字或插图。

（3）产品图片的长边至少是 1000 像素，最大可以到 3000 像素。

（4）建议使用 JPEG（.jpg）格式，但是也接受 PNG（.png）或 GIF（.gif）格式。

（5）对于有变体的产品，父、子产品都要有主图。

卖家应尽量让专业的美工来制作产品图片，一方面可以避免产品图片因为不符合亚马逊平台的要求而被强制下架，另一方面，专业的美工的水平较高，能对产品进行适当的美化和渲染，对提升产品的点击率有很大帮助。

卖家在和专业的美工沟通时，一定要把自己对产品图片的要求进行清晰的罗列，并在自己图片创作的基础上，适当分析同类热销产品 Listing 的作图思路，以便设计出符合产品要求的、能抓住买家眼球的产品图片。ETEKCITY 某产品的主图如图 6-10 所示。

另外，在上传产品时还有一个关键点需要注意——要将产品图片的名称改为产品的主关键词。这样做是为了最大限度地利用 A9 算法的关键词搜索功能。

图 6-10

6.3.2 产品标题

如果说产品图片是产品的脸面，产品标题就是产品的名片。通过产品标题，买家可以快速得知产品的名称、型号、主要用途及规格等信息。

产品标题要符合以下两个要求。

1．要语句流畅、言简意赅

产品标题的流畅性是影响产品转化率的重要因素，因为一个语句不流畅的产品标题是不能吸引买家的。另外，产品标题的长度有限制，这就要求产品标题要言简意赅。

2．要包含产品的关键词

在 A9 算法中，产品 Listing 中的几个关键词植入地（产品标题、产品的五行特性、产品的详情描述、产品的 Search Terms）的权重是不同的，根据业界公认的算法，其权重大小为产品标题>产品的五行特性>产品的详情描述>产品的 Search Terms。所以产品标题承担着两项重要的任务：第一，告诉买家该产品是什么；第二，告诉 A9 算法该产品是什么，如图 6-11 所示。

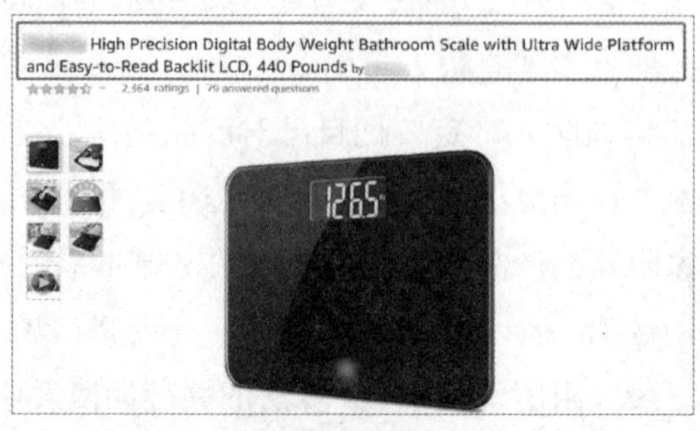

图 6-11

另外，亚马逊平台对产品标题还有如下要求。

（1）产品标题通常最多包含 200 个字符。某些小类目的产品可以使用更长的产品标题。

（2）建议每个单词的首字母大写，但不要全部使用大写字母；连词（and、or、for）和冠词（the、a、an）不得大写；少于 5 个字母的介词（in、on、over、with）也不要大写。

（3）要使用阿拉伯数字；要拼写出测量单位（如 6 inches，而非 6"）；请勿使用符号（如~、!、*、$、?、_、~）；请勿使用高位 ASCII 字符（Æ、©、ô 等）。

（4）请勿包含价格或促销信息（如 Sale、Free Ship）；请勿使用主观性评价用语（如 Hot Item、Best Seller）；不得在品牌或制造商信息中使用卖家名称，除非该品牌为自有品牌。

6.3.3　产品的五行特性

有意向的买家会在看到产品图片和产品标题之后查看产品 Listing 来详细了解该产品。这时产品的五行特性就要发挥作用了。

产品的五行特性是和产品图片并排展示的产品信息集合。因为该要素的展示位置有 5 个，所以中国卖家一般将其称为五行特性或五点描述，如图 6-12 所示。

图 6-12

产品的五行特性是对产品标题的重要补充，在产品标题长度有限的情况下，产品的五行特性就起到了补充说明的作用。卖家在编写产品的五行特征时，需要做好如下工作。

（1）要将产品的主要功能了解清楚，并将产品主要功能的简要特征进行罗列。

（2）要将产品的卖点及优势进行详细说明。

（3）要在研究竞争对手的产品后，将产品主要的“痛点”了解清楚，在自己产品的五行特性中对该“痛点”进行说明，并将自己产品对该“痛点”的解决方案进行详细展示。

（4）要将自己产品的保质、保修及退换货政策进行说明，争取以真诚的态度和完美的客服方案打消买家的顾虑。

（5）将产品的关键词进行排序，在保证语句通顺的前提下，尽量将产品的关键词植入产品的五行特性中。

6.3.4 产品的详情描述

产品的详情描述按照卖家是否进行了品牌备案可以分成两种。

1．未进行品牌备案的卖家产品的详情描述

未进行品牌备案的卖家，在其产品的详情描述中只能使用文字内容，如图 6-13 所示。因为产品的详情描述对字数的限制较为宽泛，所以卖家可以将无法在产品标题和产品的五行特性中植入的关键词植入到此处。

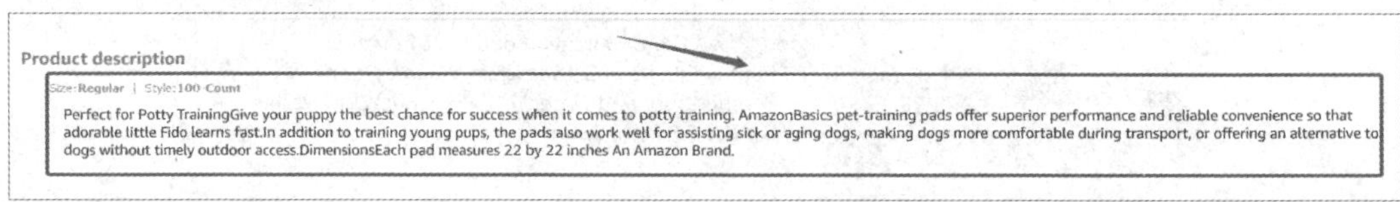

图 6-13

2．已经进行了品牌备案的卖家产品的详情描述

亚马逊平台为已经进行了品牌备案的卖家提供了更为直观的产品展示方式——A+页面。

A+页面允许已经进行了品牌备案的卖家使用各种固定排列模式的图片组合进行产品展示，如图 6-14 所示。相较于枯燥、冰冷的文字，图片+文字的组合无疑给产品披上了一层美丽的外衣，卖家可以用更加美观和直接的方式，将产品的卖点和优势展现在买家面前，这对于提升产品的转化率起到了至关重要的作用。

图 6-14

6.3.5　产品的 Search Terms

产品的 Search Terms 与其他因素存在一个显著的区别——产品的 Search Terms 在亚马逊的前台是看不到的，它是写在产品 Listing 的后台的。换句话说，产品的 Search Terms 不是写给买家看的，而是写给 A9 算法看的。产品的 Search Terms 如图 6-15 所示。

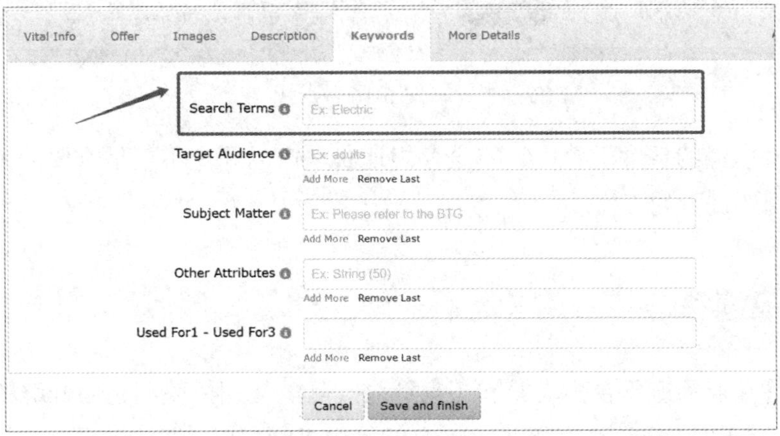

图 6-15

在亚马逊平台上，产品的关键词只要出现一次就可以被 A9 算法准确识别，无须重复出现。在产品的 Search Terms 中植入关键词，主要是对产品标题、产品的五行特性、产品的详情描述的查漏补缺，在以上几处位置不方便植入的关键词，都可以植入产品的 Search Terms 中。

有很多卖家在疑惑，在产品的 Search Terms 中植入的关键词用什么方式进行分隔，是使用空格，还是使用逗号等其他符号？答案是使用空格即可，一个单词一个空格，长尾关键词也不例外。

6.3.6 产品评论

产品评论的重要性，大多数网购过的人都清楚。通常我们在网上选购产品时，在了解了产品的主要信息之后会查看产品评论。没有产品评论的产品或产品评分很低的产品很难被买家选中。而产品评论很多、评分较高的产品，会给买家留下安全、可靠的初步印象，尽管买家还没有看到产品的真实模样。产品评论如图 6-16 所示。

图 6-16

在亚马逊店铺的日常运营中，安全合规地获取产品评论不仅是重要的一环，还是运营人员每天都要进行的工作。

6.3.7 产品问答

产品问答是亚马逊平台为卖家和买家针对产品的使用体验问题而开辟的一个交流场所。买家对产品有任何疑问，都可以在产品问答中进行提问，亚马逊平台会将问题进行随机分配，该产品的卖家和购买过该产品的买家都可能收到这个提问。收到提问的卖家或买家可以回复该问题，他们回复的内容会展示在产品问答中，如图 6-17 所示。

很多卖家只重视产品评论而忽略了产品问答，其实产品问答也很重要。

首先，从位置上来看，产品问答是排在产品评论之前的，所以产品问答先于产品评论让买家对产品形成第一印象。

其次，产品问答中的内容常常涉及产品的“痛点”、优点、主要性能等方面，而这些方面是决定买家是否购买产品的关键因素。如果能在产品问答中将这些方面的问题一一列出并进行详细解答，买家的疑虑就会得到消除，该产品的转化率就会有所提升。

最后，产品问答是 A9 算法要扫描的区域。也就是说，可以在产品问答中植入产品的关键词，即卖家在回答买家的提问时可以在答案中植入自己产品的关键词，以起到一箭双雕的作用。

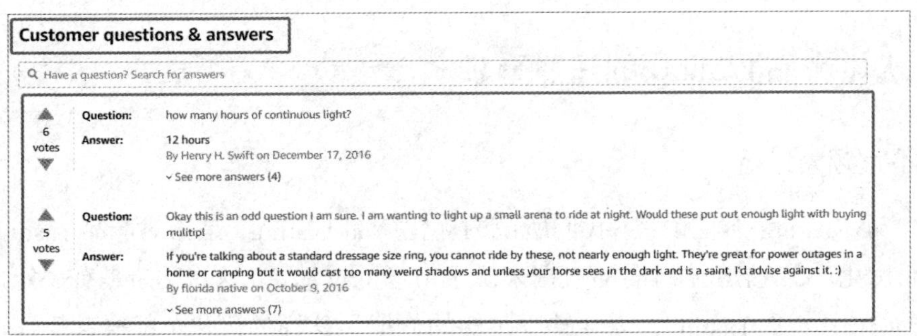

图 6-17

6.3.8 产品视频

在产品 Listing 中，有一个区域可以直观地展示产品的功能和使用方法，它就是产品视频，如图 6-18 所示。

图 6-18

产品视频中的视频主要有两个来源。

第一，买家在产品评论中留下的视频。有的买家在购买产品后会拍摄一段视频作为自己对该产品的评论，这个视频在经过亚马逊平台的审核之后就会出现在产品评论中。

第二，买家主动通过"Upload your video"链接上传的视频。具有产品评论编辑资格的买家可以通过单击产品视频中的"Upload your video"链接来上传视频。买家上传的视频经过亚马逊平台的审核后就会出现在产品视频中。这个审核速度比产品评论中视频的审核速度要快很多。

卖家要重视产品视频，因为有些产品的品牌备案没有完成，所以主图的视频功能是无法使用的，而产品视频弥补了这一缺陷。卖家可以请专业的视频拍摄机构拍摄一些产品的视频，尽量展示产品的功能、亮点、用途等，以提升产品的转化率。

6.3.9 优化产品 Listing 的注意事项

1．优化不宜频繁进行

优化产品 Listing 不宜频繁。我们所说的优化产品 Listing，是指对产品 Listing 进行查漏补缺。而优化产品 Listing 所需的数据来源于市场的反馈，市场的反馈是有一定周期的，如果频繁地优化产品 Listing，就会缺少足够的数据，这样的优化可能会起反作用。亚马逊平台识别产品时会先将产品进行收录，频繁地优化产品 Listing 可能会影响产品的收录，进而影响亚马逊平台对产品的识别。

2．在编辑产品 Listing 之前一定要准备充分

卖家在编辑产品 Listing 之前，要确保已经搜集到了产品的主要功能、关键词分布、受众人群、注意事项等方面的详细信息。有的新手卖家在新产品上市之前，草率地编辑产品 Listing，并试图通过后续的优化使产品 Listing 达到最佳状态，这种做法并不可取。产品 Listing 在出现时一定要达到最佳状态，这样才能被亚马逊平台准确识别和收录，才能使产品更快地站稳脚跟。

6.4 产品的定价策略

6.4.1 新产品的定价策略

对新产品进行定价要考虑的因素很多，既要考虑产品的长远发展周期，又要考虑自己的推广实力，还要考虑自己对资金链的把控程度。新产品的定价策略如下。

（1）新产品的定价既要有吸引力，又不能过低。一方面，新产品在没有积累权重和客户资源的情况下，想要获得销量，就要制定有吸引力的价格。另一方面，有的卖家在上线新产品时将产品以低于成本的价格进行销售，虽然可以换来一定的销量，但也可能带来不良的后果：一是价格太低的产品容易被亚马逊平台标注“Add on item”，即被列为搭售产品，搭售产品不能单独出售，要和其他产品进行搭售，这会极大地影响其销量；二是过

低的价格会扰乱该产品所属小类目的生态环境。

（2）将该类目的产品 Listing 进行排列，列出排名前 30 的产品，对这些产品的价格、销量、评论数量等因素进行综合分析，使自己的产品价格略低于这些产品的平均价格。

（3）定价的方式要深入结合自己的运营实力。新产品的价格可以略低于平均价格，但是新产品可以通过站外 Deals 或亚马逊联盟等平台进行一系列的低价促销，以获得 A9 算法的初步认可，进而为后续的运营工作打下基础。

在站外 Deals 运营的过程中，卖家要对自己的资金链有清醒的认识，不要做超出自己的资金实力范围的事。有的卖家对自己的资金链没有清醒的认识，在自己的资金实力范围之外“推”排名等，最后导致资金链断裂，以失败收场。

6.4.2　产品上升期的定价策略

产品上升期的定价策略要彰显“灵活”二字，要根据不同的情况来进行价格设置。

在产品的销量每天稳定在十几单或几十单以后，可以适当以“小碎步”的方式进行提价实验，如每次提价 0.5 美元，观察产品销量的变化。如果提价之后产品销量一如既往，可以过几天继续小幅提价，直到产品销量受到影响为止。提价的过程，不但是确立产品影响力的过程，而且是小幅提升利润率的过程。

如果在产品第一次小幅提价之后，产品销量明显下降，说明该产品的实力还未达到提价的水平。

6.4.3　产品成熟期的定价策略

对一款成功的产品来讲，到了产品成熟期也就到了收割利润的时期。这时，这款产品基本上已经牢牢占据了该小类目前几名的位置，在产品评论数量、排名、转化率等各方面均遥遥领先于其他产品。在这个时期，卖家可以将该款产品的价格提升至该小类目最高，或者略低于该小类目的最高价。

获取利润是每个卖家都追求的目标。产品进入成熟期以后，卖家要将运营思路由追求销量变为追求利润，这样既可以使自己产品的盈利能力不受影响，又可以降低自己的库存数量和资金压力。

6.5 亚马逊平台的各种码

在亚马逊平台上有很多英文单词缩写形式的码，这些码分别代表什么呢？下面详细介绍这些码。

6.5.1 ASIN

ASIN 的全称是 Amazon Standard Identification Number，中文直译为亚马逊标准识别编码，它是亚马逊系统自动生成的针对已经成功上传的产品的编码。ASIN 相当于我们个人的身份证，它是产品在亚马逊平台上独一无二的身份认证编码。卖家和买家都可以用 ASIN 来查询产品的详情。ASIN 通常位于产品的详情描述中，如图 6-19 所示。

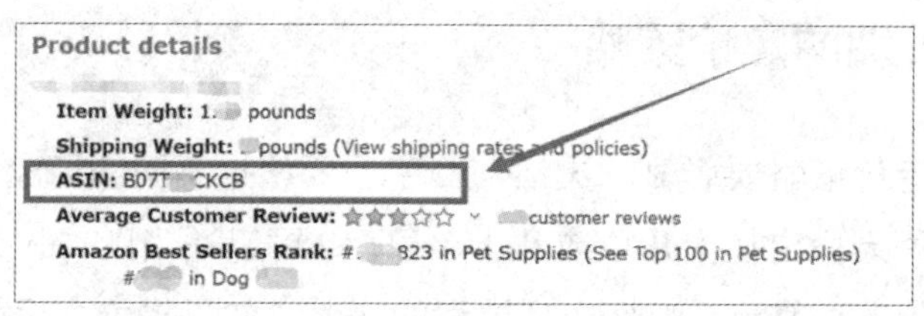

图 6-19

6.5.2 UPC

UPC 的全称是 Universal Product Code，中文直译为通用产品代码，它不是亚马逊平台独有的编码，而是全球范围内使用广泛的产品代码。

并不是所有上传到亚马逊平台上的产品都需要使用 UPC，卖家可以在上传产品的过程中根据自己店铺的具体情况进行选择。目前，UPC 很容易获得，卖家可以联系服务商进行购买，生产商还可以向中国编码协会进行 UPC 申请。

6.5.3 EAN

EAN 是与 UPC 具有相同功能的代码，只是其发布机构与 UPC 不同。EAN 的全称为 European Article Number，中文直译为欧洲产品编号，EAN 也可以在全球流通。目前，EAN 主要应用于亚马逊欧洲站各个分站点。

6.5.4　SKU 码

SKU 的全称为 Stock Keeping Unit，中文直译为库存量单位，是一种普遍用于产品仓储和销售的专业术语。SKU 对应的是同一种产品，也就是说，如果一种产品拥有不同的颜色、尺寸和型号，那么每一种存在不同属性的产品都是一个 SKU，都要拥有一个单独的 SKU 码。在亚马逊平台上，SKU 码不是系统制定的，卖家可以根据自己店铺管理的实际需要编写 SKU 码。

6.5.5　FNSKU 码

FNSKU 只针对使用了 FBA 服务的产品，它是 FBA 产品标签上展示的编码。FNSKU 码对应的是属性完全相同的产品，这点和 SKU 码类似。

6.5.6　GCID

GCID 的全称为 Global Catalog Identifier，中文直译为全球目录编码。GCID 只针对完成品牌备案的卖家。完成品牌备案的卖家在上传产品时不再需要 UPC 或者 EAN，只需向亚马逊平台提供 GCID 即可。

6.6　亚马逊平台的 3 个徽章

亚马逊平台的 3 个徽章——Best seller、Amazon's Choice、New Release 是针对不同的目的给予符合要求的产品的一种特殊标记。有了这些徽章，产品的转化率可以大幅提升。下面详细介绍这 3 个徽章。

6.6.1　Best Seller 徽章

Best Seller 即最畅销产品，它是亚马逊平台授予各类目销量排名第一的产品的一种标志。

据亚马逊官方的统计数据，如果买家计划在亚马逊平台上购物，大部分买家会在产品搜索框中直接搜索具体的产品，只有极小一部分买家选择其他的结果锁定方式（如排行榜、详情页广告等)。买家输入自己意向产品的关键词并搜索后，搜索结果中会出现很多相关的产品。虽然搜索结果中的产品已有排名，但带有橙黄色的 Best Seller 徽章的产品最能吸引买家的眼球，如图 6-20 所示。

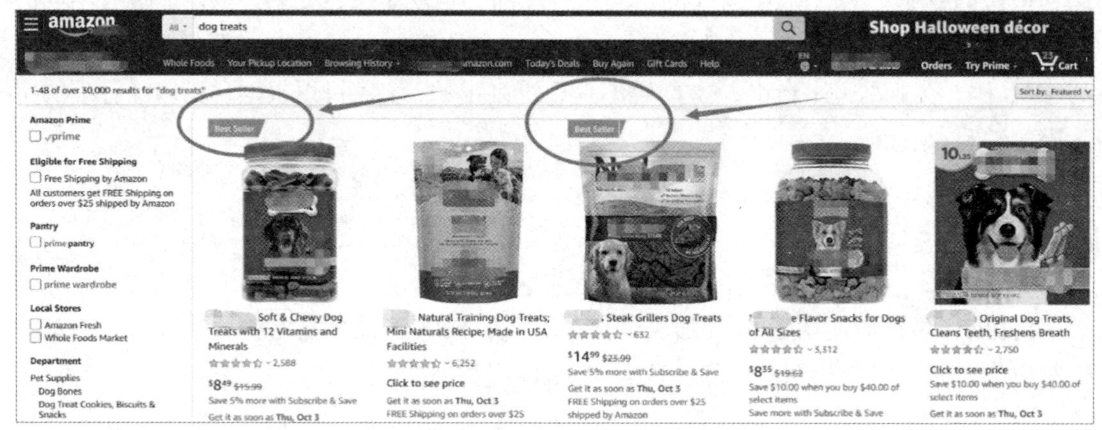

图 6-20

获得 Best Seller 徽章可以提高产品的转化率。但是获得这个徽章的好处不止这一个。亚马逊平台每年都有自己的广告预算和推广计划，而在这些广告预算中有一小部分是对卖家的产品进行主动推广的费用。那么哪些产品会被亚马逊平台进行主动推广呢？首先入选的就是拥有 Best Seller 徽章的产品，因为亚马逊平台会认定这款产品是质优价廉的好产品，从而对这款产品进行大力推广。所以有些卖家感慨，产品获得 Best Seller 徽章以后，产品的销量翻了几番，这就是亚马逊平台的马太效应。

既然 Best Seller 徽章如此重要，那么卖家怎样获得它呢？答案是以销量取胜。亚马逊平台的后台销售数据每小时更新一次，偶尔会有延迟。在正常情况下，如果你的产品能在一小时的计算周期内拿到小类目的销量冠军，你的产品就可以获得这个小类目的 Best Seller 徽章。如果你的产品拿到了大类目的销量冠军，你的产品就可以获得这个大类目的 Best Seller 徽章（这种级别和实力的大卖家屈指可数）。

6.6.2 Amazon's Choice 徽章

Amazon's Choice 中文译为亚马逊的选择。Amazon's Choice 徽章是深蓝色的，给人沉稳、可信赖的感觉。

Amazon's Choice 与 Best Seller 不同，Best Seller 是针对各个大小类目而言的，而

Amazon's Choice 是针对各个关键词而言的。也就是说，在某个关键词上，只有一个产品 Listing 能得到 Amazon's Choice 徽章。如图 6-21 所示，在 Amazon's Choice 徽章旁边有 "for 'amazon fire stick'" 的标志，这是指对 "amazon fire stick" 这个关键词来说，这个产品 Listing 获得了 Amazon's Choice 徽章。

图 6-21

卖家在获得一个 Amazon's Choice 徽章之后，要辨别这个 Amazon's Choice 徽章后面的关键词是什么。如果这个关键词是一个产品的主词，那么这对提升产品的转化率会有很大帮助。如果这个关键词仅仅针对一个小词，那么这个 Amazon's Choice 徽章的作用并不大，因为大多数买家看不到它。

除了提升产品转化率，Amazon's Choice 徽章还有其他作用吗？

当然是有的，还记得亚马逊自己开发的硬件设备 Alexa、Echo AI、Echo、Echo Dot 等产品吗？这些产品基本都带有语音搜索功能，而只有获得 Amazon's Choice 徽章的产品才有资格出现在被搜索产品的资源池中。

卖家想要获得 Amazon's Choice 徽章，必须不断提升自己产品的综合实力，因为通常获得这个徽章的产品在某个特定关键词下的销量、转化率、产品评分方面表现得比较出色。而且产品必须具有使用 FBA 服务且产品绩效优的特点。

6.6.3　New Release 徽章

New Release 徽章的含义为新品销量第一名。顾名思义，获得这个徽章就表明该产品是各类目中销量最大的新产品，如图 6-22 所示。

图 6-22

New Release 和 Best Seller 一样，也是只看销量，如果某个新产品的销量排在小类目第一名，该产品就会得到 New Release 徽章。

卖家的新产品若能获得 New Release 徽章，那么该产品在流量和曝光度方面会被亚马逊平台给予额外的照顾，因为亚马逊平台鼓励卖家投放新产品。

第 7 章

亚马逊站内 PPC 广告

7.1 亚马逊站内 PPC 广告概述

PPC 的全称为 Pay Per Click，即按照点击次数来付费的广告模式。PPC 是广告术语，并不是亚马逊平台独有的。

在产品 Listing 和搜索结果页面中带有“Sponsored”或“SPONSORED”标志的产品即投放了亚马逊站内 PPC 广告，如图 7-1 所示。

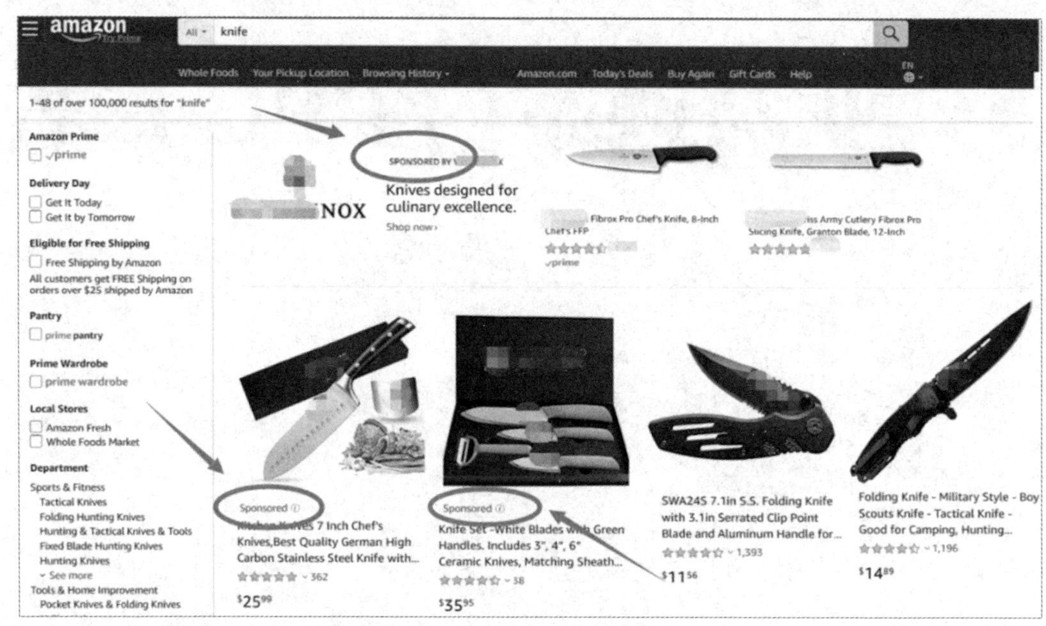

图 7-1

目前，亚马逊平台包含的普通广告、头条广告、详情页面展示广告都采取按点击付费的收费模式。随着卖家数量的剧增，广告竞价也有了大幅增长，现在有些类目的产品的 PPC 广告，买家点击一次，卖家就要支付 4 ~ 7 美元。高昂的广告竞价向不少卖家提出了挑战。

7.1.1 亚马逊站内 PPC 广告的类型

目前，亚马逊站内 PPC 广告主要有 3 种类型：商品推广、品牌推广和展示型推广，如图 7-2 所示。

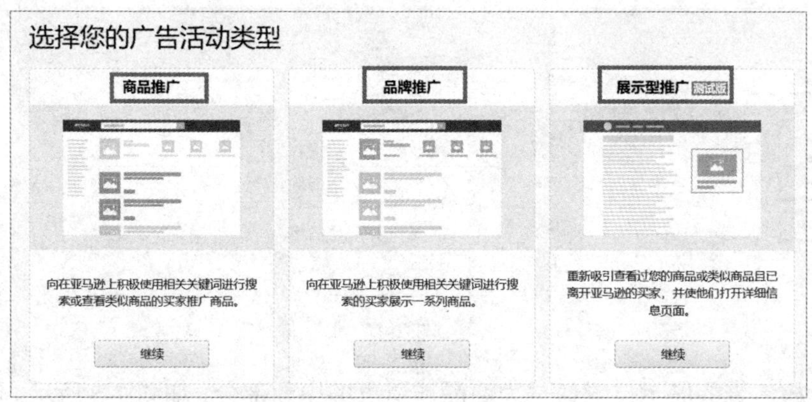

图 7-2

1．商品推广

商品推广通常以单个商品为推广对象。按照关键词匹配形式的不同，商品推广的投放形式可分为自动投放和手动投放，如图 7-3 所示。

创建广告活动

设置

广告活动名称

示例：节假日收藏夹

广告组合

无广告组合

开始　2019年9月23日

结束　无结束日期

每日预算

$

定位

自动投放
亚马逊将定位到关键词和与您广告中的商品类似的商品。 了解更多信息

手动投放
选择可定位到买家搜索的关键词或商品并设置自定义竞价。 了解更多信息

图 7-3

（1）自动投放。

自动投放广告时无须卖家输入搜索关键词，亚马逊系统根据卖家所投放广告商品详情页中的信息自动为卖家匹配相同或相似的广告搜索结果。自动投放的匹配类型主要有 4 种：紧密匹配、宽泛匹配、关联商品和同类商品，不同的匹配类型对应着不同的展示结果，卖家可以为这 4 种匹配类型设置不同的竞价，如图 7-4 所示。

隐藏图表 列 日期范围 - 今天 导出

有效	自动定位组	匹配类型	状态	建议竞价		竞价	花费	订单	销售额	广告投入产出比(A
	总计: 4						-	-	-	-
	紧密匹配	-	正在投放	$1.32 $1.01-$1.60	应用	$ 0.60	-	-	-	-
	宽泛匹配	-	正在投放	$1.30 $1.00-$1.50	应用	$ 0.40	-	-	-	-
	关联商品	-	正在投放	$1.20 $0.64-$2.74	应用	$ 0.60	-	-	-	-
	同类商品	-	正在投放	$2.36 $1.22-$3.79	应用	$ 0.50	-	-	-	-

图 7-4

自动投放广告的展示位置通常为商品详情页的中间部分，如图 7-5 所示。但有时自动投放的广告也会出现在商品搜索结果页面中。

图 7-5

（2）手动投放。

亚马逊在 2019 年 5 月对其手动投放广告进行了改版，之前的亚马逊手动投放广告只有关键词投放一种投放类型，改版后的亚马逊手动投放广告增加了商品投放这一投放类型，如图 7-6 所示。

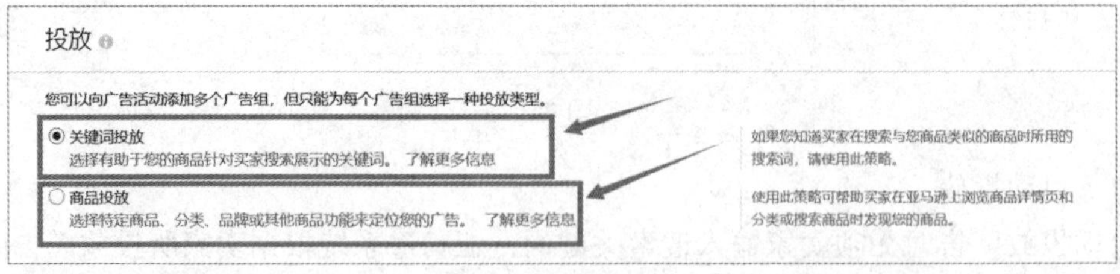

图 7-6

按照关键词手动投放广告时，卖家需要自己搜集和整理商品关键词，并将这些关键词输入选定的广告中，当买家搜索商品的关键词和卖家预先设定的关键词相同或者类似时，卖家的商品就会出现在搜索结果中。按照关键词手动投放广告的匹配类型有 3 种：广泛匹配、词组匹配和精准匹配，如图 7-7 所示。

图 7-7

按照商品手动投放广告时，卖家不需要输入商品的关键词，只需要预先选定自己想要投放广告的商品，亚马逊系统会按照竞价等因素自动为卖家的商品匹配相应的竞品页面进行投放，如图 7-8 所示。

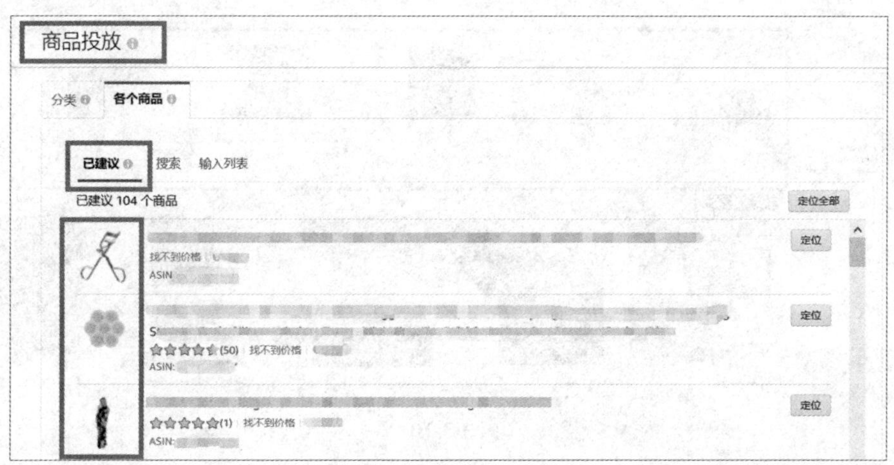

图 7-8

按照关键词手动投放的广告的展示位置通常为商品搜索结果页面。

按照商品手动投放的广告的展示位置通常为投放广告的商品详情页内，如图 7-9 所示。

图 7-9

2．品牌推广

品牌推广通常以某个商品的品牌为推广对象，推广过程着重于对品牌的展现。这种类型的广告通常适用于一些实力较强的卖家和品牌知名度较高的商品，它对品牌的推广和商品的引流都非常有利。此种类型的广告的位置为商品搜索结果页面的最上方，如图 7-10 所示。

图 7-10

3．展示型推广

展示型推广对普通卖家来说是新增的广告类型。该类型的广告的主要受众人群是曾经查看过卖家的商品详情页又离开的买家。该类型的广告的展示位置一般为商品详情页、商品评论页。有时亚马逊官方还会选取部分表现优异的商品，将其广告展现到亚马逊站外的众多合作网站上。

7.1.2　亚马逊站内 PPC 广告的竞价机制

是不是卖家所出的竞价越高，其广告的排位就越靠前呢？答案是否定的。竞价高低只是亚马逊站内 PPC 广告的排位规则之一，广告排位还受另一个重要指标即商品的广告质量得分的影响。

虽然亚马逊官方没有详细给出商品的广告质量得分是从哪些方面进行衡量的，但是从卖家的广告实践中可以总结出，广告的质量得分与商品的点击率、销量、转化率密不可分。因此，卖家在进行商品的广告布局时，需要努力提升商品的点击率、销量和转化率，进而降低商品的点击费用，以形成一个良性循环。

7.2　下载及分析广告报告

随着卖家之间的竞争愈发激烈，广告竞价也水涨船高，很多商品类目的广告竞价费用占到商品售价的 50%以上。这就意味着在广告位上卖出的商品越多，卖家的亏损就越多，很多卖家也因此走进了一个恶性循环中——广告销量占比过大，广告销量又基本上是亏本的，但是广告一旦停下，自然出单的数量就会锐减。

广告的花销如此之大，广告的投资回报率就显得格外重要。那么怎样提高广告的投资回报率呢？我们可以从广告报告中寻找方法。

1. 下载广告报告

下载广告报告非常简单，可以从卖家后台的“广告”选项卡中下载，也可以从卖家后台的“报告”选项卡中下载。广告报告的下载界面如图 7-11 所示。

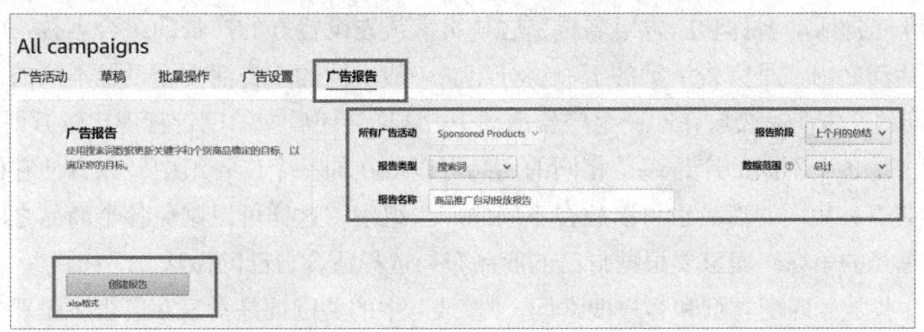

图 7-11

卖家可以根据自己的目的选择不同的报告类型，最主要的类型是搜索词，其他的类型还有时间、位置、商品等。单击广告报告下载界面左下角的“创建报告”按钮即可下载广告报告。

2．分析广告报告

广告报告下载完成后会以 Excel 表格的形式存储在卖家选择的存储位置。广告报告的内容如图 7-12 和图 7-13 所示。

开始日期	结束日期	广告活动名称	广告组名称	投放	匹配类型	客户搜索词
May 19, 2019	May 19, 2019	[illegible]	[illegible]	[illegible]	BROAD	[illegible]
May 10, 2019	May 10, 2019	[illegible]	[illegible]	[illegible]	BROAD	[illegible]
May 09, 2019	May 09, 2019	[illegible]	[illegible]	[illegible]	BROAD	[illegible]
May 23, 2019	May 23, 2019	[illegible]	[illegible]	[illegible]	BROAD	[illegible]

图 7-12

展现量	点击量	点击率(CTR)	每次点击成本(CPC	花费	7天总销售额(¥	广告成本销售比(ACoS	投入产出比(RoAS	7天总订单数(	7天总销售量(#	7天的转化率	7天内广告SK	7天内其他SK	7天内广告SKU销售额(	7天内其他SKU销售额(¥)
1	1	100.0000%	$ 0.96	$ 0.96	$ 0.00		0.00	0	0	0.0000%	0	0	$ 0.00	$ 0.00
5	1	20.0000%	$ 0.80	$ 0.80	$ 0.00		0.00	0	0	0.0000%	0	0	$ 0.00	$ 0.00
1	1	100.0000%	$ 0.76	$ 0.76	$ 0.00		0.00	0	0	0.0000%	0	0	$ 0.00	$ 0.00
6	1	16.6667%	$ 0.92	$ 0.92	$ 0.00		0.00	0	0	0.0000%	0	0	$ 0.00	$ 0.00

图 7-13

（1）开始日期和结束日期，即该广告报告的展示区间。广告报告的展示区间不宜过短，因为广告报告的展示区间过短就意味着广告报告的数据内容较少，无法对一些关键的数据进行有效的判定。但广告报告的展示区间也不宜过长，因为广告报告的展示区间过长会使广告报告失去一定的时效性，缺乏时效性的广告报告无法为卖家运营决策提供有价值的数据。一般广告报告的下载以 7 ~ 15 天一次为宜。

（2）广告活动名称和广告组名称，这是卖家预先设置好的广告的组合名称。广告组在广告活动之内，是广告活动的下一层分组。一般不同的广告活动会设置不同的广告商品，相同的广告商品会放在同一个广告活动中，这样会使后期的广告管理比较方便。在广告活动下是各个不同的广告组，相同的商品可以放在同一个广告组中，以方便它们进行关键词共享；相同的商品也可以放在不同的广告组中，这样可以避免各个商品之间进行关键词曝光的争夺。卖家要根据自己的商品布局选择适合自己的做法。

（3）投放、匹配类型和客户搜索词。“投放”中的关键词是卖家在广告中设置的付费关键词，而“客户搜索词”中的关键词是客户在商品搜索框中输入的搜索关键词，一般客户搜索词是卖家投放的关键词的长尾关键词。也就是说，如果卖家投放的关键词是“cat toy”，而客户输入的搜索词是“small cat toy”，那么卖家投放的关键词“cat toy”也会出现在“small cat toy”的搜索结果中，所以这两个词会分别出现在广告报告中的“投放”和“客户搜索词”中。匹配类型是指手动投放广告的关键词匹配类型，主要有广泛匹配、词组匹配和精确匹配 3 种类型。

（4）展现量、点击量和点击率（CTR）。展现量即为商品广告被曝光的次数，这里的曝光是指形式上的曝光，不是指被客户看到才算曝光。例如，客户搜索一个关键词，虽然你的商品出现在搜索结果的某个不起眼的角落没有被客户看到，但系统会将这算作一次成功的曝光。点击量是指客户点击商品广告位的次数，处于相同购物环境中的客户在一天时间内点击你的广告位，只会被算作一次点击，这是为了保护卖家的利益，杜绝同行之间的恶意点击现象。点击率（CTR）是点击次数与曝光次数的比值，所以想提高点击率，可以提升点击次数。

（5）每次点击成本（CPC）、花费、7 天总销售额、广告成本销售比（ACoS）。每次点击成本即卖家为这个关键词被点击一次所要付出的费用。每次点击成本和卖家的出价和商品的绩效得分相关。广告成本销售比（ACoS）是广告点击费用和广告产生的销售额的比值。从理论上来说，ACoS 越小越好，但是 ACoS 只是一个象征性指标，不能从单独的层面对其进行分析，要学会从商品的整体思路上对其进行把控。关于 ACoS，7.4 节会有单独的讲解，此处不再赘述。

广告报告中的其他数据是一些常规的数据，这些数据通常作为辅助性数据，卖家对广告报告的分析以前面的数据分析为主。

此外，有些广告报告中会出现一些商品的 ASIN，如图 7-14 所示。

开始日期	结束日期	广告活动名称	广告组名称	投放	匹配类型	客户搜索词	展现量	点击量	点击率(CTR)
Sep 21, 2019	Sep 21, 2019	自动-[illegible]	[illegible]	*	-	b0[illegible]wcv	1	1	100.0000%
Sep 06, 2019	Sep 06, 2019	自动-[illegible]	[illegible]	*		b0[illegible]xp8l	4	1	25.0000%
Sep 08, 2019	Sep 23, 2019	自动[illegible]	[illegible]	*	-	b0[illegible]khjr	104	6	5.7692%
Aug 29, 2019	Sep 08, 2019	自动-[illegible]	[illegible]	*	-	b0[illegible]74d	17	2	11.7647%
Aug 10, 2019	Sep 23, 2019	自动-[illegible]	[illegible]	*	-	b0[illegible]3g	33	3	9.0909%
Aug 06, 2019	Aug 06, 2019	自动-[illegible]	[illegible]	*	-	b0[illegible]hk	1	1	100.0000%
Aug 16, 2019	Aug 16, 2019	自动-[illegible]	[illegible]	*	-	b0[illegible]eig	4	1	25.0000%
Sep 23, 2019	Sep 23, 2019	自动[illegible]	[illegible]	*	-	b07[illegible]ml	5	1	20.0000%
Aug 08, 2019	Aug 19, 2019	自动-[illegible]	[illegible]	*	-	b0[illegible]v17	23	2	8.6957%
Jul 26, 2019	Aug 11, 2019	自动-[illegible]	[illegible]	*	-	b07[illegible]8f	64	4	6.2500%

图 7-14

有些卖家怀疑自己的广告系统出现了问题，其实这是正常现象。将这些 ASIN 输入亚马逊的商品搜索框中进行搜索，你会发现这些商品是和自己的商品相似的商品，即自己商品的竞品。之所以这些竞品的 ASIN 会出现在你的广告报告中，是因为你的商品的广告出现在了这个竞品的详情页中，如果有客户从这个竞品的详情页的广告位点击了你的广告位，该竞品的 ASIN 就会出现在你的广告报告中。

这些 ASIN 对于卖家分析自己的商品具有重要价值。举个简单的例子，卖家将这些 ASIN 输入亚马逊的商品搜索框中，如果搜索出的商品是和自己的商品相同的商品，就说明卖家投放的广告是准确无误的；如果搜索出的商品是和自己的商品相差很大的商品，就说明卖家投放的广告存在问题，卖家要及时调整自己投放的广告，以避免浪费广告费。

7.3 否定关键词

1．设置否定关键词的意义

在广告活动的设置中，有一个选项的设置是不少卖家容易忽略的，即否定关键词的设置，如图 7-15 所示。

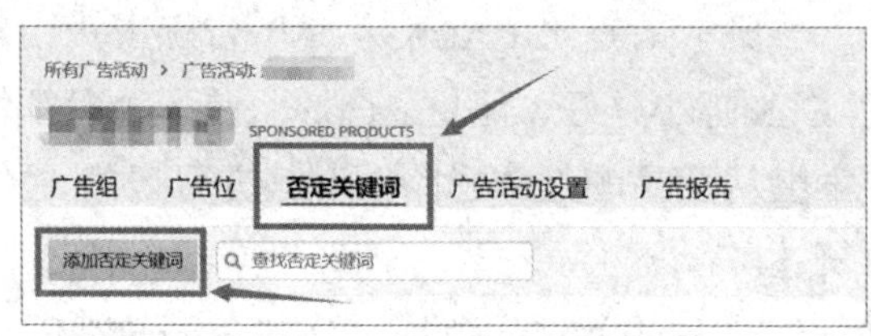

图 7-15

有些卖家在设置广告活动时不设置否定关键词，这是浪费广告费的行为。设置否定关键词就像设置了一个漏斗，它可以帮助卖家剔除只有高展现量和高点击量却没有高转化率的关键词，从而提升其广告活动的转化率，进而降低其广告关键词的竞价。

2．否定词组和否定精确的区别

在设置否定关键词时，亚马逊系统提供了两种匹配类型供卖家选择：否定词组和否定精确，如图 7-16 所示。

否定词组和否定精确在对关键词的否定上有不同的否定效果。否定词组不仅可以否定卖家预先输入的否定关键词，还可以否定该关键词的顺序变体和时态变体。否定精确通常只针对特定的否定关键词，而该关键词的顺序变体、单词时态变体等均不会被否定。例如，卖家输入了否定关键词“small bag”，则否定精准只会否定“small bag”这个关键词，而否定词组不仅可以否定“small bag”，还可以否定“bag small”“small boys bag”“small bags”等关键词。卖家可以根据自己想要否定的范围进行设置。

图 7-16

7.4　广告中的 ACoS

在 7.2 节中我们已经简单介绍过，ACoS 是广告点击费用和广告产生的销售额的比值。ACoS 是衡量广告活动的盈利能力的重要依据。目前，亚马逊平台上的商品数量众多，各个商品类目的竞争非常激烈，毛利率在 40%以上的商品就是比较优秀的潜力商品。如果 ACoS 超过 40%，就意味卖家的大部分广告活动是亏本的，这样就会出现广告商品卖得越多卖家就亏得越多的局面，所以，应尽量将 ACoS 控制在 40%以下。

虽然 ACoS 是衡量广告活动的盈利能力的重要依据，但是，分析广告活动的效果应从整个商品战略的长远角度出发，而不应仅仅将眼光放在一时的 ACoS 的大小上。因为现今单纯依靠广告产生利润的商品越来越少，广告的主要作用变成了提升商品的自然排名。

如果关闭商品广告，一段时间之后该商品的自然排名可能会出现大幅后退，这就是商品广告对商品的自然排名促进作用的直接体现。所以从这个角度来说，商品广告的主要作用是提升商品的自然排名。在这样的背景下，有时候 ACoS 的大小并不重要。因此，卖家可以按照自己的商品战略科学调控 ACoS。

第 8 章

亚马逊站内流量

流量对卖家来说至关重要。卖家之间的竞争，在很大程度上可以说是对流量的竞争。在激烈的竞争环境中，卖家既要牢牢抓住自己现有的主要流量来源，又要不断结合自身实力和产品类型继续发掘其他可以提升产品销量的流量来源，以使自己店铺的运营处于主动的地位。

8.1　亚马逊站内流量的来源

亚马逊平台的竞争日趋激烈，卖家想在亚马逊平台上生存下去，必须了解亚马逊站内流量的来源，也就是要了解买家是通过何种路径进入你的产品 Listing 并最终购买你的产品的。

8.1.1　关键词的自然搜索流量

大多数买家在亚马逊平台购物时会首先选择在产品搜索框中输入自己意向产品的关键词来进行意向产品的搜索和选择，如图 8-1 所示。

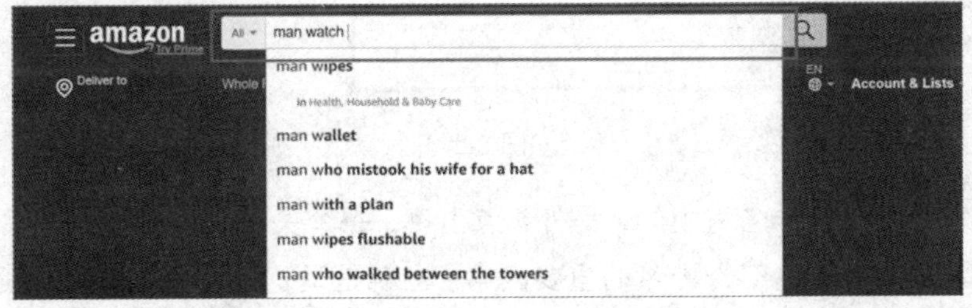

图 8-1

关键词的搜索流量是亚马逊站内流量的主要来源，而在关键词搜索结果中，自然排名所占的位置数量要远远多于广告位置的数量，所以关键词的自然搜索流量就占据了亚马逊站内流量的最大份额。

自然排名靠前可以减少广告支出，因为自然排名位置的点击不会产生 PPC 广告费，所以卖家都希望自己的产品能有靠前的自然排名。

那么哪些因素会影响自然排名呢？影响自然排名的因素有很多，如点击率、每个关键词的销量、产品价格、产品评论数量、“Best Seller”标志等。其中对自然排名有决定性影响的是每个关键词的销量，这里要注意，不是这个产品 Listing 的整体销量，而是每个关键词的销量。例如，有些卖家的产品排在了关键词搜索结果的首页，但是该产品的销量很低。原来使该产品排在关键词搜索结果首页的关键词仅有几个，而且这几个关键词并不是该产品的主要关键词，该产品的主要关键词的自然排名十分落后。

在每个关键词的销量相同的情况下，A9 算法才会纳入其他的比较方式，如前文提到的点击率、产品价格、产品评论数量、“Best Seller”标志等。

8.1.2 关键词广告搜索流量

当我们通过产品搜索框搜索某个关键词时，在搜索结果中会看到带有“Sponsored”标志的产品 Listing，如图 8-2 所示，“Sponsored”标志所在的位置就是搜索结果中的广告位置。

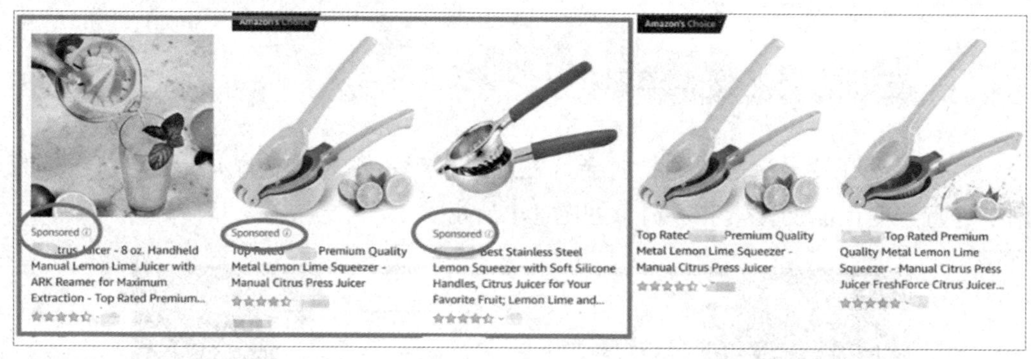

图 8-2

广告排名是以竞价排名为主的，另外，点击率、每个关键词的销量、产品价格、产品评论数量等因素也是决定广告排名的重要因素。也就是说，如果一款产品的绩效很差，即便其竞价很高，其广告排名也不会靠前，因为亚马逊的宗旨是以客户为中心，在亚马逊平台上，产品的质量远比产品的价格更重要。在做好产品绩效的前提下，想要提升产品的广告位置排名，最简单有效的办法就是提升 PPC 广告每个关键词的竞价。但是在投放广告之前一定要优化产品 Listing，以争取最大的投资回报。

8.1.3 关联流量

亚马逊平台是一个“重产品、轻店铺”的平台，亚马逊平台希望打造出一个完整的闭环来留住客户，这也是关联流量产生的理论基础。亚马逊平台希望通过提供更多的选择来留住客户。亚马逊产品 Listing 中的关联流量主要存在于以下 4 个地方。

1．Frequently bought together（一起买）

"Frequently bought together"的定义很好理解，即一位客户同时买了你的几款产品，经过多次重复以后，A9 算法判定这几款产品具有较强的关联，所以这几款产品就会出现在这几款产品 Listing 的"Frequently bought together"中，如图 8-3 所示。

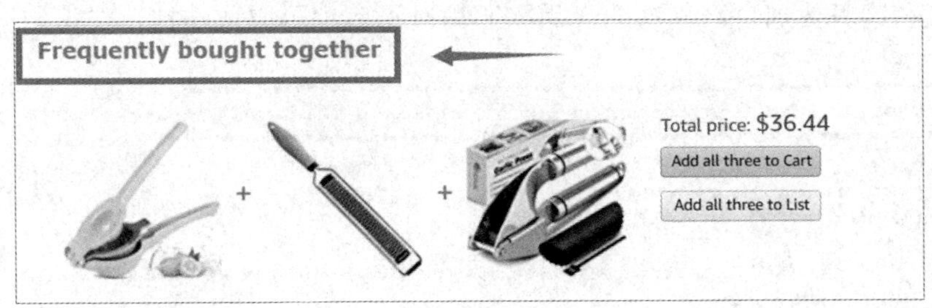

图 8-3

2．Customers who bought this item also bought（买了又买）

虽然"Customers who bought this item also bought"这个关联位置看起来和"Frequently bought together"有些重叠，但 A9 算法对这两个关联位置是有区分的。"Frequently bought together"主要针对一起下单购买的情形，两次下单购买的时间间隔较短。而"Customers who bought this item also bought"对时间间隔的要求不高，相同的情形出现多次就有可能形成"Customers who bought this item also bought"关联流量，如图 8-4 所示。

图 8-4

但是目前很多类目的产品 Listing 中的"Customers who bought this item also bought"被"Customers also shopped for"取代了。

3．What other items do customers buy after viewing this item?（看了又看）

“What other items do customers buy after viewing this item?”是对前两种关联流量的补充，属于补丁式的关联方式。如果前两种关联流量依然没有留住客户，那么“What other items do customers buy after viewing this item?”会向客户展示其他产品，如图 8-5 所示。如果客户能在这里找到自己喜欢的产品，亚马逊平台也可以成功地留住这位客户。

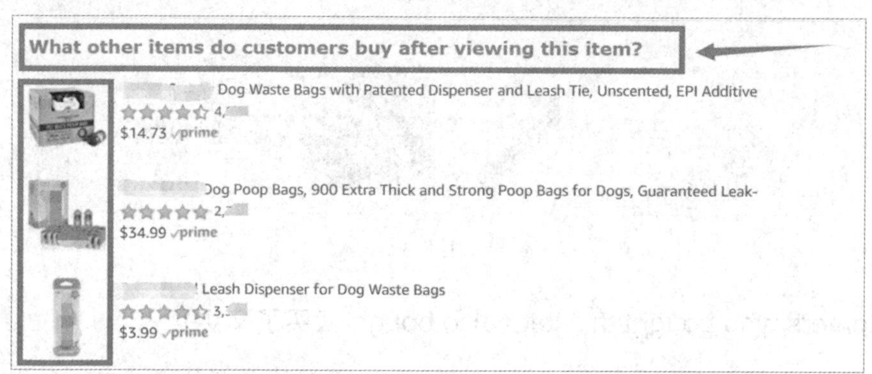

图 8-5

4．Sponsored products related to this item（与此产品相关的广告产品）

“Sponsored products related to this item”是一个付费的关联流量，这里所展示的产品是和客户正在浏览的产品存在一定关联并且投放了广告的产品，如图 8-6 所示。通过我们的多次广告实验，这个广告主要是自动投放的广告。自动投放的广告的位置有很多，“Sponsored products related to this item”就是其中一个。这就可以解释为什么卖家的广告报告中会出现 ASIN。

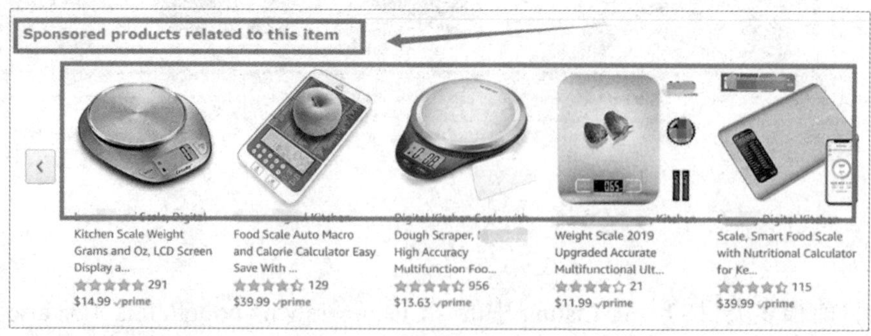

图 8-6

8.1.4　Today’s Deals 流量

亚马逊首页有“Today’s Deals”的入口如图 8-7 所示。它是希望购买打折产品的客户的首选入口。

图 8-7

“Today’s Deals”中主要包括“Deal of the Day”“Lightning Deals”“Savings & Sales”“Coupons”“Prime Early Access Deals”这几个项目，如图 8-8 所示。

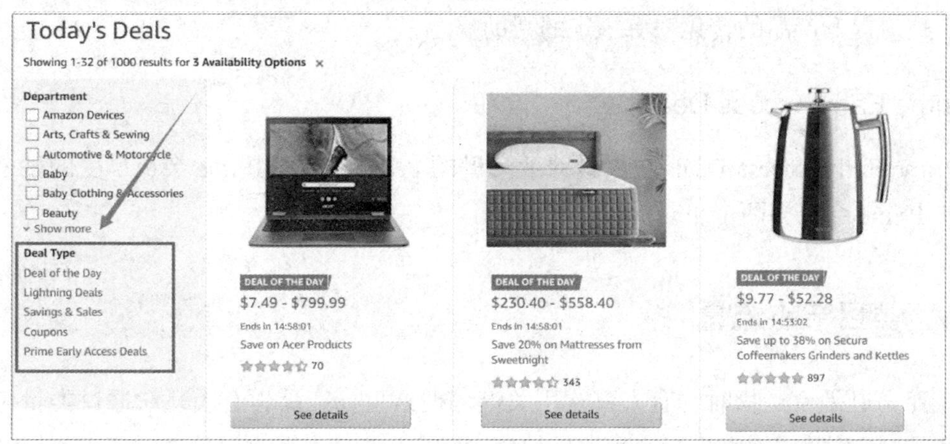

图 8-8

卖家想要抓住这些流量，就要想方设法去申报这些活动。

1．Deal of the Day

Deal of the Day 即我们俗称的秒杀王中王，秒杀页面上有“DEAL OF THE DAY”的标签。这里每天只有 3 个广告位，广告可持续展示 24 小时。Deal of the Day 的申报有很多要求，对卖家来说最难达到的要求是要保证至少在 FBA 仓库有 10 万件的库存。

2. Lightning Deals

Lightning Deals 即我们常说的 LD。随着参与卖家的增多，Lightning Deals 活动的效果有所下降。申报 Lightning Deals 活动不仅要考虑好促销价格，还要选好秒杀时间，如果秒杀时间安排得不合适，其效果就会受到影响。

3. Savings & Sales

Savings & Sales 即我们所说的 BD，它是免费参与的，而且活动时间长达 14 天，可有效提升产品的权重。但是目前 Savings & Sales 还未开放自助申请功能，卖家主要通过招商经理来申报该活动。

4. Coupons

Coupons 是亚马逊平台的优惠券，卖家可以自己在卖家后台进行设置。客户每次成功使用优惠券后，亚马逊平台会向卖家收取一定的服务费。设置了 Coupons 的产品会出现在"Today's Deals"的"Coupons"中，同时其 Listing 中也会出现一个"Coupon"的橙色标签，这对提升产品的转化率有一定的帮助。

5. Prime Early Access Deals

Prime Early Access Deals 主要针对亚马逊的 Prime 会员，Prime 会员享受的秒杀时间要比非 Prime 会员多两个小时。

8.1.5 类目节点流量

在亚马逊平台购物时，有人喜欢用关键词搜索目标产品，有人喜欢通过类目树寻找目标产品。用关键词搜索目标产品比较快捷，所以大部分人喜欢用关键词搜索目标产品，仅有一小部分人通过类目树寻找目标产品。但是新手卖家最好把自己的产品放在与产品匹配的精准类目中，以获取这一小部分类目节点流量。

8.1.6 排名榜单流量

亚马逊站内流量还包括排名榜单流量。排名榜单主要包括以下几个。

（1）Best Sellers（销量排行榜）。

（2）New Releases（新品排行榜）。

（3）Movers & Shakers（飙升排行榜）。

（4）Most Wished For（心愿单排行榜）。

（5）Gift Ideas（礼物选择排行榜）。

亚马逊站内流量的来源主要有上述 6 种，但是随着页面的不断改进，在关键词的搜索结果页面又新增了很多项目，如“Editorial recommendations”（编辑推荐产品）（见图 8-9）和“Highly rated, well-priced products available to ship immediately”（可立即发货的高评分产品）（见图 8-10）等。

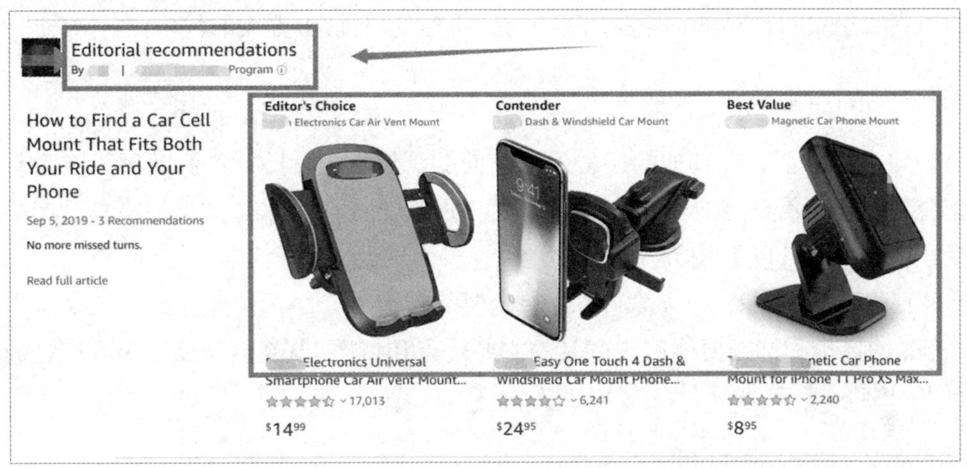

图 8-9

图 8-10

8.2 如何提升产品的搜索权重

1. 提升产品的曝光量

决定产品能否畅销的3个因素：曝光量、点击率和转化率。其中，曝光量是点击率和转化率的基础。所以对卖家来说，想要产品卖得好，提升产品的曝光量是首要的。

提升产品的曝光量的方法有很多种，如提升产品在站内的自然排名和广告排名、参与站内的促销活动、将产品在亚马逊站外的社交媒体和促销网站上进行推广等。特别是处在新品推广期的产品，提升产品的曝光量是卖家必须做的事情，否则过了新品的流量扶持期，卖家想要将产品的销量提升到一定高度，需要付出更大的代价。

2. 提升产品的点击率

由于搜索结果页面和其他的广告展示页面的篇幅有限，因此产品的展示空间有限，买家能看到的产品信息可能只有产品的图片、评价、标题和价格。如何提高自己产品的点击率呢？卖家可以从以下几个方面入手。

前文已介绍过产品图片，产品图片一定要美观大方，尽量让专业的美工来制作产品图片。产品的评价和标题要能展现产品的主要优点和特质。做到这几点，提升产品的点击率就不再困难。

3. 提升产品的转化率

买家找到一款产品并进入该产品 Listing，买家是否购买该产品，这时就产生了一个重要的数据——转化率。

产品的转化率通常是影响产品的销量最直接的因素。卖家要想提升产品的转化率，可从产品 Listing 的编写上入手。卖家要进行精妙的构思，在产品的五行特性、问答、评论的数量和质量方面争取做到小类目最优，尽力留住浏览自己产品 Listing 的买家。

8.3 亚马逊购物车

8.3.1 购物车的概念和意义

黄金购物车是卖家对“Add to Cart”（加入购物车）和“Buy Now”（直接购买）这两

个按钮的昵称，如图 8-11 所示。买家在详细浏览产品 Listing 之后如果对该产品满意，就会单击“Add to Cart”或“Buy Now”按钮来购买该产品。

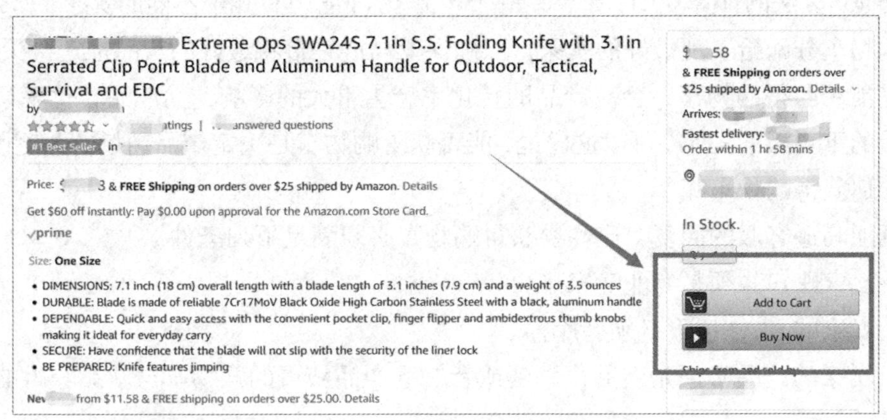

图 8-11

购物车十分重要，如果一款产品没有购物车，或是由于某种原因丢失了购物车，那么“Add to Cart”和“Buy Now”按钮就不会出现在产品 Listing 中，产品的价格也会被隐藏，产品标题下方会显示“Available from these sellers”的提示，如图 8-12 所示。在这种情形下，如果买家要购买该产品，就必须单击“See All Buying Options”按钮，再选择相应的卖家进行购买，这无疑增加了其购物的烦琐程度，可能会使一部分买家放弃购买该产品。此外，丢失购物车还意味着将自己产品 Listing 的编辑权让给他人，而自己花费的广告费可能是在为竞争对手“做嫁衣”，因为自己产品的曝光换来的点击和购买可能被竞争对手收入囊中了。丢失购物车的危害不止这些，所以卖家要确保自己的产品留住购物车。

图 8-12

8.3.2 产品获得购物车的条件

按照 A9 算法的计算规则，如果在一个产品 Listing 中有几个不同的卖家，那么 A9 算法会将购物车分配给表现最好的卖家，以确保亚马逊平台将最好的产品推送给买家。

产品能否获得购物车，会对产品的转化率产生重大的影响，而产品转化率又是影响产品销量的重要因素。所以可以这样说，能否获得购物车是决定产品销量的关键因素。那么产品如何获得购物车呢？

根据亚马逊客服的回复，产品要获得购物车必须满足下列条件。

（1）卖家账户必须是专业卖家账户。

（2）卖家的 SKU 项下必须有库存。

（3）卖家的产品必须是新品，翻新或者二手产品获得的购物车与新品获得的购物车不同。

（4）卖家账户绩效指标中的订单缺陷率低于 1%。

（5）自发货的卖家的产品能否获得购物车取决于其产品的具体类目和其产品在新品期的表现。

8.3.3 导致产品不能获得购物车或丢失购物车的原因

1. 自发货的新品不能获得购物车

现在精品路线已经成为亚马逊的主流路线，而 FBA 是走精品路线的必备选项。当然，也有不少卖家在坚持使用自发货方式，因为自发货方式在资金周转上具有一定的优势，对实力不强的新手卖家来说，先选择自发货方式测款，后期再选择优秀的产品使用 FBA 发货方式也是不错的选择。依照之前的亚马逊新品政策，新品上线后，一般要运营一段时间之后才会获得购物车，随着 FBA 的不断发展，基本上使用 FBA 发货方式的新品在上线之初就会获得购物车。

2. 自己的产品被跟卖

如果自己的产品被跟卖，购物车被抢走的概率就会大大增加。如果你的产品 Listing 做得很好，跟卖者的产品价格也具有优势，亚马逊系统就会将主购物车分配给你，但同时也会分配购物车给跟卖者。如果你的产品 Listing 的表现一般，而跟卖者的产品价格又低于你的产品价格，你的购物车就会被跟卖者抢走，这样就会出现“产品 Listing 是你的，但是 SKU 并不是你的”这样的不利局面，而且很多买家并不了解跟卖的原理，他们在看到购物车按钮后就会直接单击购买。这种情况对你的产品是不利的，因为跟卖者的产品质量不能保证，如果跟卖者发给买家的是假冒伪劣产品，那么买家收到产品之后会给予差评，而这个差评会显示在你的产品 Listing 中。所以如果遇到被跟卖者恶意降价抢夺购物车的情形，一定要先向跟卖者发警告信，再进行投诉，当然，投诉之前要先确保自己的店铺已经完成了品牌备案。

3．产品的销量很差，其点击率和转化率长期处于低端

亚马逊平台是按照 A9 算法来给产品排序的，A9 算法又是按照产品的权重对产品进行排序的。很多卖家可能会发现，自己一款销量很差的产品突然丢失了购物车，这是因为该产品的销量很差，其点击率和转化率长期处于低端，其购物车被亚马逊平台收回了。这时要想重新获得购物车，尽快提升自己产品的销量、点击率和转化率是最有效的方法。

4．产品在短时间内大幅涨价

如果你的产品在短时间内大幅涨价，就会引发 A9 算法的警戒，这时亚马逊平台就会判定你在操纵价格，会将你的产品 Listing 列入异常的产品 Listing 目录中，你的产品的购物车也会暂时被亚马逊平台收走。

亚马逊平台会做出这样的设置是因为短时间内的大幅涨价会给买家带来不良体验，进而对亚马逊的品牌力产生影响。所以，如果因为运营的需要你必须提价，可采用“小步伐、多频次”的方式，以防丢失购物车。

5．产品在短时间内收到大量差评

卖家都知道产品评论的重要性，也都了解获得产品评论的困难程度。亚马逊官方的数据显示，买家的自然留评率极低。但是，如果买家买到的产品不合适或者买家对所买的产品不满意，那么买家留下差评的概率很高。如果你的产品在短时间内收到大量差评，A9 算法就会认为你的产品存在潜在的问题，就会移除你产品的购物车。

因此，卖家要确保自己选到的是一款好产品，确保产品没有无法克服的缺点，确保产品的包装结实不易破损，这样可以大大降低带来差评的概率，从而大大降低丢失购物车的概率。

综上所述，卖家想要获得购物车，关键是要思考如何为买家提供更好的产品和更好的服务，因为买家喜欢你的产品、亚马逊平台认可你的产品，你的产品就能获得购物车。

第 9 章

亚马逊站内促销工具

在亚马逊的运营策略上，很多卖家不知道应该以站内为主还是以站外为主。其实这个问题并没有准确的答案，卖家应根据自己的实际情况选择适合自己的运营策略。资深卖家的商品和店铺的优化工作都已做得比较到位，也就是说，资深卖家在不开发新品的情况下，其产品销量很难再有大的提升。这时站外流量对资深卖家来说就比较重要，站外流量可使资深卖家的产品销量上升一个台阶。但是新手卖家应将自己的精力放在站内，将自己的资金和资源全部用于站内流量的挖掘，在充分挖掘站内流量之后，再开发站外流量。站内流量中有一个非常重要的流量，它就是站内促销流量。新手卖家在运营产品尤其是在推广新品的过程中，一定要充分利用站内促销工具，充分挖掘站内促销流量。下面详细介绍亚马逊站内促销工具。

9.1　秒杀

1．Deal of the Day

Deal of the Day 的促销展示页面位于 Deal 页面的最前面，所以它的促销效果较好，有些商品甚至可以做到日出千单。由于 Deal of the Day 的促销效果很好，因此很多卖家希望申请到 Deal of the Day。但是 Deal of the Day 的促销展示页面每天只有 3 个广告位，且卖家不能自主申请参与 Deal of the Day，只有被亚马逊平台邀请的卖家才能参与 Deal of the Day。

2．Lighting Deals

Lighting Deals 是亚马逊官方推出的限时促销优惠活动，分为 7 天促销和秒杀，卖家可在自己的卖家后台自行申请，如图 9-1 所示。

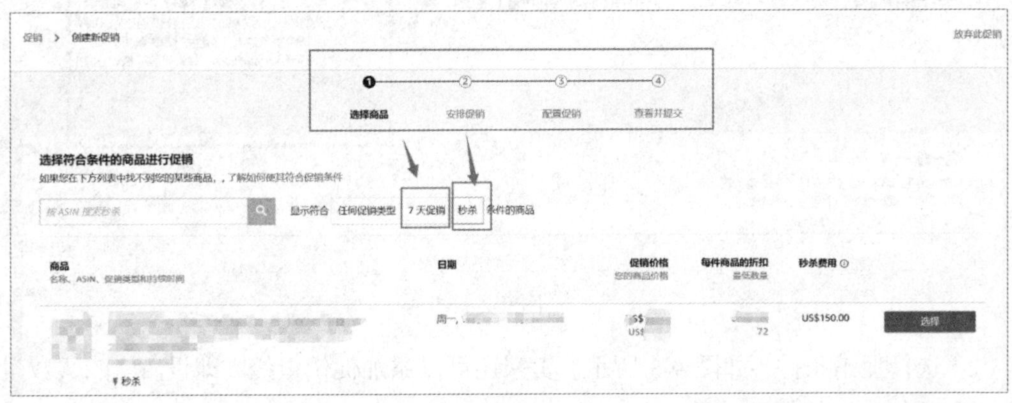

图 9-1

Lighting Deals 是有一定的准入门槛的，若商品没有达到 Lighting Deals 的准入门槛，卖家在自己的卖家后台是看不到自己商品的 Lighting Deals 推荐的。卖家参与秒杀要支付 150 美元的秒杀费用（秒杀时间为 4 ~ 6 小时），参与 7 天促销要支付 300 美元的秒杀费用（秒杀时间为 7 天）。

3. Best Deals

Best Deals 是一种可以持续 14 天的官方促销活动。与 Lighting Deals 不同的是，卖家不能自主申请 Best Deals，卖家需要联系自己的亚马逊招商经理进行 Best Deals 的申请。Best Deals 是一种免费的促销工具，而且其秒杀时间长达 14 天，所以申请参与 Best Deals 的卖家很多，竞争很激烈。

9.2 购买折扣

购买折扣是指卖家设置一定折扣的促销代码，在促销代码生效以后，卖家既可以将这些促销代码分享到自己的社交媒体上，又可以将这些促销代码放到与自己合作的站外 Deals 网站上，从而为自己的商品引流。购买折扣的设置方法如下。

（1）进入“促销”界面，单击“购买折扣”中的“创建”按钮，如图 9-2 所示。

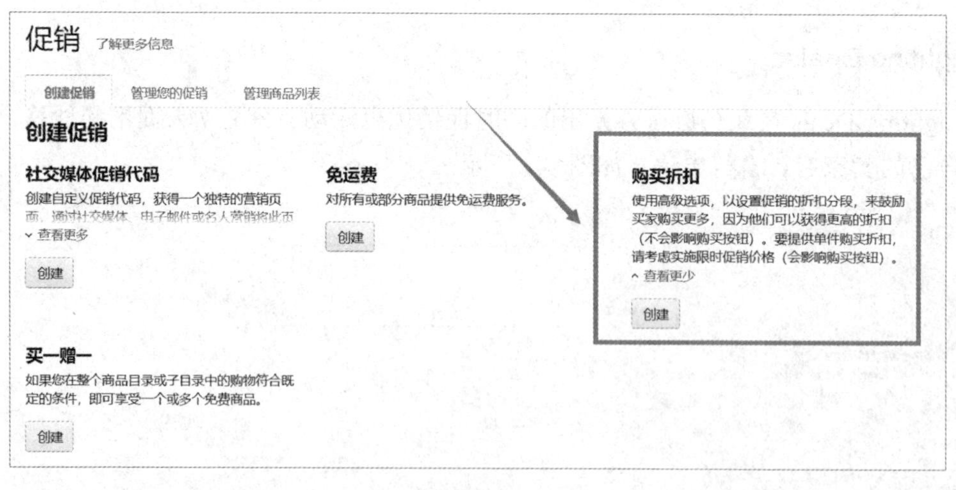

图 9-2

（2）选择促销条件，如图 9-3 所示。卖家还可以添加促销层级，即设置“购买数量越多，折扣就越大”的促销种类。

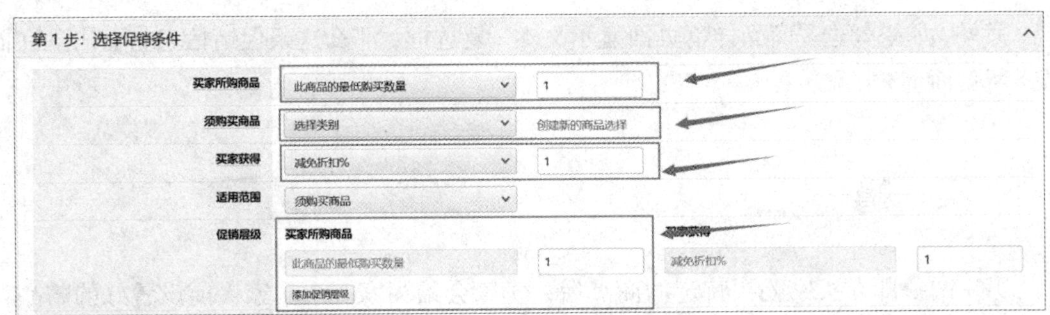

图 9-3

（3）设置促销时间，如图 9-4 所示。这里的“开始日期”以美国西部时间为准。“内部描述”主要用于卖家自己的运营管理，卖家可以根据自己的习惯将其设置为中文的。

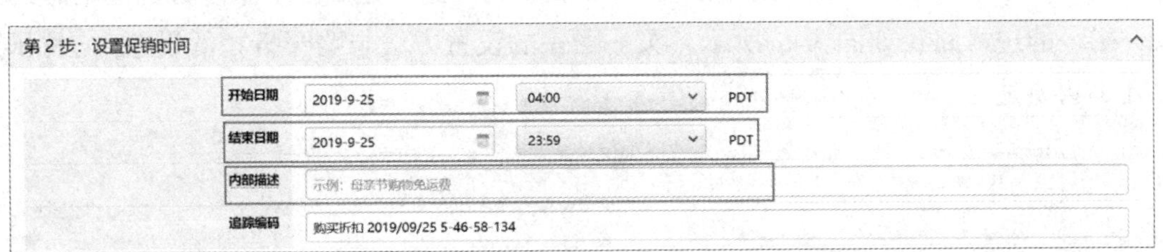

图 9-4

（4）设置促销代码的类型，如图 9-5 所示。“一次性”的促销代码只能使用一次，“无限制”的促销代码可以多次使用。但是，如果将“无限制”的促销代码放在促销网站或社交媒体上，卖家的库存可能会在短时间内被买空，卖家可能会因此蒙受巨大的损失，所以卖家在设置“无限制”的促销代码时要慎重，避免因为自己的失误而给自己带来巨额的经济损失。

图 9-5

另外，如果勾选“商品详情页面显示文本”复选框，那么这条促销信息将会出现在商品详情页面上。

9.3 买一赠一

买一赠一即在买家购买特定的商品后，卖家会给买家一个卖家提前设置好的赠品，但该赠品必须是在 FBA 仓库中已经存在的商品。买一赠一可以帮助卖家将其滞销的库存商品变为其他商品的搭售礼品，这样一来，买一赠一既能帮助卖家推广其新产品，又能帮助卖家清理其滞销的库存商品；既可以使卖家避免其某些商品因长期滞销而被征收长期仓储费，又可以帮助卖家提升其库存绩效。因此，买一赠一是一个一举多得的促销方式。买一赠一的进入路径如图 9-6 所示。买一赠一的设置方法与购买折扣的设置方法相同，此处不再赘述。

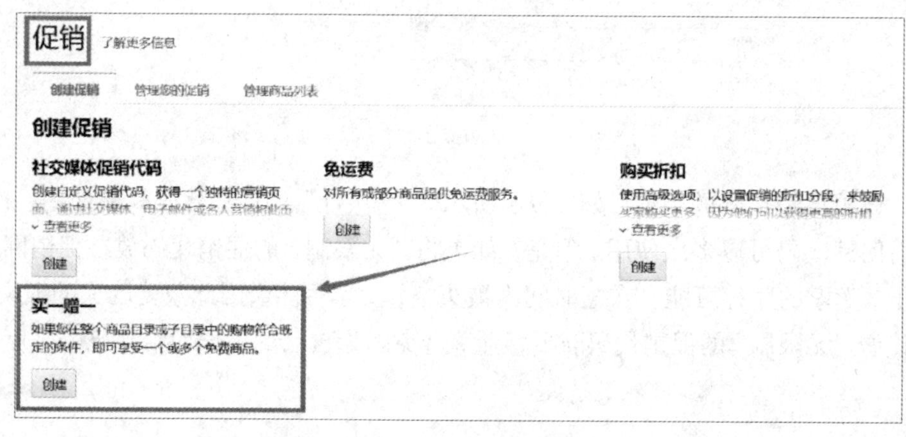

图 9-6

9.4 免运费促销

免运费促销主要针对自发货的卖家。卖家可以自行在卖家后台设置免除运费的条件，如买两件免运费等。另外，卖家还需要设置免除运费的形式，是快递免运费，还是平邮或其他方式免运费。卖家必须提前设置好这些条件，才能避免在后期的运营中与买家产生不必要的摩擦。

9.5　社交媒体促销代码

社交媒体促销代码的入口如图 9-7 所示。有些卖家由于不了解社交媒体促销代码的作用而忽视了它，这是不明智的行为。

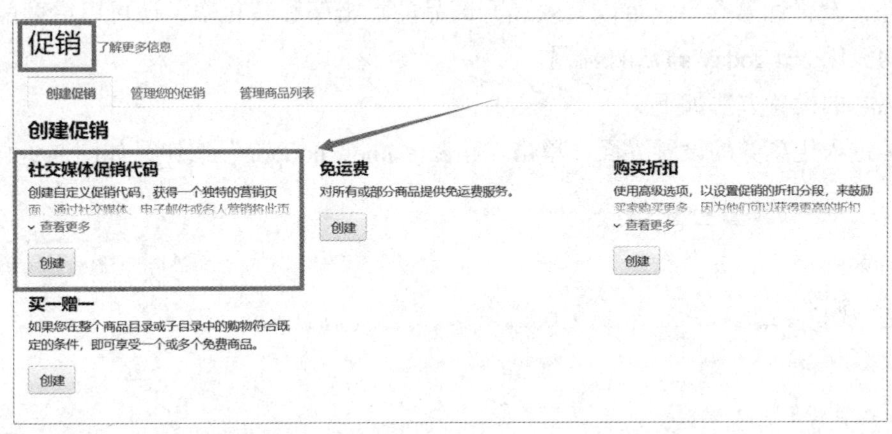

图 9-7

很多卖家选择在国外社交媒体或者站外 Deals 网站上进行站外推广，但这需要支付很多服务费。卖家若能熟练运用社交媒体促销代码，就可以节省很多费用，因为亚马逊官方会帮助卖家进行商品推广。

如图 9-8 所示，在设置社交媒体促销代码的过程中，“亚马逊影响者和联盟”复选框是默认勾选的，这代表只要这个商品的评分和折扣数额足够吸引人，这个商品就有很大可能被亚马逊进行联盟营销，这时这个商品的折扣信息就会通过亚马逊的各种合作渠道到达买家面前。而且联盟营销的推广力度相当大，对卖家清理滞销库存有很大的帮助。

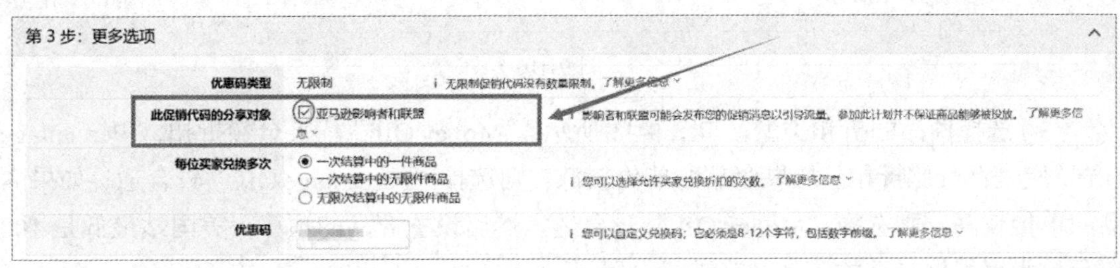

图 9-8

9.6 优惠券

优惠券（Coupons）是卖家使用较多的一种促销方式。折扣力度大的优惠券通常可以极大地提升商品的点击率和转化率。

另外，设置优惠券不仅可以有效提升商品的点击率和转化率，还可以给商品增加一个关键的流量——Today's Deals 流量。

优惠券的设置方法如下。

（1）进入优惠券的设置界面，单击“Create a new coupon”按钮，如图 9-9 所示。

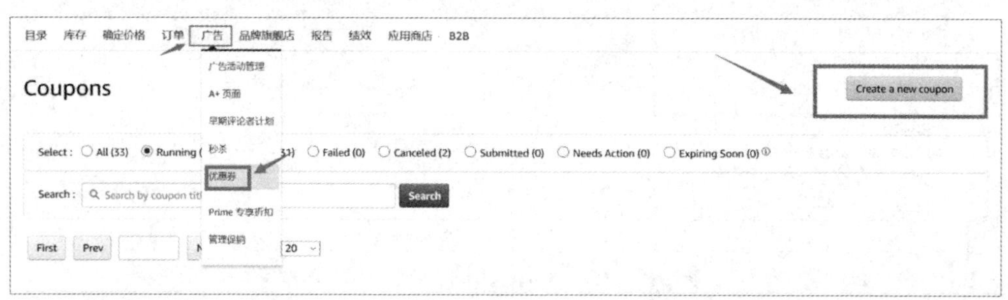

图 9-9

（2）选择要参加优惠活动的商品。通过输入 SKU 或 ASIN 进行查找，选定商品后单击“Continue to next step”按钮，如图 9-10 所示。

图 9-10

（3）选择商品的折扣类型。如图 9-11 所示，“Money Off ”代表金额折扣，“Percentage Off ”代表百分比折扣。如果商品的单价较低，则选择“Percentage Off ”较合适；如果商品的单价较高，则选择“Money Off ”较合适。然后设置商品的预算，美国站最低是 100 美元，卖家根据自己的商品策略进行设置。

（4）继续填写相关信息，如图 9-12 所示，首先为此优惠券取名，取名是为了方便卖家进行日常管理。“Target Customers”一般选择“All customers”。促销时间段一般的选择范围是 1 ~ 90 天。

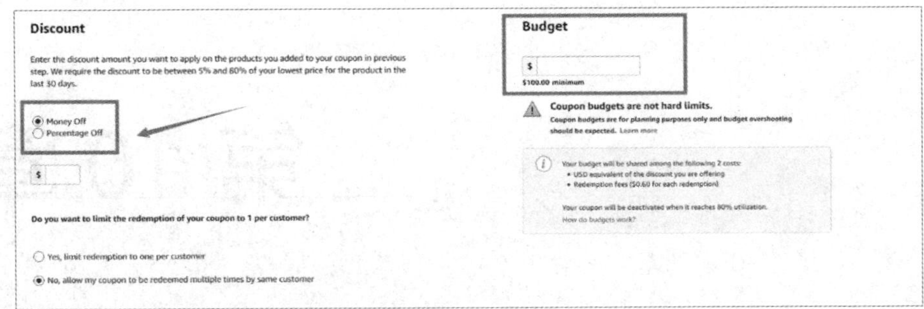

图 9-11

Coupon title (what customers will see)

For a more effective coupon title, choose a definition that accurately describes the product group you added to your coupon. Example: "Save 15% on hand sanitizers"

Save 12% on　Title Guidelines

Target Customers (optional)

You may choose to limit the audience of your coupon to one of the customer segments below. If you do not make a targeting selection, your coupon will be discoverable by all customers.

All customers
Amazon Prime members
Amazon Student members
Amazon Family members

Schedule

Select a duration for your coupon between 1-90 days.

Start Date

End Date

图 9-12

（5）填写完以上信息之后，就会进入本次促销活动的详情预览界面，如图 9-13 所示。卖家要仔细核对相关信息，确认无误后单击“Submit coupon”按钮进行促销活动的提交。

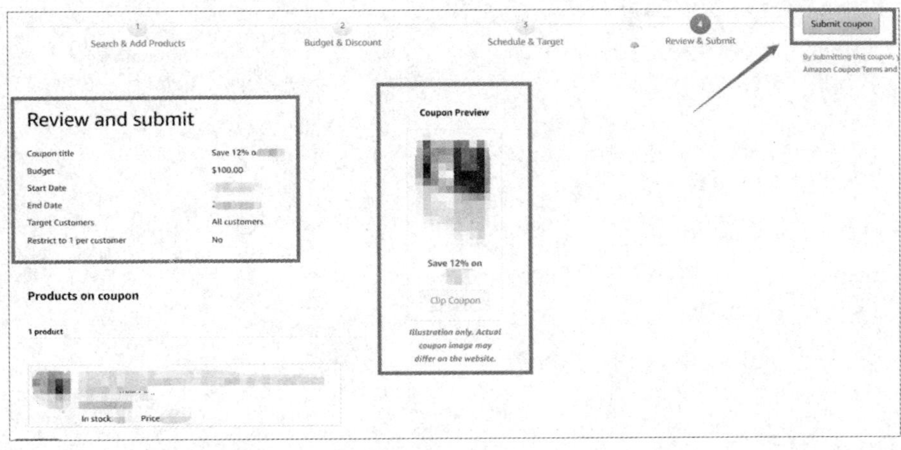

图 9-13

第 10 章

产品评论和买家反馈

10.1　产品评论详解

10.1.1　产品评论的内涵

产品评论是亚马逊平台的买家对卖家特定产品的点评记录，以前系统显示为“reviews”，自 2019 年 9 月起，显示内容更新为“ratings”，如图 10-1 所示。

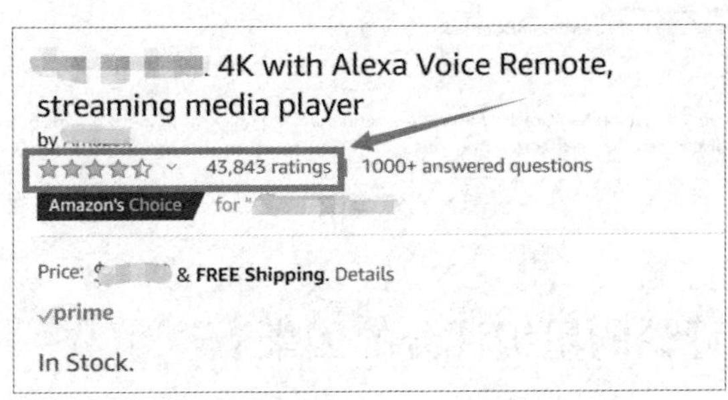

图 10-1

亚马逊平台的买家对产品评论的数量和质量非常看重，这和我国的电商平台十分相似，但是亚马逊平台的留评政策与我国的电商平台有着巨大的差异，在亚马逊平台上，没有买过某产品的买家也可以在该产品的下方留下自己的评论，前提是这个买家在亚马逊平台上的年消费金额达到了亚马逊平台规定的金额。但是这样的买家留下的评论是没有“Verified Purchased”（验证购买）标志的，这种没有标志的评论就是我们常说的直评。

实际购买了某产品的买家留下的评论称为 VP Review，即真实购买过的评论。这种评论才是产品真正需要的转化利器。另外，亚马逊平台还会根据买家的级别为排名前端的某些买家账户标注买家标签，如 VINE VOICE（见图 10-2）、TOP ××REVIEWER（见图 10-3）、Top Contributor（见图 10-4）。

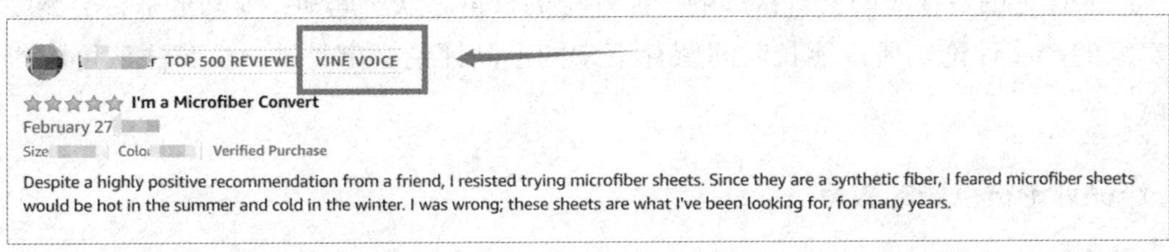

图 10-2

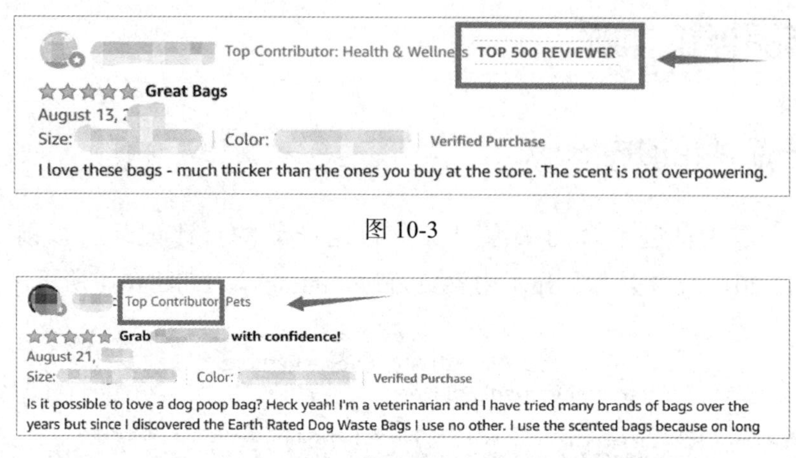

图 10-3

图 10-4

10.1.2 影响产品评论的星级评分的因素

产品评论的星级评分的基本原理是 Positive（正面）和 Negative（负面）相加，再根据 A9 算法进行加权平均，最后得出产品评论的星级得分。那么究竟有哪些因素会影响产品评论的星级评分呢？

1．买家账户的质量

买家账户的质量是影响产品评论的星级评分的重要指标。有的卖家表示，自己的产品 Listing 有几十个五星好评，评分达到 4.8 分，但是突然来了一个差评，自己的评分就掉到了 3.8 分。原因可能是这个留差评的买家是自然买家，其账户质量很好，而那些留五星好评的买家账户大多数是低权重账户。

2．产品评论的留存时间

产品评论的留存时间会直接影响产品评论的权重。众所周知，亚马逊平台会删除违规卖家的产品评论。所以能长时间留存下来的产品评论必定是被 A9 算法认可的产品评论。

3．产品评论被点赞的数量

被点赞数量多的产品评论的权重会较大，会被排在前面。这就是很多服务商“首页无差评”服务的重要理论来源。

当然，这个权重要在相同的比较环境中才有意义，如果两条产品评论的其他权重基本相等，那么被点赞次数多的产品评论会被排在前面。

4．产品评论的字数及内容

A9 算法一方面可以检测虚假产品评论，另一方面可以帮助产品评论进行星级评定。所以评论字数及内容都不错的产品评论，势必在星级评定中占据一些优势。例如，很多大卖家的产品 Listing 中的产品评论，排在前面的产品评论内容都很丰富，不仅有照片，还有视频，点赞的数量也很多。这样的产品评论对提升产品的转化率十分有利。

10.1.3　对差评的处理方法

每个卖家都不希望自己的产品出现差评，因为差评会影响产品的转化率。更为严重的是，如果某款产品在短时间内收到大量差评，该产品可能会被亚马逊平台审核。因此，差评带给卖家的影响是很大的。

既然差评的影响这么大，那么在收到差评时，卖家应该如何处理呢？

1．主动联系买家

主动联系买家是最直接但也是风险最大的一种处理差评的方法。它是指卖家通过亚马逊的站内信或者是站外邮箱直接联系买家，向买家说明自己的诚意和解决方案，以此来说服留下差评的买家，最终达到删除差评的目的。但是亚马逊的卖家服务条款中明确规定此类行为是违规行为，很多卖家也因此被移除了销售权，所以卖家在联系买家时要注意自己的语气和措辞，切不可过于直白。

2．联系亚马逊客服进行删评

如果卖家收到的差评中含有侮辱性话语、个人隐私或其他亚马逊平台禁止的语句，卖家可以联系亚马逊客服将其删除。另外，如果卖家收到的差评不是关于产品本身的，而是关于物流和客服的，那么对使用 FBA 服务的卖家来说，这样的差评被删除的概率也是很大的。

3．利用好评来降低差评带来的不利影响

如果以上两种方法都行不通，卖家可以适当地为自己的产品增加一些好评，利用好评来降低差评带来的不利影响。

4．对差评进行解释

如果无法删除差评，那么卖家应对差评的内容进行解释，以降低差评带来的不利影响。

10.1.4　产品评论是亚马逊平台的红线

亚马逊平台会关闭违规的卖家账户，而这些卖家账户被关闭的原因中，操控评论占比很大。

一旦某个卖家账户被亚马逊系统识别为评论异常，该卖家账户就会被亚马逊平台进行审核。而这些被纳入审核名单的卖家账户，大多数都存在不规则运营的行为，所以这些卖家账户大多数会被关闭。可以说，产品评论是亚马逊平台的红线。

亚马逊平台拥有一套完善的算法程序，这套算法程序可以模拟各类的真实交易情节。也正是依赖这套算法程序，亚马逊平台才能识别出卖家的各种违规行为并予以严厉打击。亚马逊平台打击卖家的违规行为的方式，除了关闭卖家账户和删除卖家的产品 Listing，还有删除卖家的产品评论，而且通常是只删好评，不删中评和差评。在获取产品评论的难度越来越大的今天，卖家想要积累一定数量的好评实属不易，卖家一旦违规，其产品评论就会在短时间被亚马逊平台删除，卖家不得不重新打造产品。因此，在亚马逊平台的政策日益收紧的大环境下，卖家在获取产品评论上要坚持合规运营。

10.2　买家反馈详解

1．买家反馈的概念

买家反馈（Feedback）是亚马逊平台的买家对卖家店铺的评价，如图 10-5 所示。

买家反馈的数量和质量通常是衡量一个卖家实力的重要指标。虽然亚马逊平台有着“重产品、轻店铺”的特点，对卖家来说，买家反馈的重要性远远不及产品评论，但是买家反馈也是十分重要的衡量标准，卖家不能忽视它。在进行站外促销推广时，目前一些主流的促销网站基本都会对卖家的店铺进行筛选，而拥有 1000 条买家反馈通常是店铺入选的要求之一，所以买家反馈数量不足的店铺无法在这些主流促销网站上推广自己的产品。

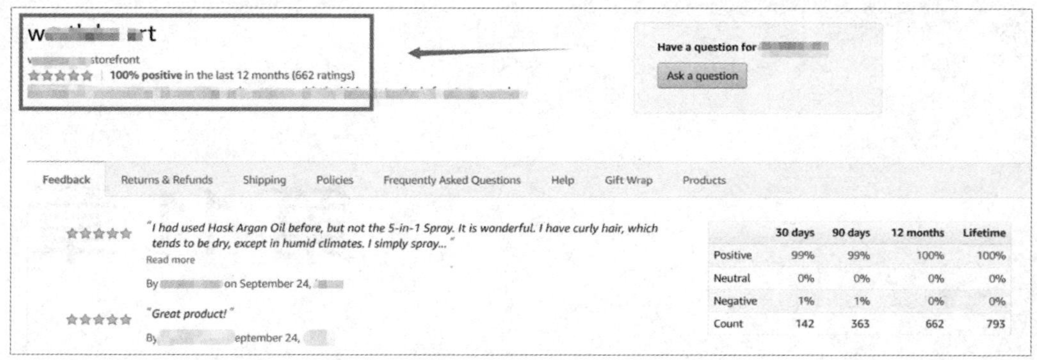

图 10-5

2．买家反馈与产品评论的区别

买家反馈与产品评论虽然都属于亚马逊的客户评价系统，但是二者存在着明显的区别。

（1）针对的对象不同。

买家反馈针对的是产品的物流和服务水平，如果买家反馈中出现对产品本身的评价，那么卖家可以在卖家后台直接申请删除这条买家反馈，删除的成功率较高。产品评论针对的是产品本身，如果产品评论中出现了对产品物流或服务水平的评价，卖家也可以联系亚马逊客服进行删除，但删除的成功率较小。

（2）留评者的资格不同。

产品评论的留评者既可以是购买这款产品的买家，又可以是没有购买这款产品的买家（年消费金额达到亚马逊平台规定的金额的买家可给所有产品留评）。买家反馈的留评者必须是购买了这款产品的买家。

（3）影响的方面不同。

买家反馈中如果出现大量的负面反馈，则会极大地影响卖家账户绩效指标中的订单缺陷率，甚至可能影响卖家账户的安全。产品评论不会对卖家账户造成影响，产品评论中的差评只会对单个产品的权重产生影响，但短时间内的大量差评会降低产品的转化率。

第 11 章

跟卖及其应对对策

11.1　跟卖

1．跟卖的概念

跟卖是指卖家上传新产品时不是自己创建新的产品 Listing，而是通过目标产品的 Product Name、UPC、EAN 或 ASIN，搜索出该目标产品，并将自己的产品挂在他人的产品 Listing 下进行售卖。跟卖可以说是一种“坐享其成”的销售方式。

2．跟卖对卖家的危害

每个产品 Listing 能获得的流量是有限的，如果你的产品被跟卖，跟卖者的 SKU 就会分走你的产品 Listing 的一部分流量。如果跟卖者恶意跟卖，通过恶意降低价格来进行购物车的抢夺，这时你的产品 Listing 的流量就可能全部被跟卖者抢走。如果购物车长期被跟卖者占据，该产品 Listing 的编辑权也有可能被跟卖者抢走。这时，你辛苦打造的产品 Listing 可能就会脱离你的掌控，你所投入的时间和金钱也都会付之东流。甚至有些恶意跟卖者将一些假冒伪劣产品发给买家，导致买家在你的产品 Listing 中留下差评。

3．跟卖存在的理论依据

跟卖的存在是有理论依据的。当卖家在卖家后台创建了一个产品 Listing 时，这个产品 Listing 的所有权就不再属于卖家，而属于亚马逊平台了，卖家所拥有的仅仅是这个产品 SKU 的所有权，这也是卖家有时不能修改产品 Listing 而要向亚马逊客服申请修改的原因之一。如果一个产品被跟卖，那么 A9 算法会通过一系列的计算来决定将购物车分配给哪个 SKU。就购物车的分配规则来说，一般情况下低价的 SKU 会获得购物车。

4．跟卖不被禁止的原因

（1）对买家而言，跟卖利大于弊。

跟卖对买家而言无疑是有利的，亚马逊平台允许跟卖存在的初衷无非是鼓励同一品牌下的各个经销商进行让利比赛，谁的价格低谁就可以暂时获得购物车。亚马逊平台期望以此种模式来降低平台上的产品价格，促使卖家通过竞争将更多的利润让给买家，从而增加平台对买家的吸引力。所以，跟卖可以促使卖家降低产品价格，可以鼓励卖家提升其服务质量，使买家获益。

但是，一些恶意跟卖者会借机销售假冒伪劣产品，从而给买家带来不良的购物体验，并浪费买家的时间和精力。但这或许是跟卖对买家造成的唯一不利影响。因此，对买家而言，跟卖利大于弊。

（2）对亚马逊平台而言，跟卖是鼓励卖家进行良性竞争的一种方式。

对亚马逊平台来说，跟卖功能可以合并平台上类似的产品 Listing，让买家在搜索产品时有更精确的选择和更大的搜索覆盖面，从而节约买家的挑选时间，提升买家的购物体验。

另外，如果一个产品 Listing 中存在多个产品，这时 A9 算法会将这些产品进行有序排列，排在首位的产品会获得购物车。因此，跟卖可以促使卖家进行良性竞争，促使卖家不断地提升其产品的质量得分和降低其产品的价格，最终将最优质的产品提供给买家。所以，对亚马逊平台来说，跟卖是一种利大于弊的行为。

11.2 跟卖的应对对策

11.2.1 被其他卖家跟卖的应对对策

1. 注册商标并进行品牌备案

无论做传统贸易，还是做电商，卖家都应将目光放得长远一些。如果不从长远的、全局的角度考虑问题，通常在短期内也不会有大的成就。所以卖家从入驻亚马逊平台开始就要树立品牌运营的思路，让自己的产品在品牌的保护下实现生存和发展。可能有些卖家会说，我现在没有足够的资金和精力去进行品牌运营。其实这种说法并不成立，因为在品牌运营的前期，卖家并不需要投入过多的资金和精力，只需要按照自己产品的特点和类目注册相应的商标，在拿到商标注册证书之后卖家的店铺就可以进行品牌备案了。这时卖家已经迈出了品牌运营的第一步，之后卖家可以根据自己的运营阶段和资金实力来慢慢进行品牌运营。

拿到商标注册证书的卖家就拥有了商标权利人身份，而以商标权利人身份投诉跟卖者可以有效制止跟卖者。下面详细介绍以商标权利人身份投诉跟卖者的方法。

（1）进入商标权利人投诉界面，如图 11-1 所示。

（2）将页面下拉，进入资料填写界面，如图 11-2 所示。选中“Rights Owner”（权利所有者）单选按钮，在“The primary complaint pertains to”下拉列表中选择第二个选项，如图 11-3 所示。

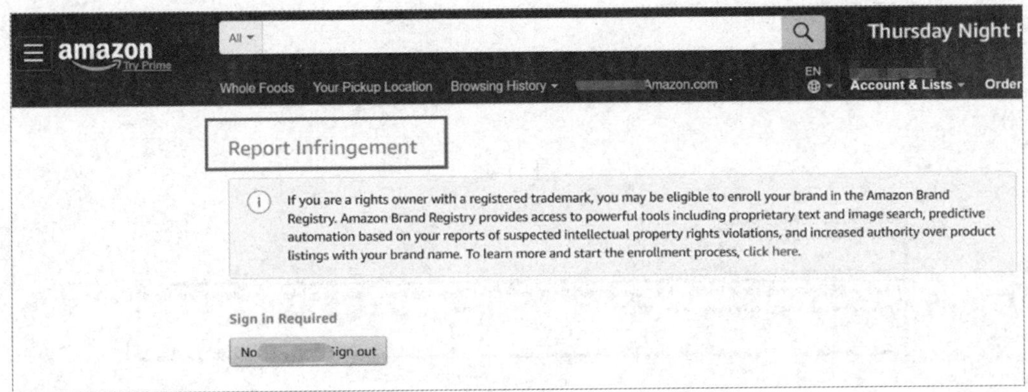

图 11-1

Allegation of Infringement
Are you the Rights Owner or an Agent?
Rights Owner　Agent
The primary complaint pertains to
copyright concerns - unauthorized use of copyrighted material such as text, photos,...
The specific concern is
the physical product or its packaging includes unauthorized copyrighted content or...
Name of Brand

图 11-2

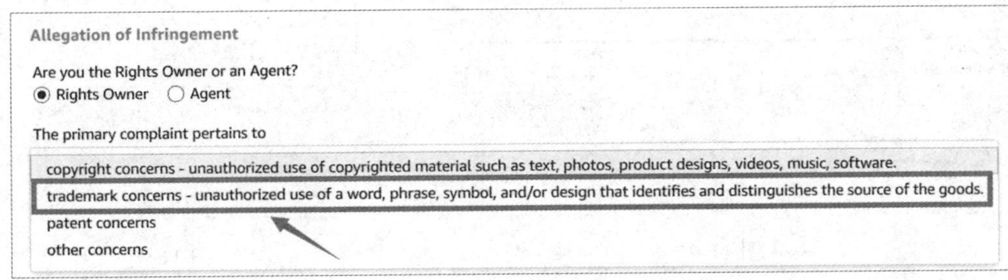

图 11-3

（3）在“The specific concern is”下拉列表中选择第二个选项，即告诉亚马逊平台这是假冒伪劣产品，如图 11-4 所示。第一个和第三个选项也可以选择，但是选择第二个选项的效率更高，因此建议选择第二个选项。

（4）填写自己的商标注册号码，如图 11-5 所示。注意，这里的商标必须是已经拿到商标注册证书的商标。

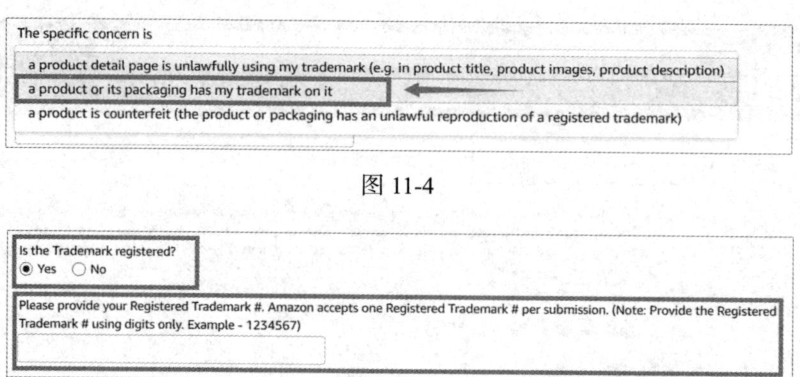

图 11-4

图 11-5

（5）输入你要投诉的产品，即输入你被跟卖的产品的链接。在“Scope”下拉列表中选择“Specific sellers”选项。这一步非常关键，很多卖家遗漏了这一步，导致产品 Listing 被下架，自己的产品也被强制删除了。然后在左下方选择你要投诉的卖家，如图 11-6 所示。

（6）填写你的个人信息与通信方式，如图 11-7 所示。填好之后可直接提交，通常提交投诉 2 ~ 8 小时后跟卖者会被清除。

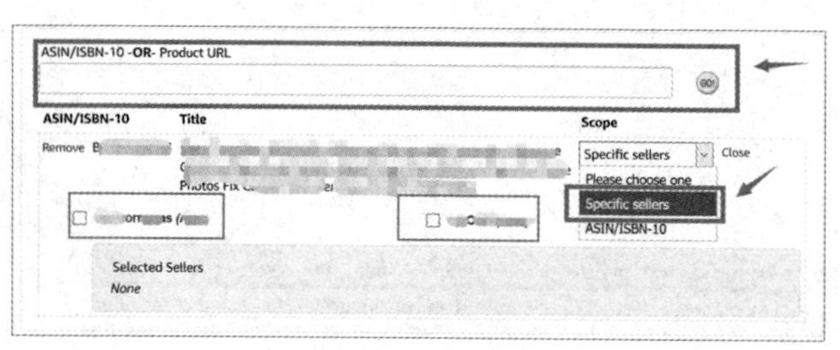

图 11-6

图 11-7

2．对跟卖者进行邮件警告

在被跟卖时，很多卖家选择“以和为贵”的解决方式，首先向跟卖者进行邮件警告，邮件的内容可以中英文并行，这样可以保证跟卖者都能读懂邮件。邮件警告的方法：进入跟卖者的店铺，单击“Ask a question”按钮，向跟卖者发送警告邮件，如图 11-8 所示。但是随着专业跟卖者的涌现，邮件警告所起的作用越来越小。

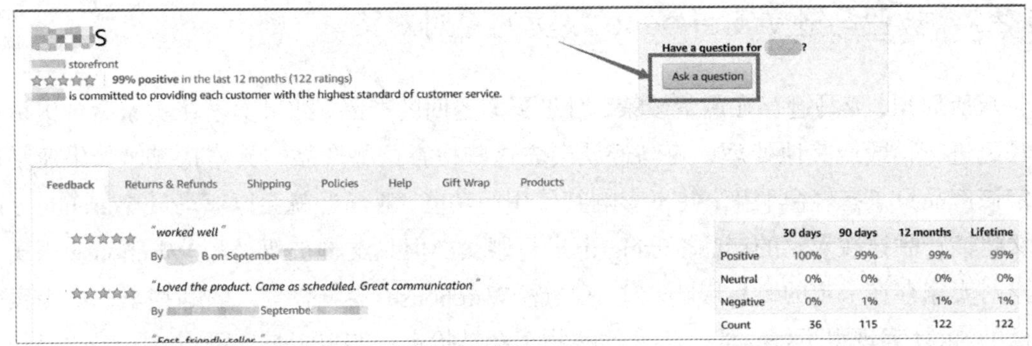

图 11-8

3．加入亚马逊透明计划

亚马逊透明计划是亚马逊官方推出的打击假冒伪劣产品、保护品牌卖家利益的一项计划。加入亚马逊透明计划的产品会被贴上一个二维码标签，每个二维码标签都是唯一的。卖家在自己的卖家后台上传产品时，系统会分配相应的二维码给每个要上传的产品，没有张贴该二维码标签的产品是无法进行产品上传和入库的，这就从源头上阻止了跟卖者的跟卖行为。同时，买家在购买到加入亚马逊透明计划的产品时，可以用手机扫描该二维码，这时产品的生产日期、有效期、原材料等信息就会显示出来，这对买家了解产品和卖家构建产品品牌形象都具有很大的作用。

但是加入亚马逊透明计划的卖家必须是完成品牌备案的卖家。同时，加入亚马逊透明计划是要付费的，具体的费用与卖家购买的二维码的数量有关，一次性购买的数量越多，二维码的单价就越低。

4．加入亚马逊独家销售计划

亚马逊独家销售计划也是亚马逊官方推出的对特定品牌卖家进行保护的计划。卖家在加入亚马逊独家销售计划之后，可以享受到亚马逊官方提供的专业团队的支持。该专业团队可以为卖家提供专业的品牌保护计划，帮助卖家快速地删除所有跟卖者的产品，所以亚马逊独家销售计划是阻止跟卖者的跟卖行为的一大利器。

亚马逊独家销售计划也是收费的，卖家可以根据自己的经济实力选择是否加入。另外，亚马逊独家销售计划还有一定的加入门槛：①必须是使用 FBA 服务的卖家；②卖家店铺的各项绩效要达到亚马逊平台的规定；③卖家的店铺必须完成品牌备案。

11.2.2 被亚马逊 Warehouse 跟卖的应对对策

众所周知，亚马逊存在退货政策，对于买家退回的产品，如果卖家在卖家后台申请由亚马逊进行销毁或其他处理，亚马逊就会先这些检查这些产品的具体状况，如果亚马逊认定该产品只是有轻微瑕疵，并不影响其使用等功能，亚马逊就会以亚马逊 Warehouse 的名义将该产品挂在卖家的产品 Listing 下进行跟卖。但是这种被亚马逊 Warehouse 跟卖的情形对卖家存在一定的不良影响：①亚马逊 Warehouse 会争夺卖家的购物车，如果卖家自己的 SKU 表现得不好，那么卖家的购物车会被抢走；②由于是二手产品，因此亚马逊 Warehouse 跟卖的产品质量存在着很大的不确定性，如果买家收到了不合格的产品，会将差评留在卖家的产品 Listing 中。

那么卖家在自己的产品被亚马逊 Warehouse 跟卖时该如何应对呢？可采用以下两种方法。

（1）制止亚马逊 Warehouse 跟卖行为最有效的方法是让亚马逊拿不到卖家的产品，这需要在卖家后台更改亚马逊的默认设定，让买家退回的产品和仓库损坏的产品直接寄给卖家。具体的设置路径：卖家后台→设置→亚马逊物流→翻新设置，进入“翻新设置”界面，将“翻新不可售的买家退货”禁用即可，如图 11-9 所示。

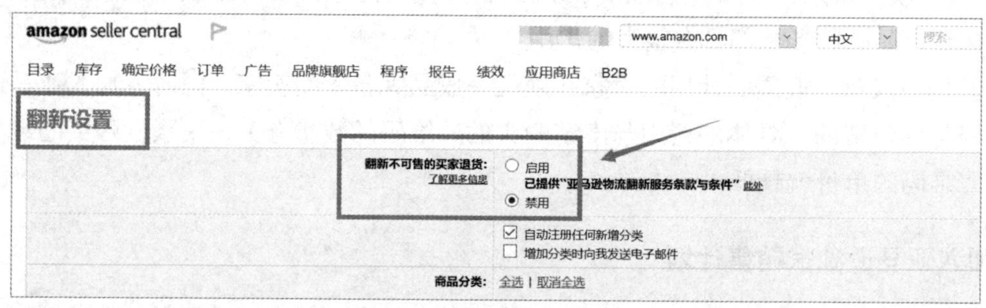

图 11-9

但是这里有一点要注意，将产品从美国寄回中国的运费非常高，为了解决这一问题，卖家可以与海外仓合作，将买家退回的产品暂时存入与自己合作的海外仓，待产品积累多了再将产品重新贴标上架。

（2）另一种方法是卖家将亚马逊 Warehouse 跟卖的产品全部买下，并将这些产品寄回与自己合作的海外仓进行重新贴标上架。因为有时亚马逊 Warehouse 的低价跟卖会对卖家参与秒杀活动造成影响，甚至还会抢走卖家的购物车，浪费卖家的广告费。

第 12 章

亚马逊站外引流

12.1 站外引流的概念和前提

1. 站外引流的概念

站外引流，顾名思义，就是将亚马逊站外的客户通过一定的方法吸引到亚马逊站内。站外引流一直都存在于跨境电商行业，随着站内流量日渐紧张，站外引流逐渐被推上了一个新高度，有的卖家甚至将站外引流作为其店铺运营的一大重心。

2. 站外引流的前提

站外引流的目的是将客户引入自己的店铺并购买自己的产品。如果卖家的站外引流方法错误，或者卖家选择的引流平台不适合自己的产品，那么卖家可能会成功地引入大量流量，但并不会提升自己产品的销量，反而会拉低自己产品的转化率，导致自己产品的排名降低。因此，站外引流的前提是要进行精准引流，引入精准流量，因为这些客户不仅会仔细浏览卖家的产品 Listing，还可能会购买卖家的产品，而这些操作都会使卖家的产品权重受益，使卖家的产品排名得到提升。

12.2 站外引流的主要平台

12.2.1 国外社交媒体

在国外，大多数网购者都是社交媒体参与者，他们在社交媒体上分享自己的生活和工作，这个商机被卖家抓住并利用，因此社交媒体营销逐渐开始火爆，越来越多的卖家意识到社交媒体的巨大作用，开始将自己的产品推向各大社交媒体。

目前，世界上主流的社交媒体，社交类的有 Facebook、Twitter，图片类的有 Instagram，视频类的有 YouTube。这些社交媒体的流量巨大，而且其用户多为喜欢分享、购买能力较强的成年群体，如果卖家能将自己的品牌通过视频、图片等形式在这些社交媒体上进行推广，那么卖家的品牌吸引力将得到极大的提升。

卖家可以自己注册并精心培育自己的社交账户，等到时机成熟时就可以试着进行小型的推广。卖家也可以通过站外推广服务商进行推广，现在站外推广服务商的数量众多，卖家可以根据自己的产品定位和品牌推广策略，选择适合自己的站外推广服务商。

12.2.2　Deals 网站

站外引流的另一个主要平台是 Deals 网站。这些网站通过长期的大幅促销和让利，吸引了很多忠实的买家。如果你的产品想在短期内提升销量，那么 Deals 网站将是你的不二选择。目前，亚马逊美国站的 Deals 网站主要有 Slickdeals、Kinja、Deals News 等，这些网站都有各自的发帖门槛，适合不同实力的卖家进行选择性推广。欧洲各大亚马逊站点所在国也基本都有本国的主流 Deals 网站，卖家在确定网站的特色符合自己的产品风格后可以先进行实验性的推广。

但是在 Deals 网站做推广，优点和缺点都是非常明显的。在 Deals 网站做推广的优点毋庸置疑，即它可以大幅提升产品的销量和转化率，从而提升产品的排名。但是很多 Deals 网站都有最低的折扣限制，如很多网站的最低折扣为 50%，而当前亚马逊平台上利润率能达到 50%的产品为数不多，这就意味着卖家的这些销量基本都是在赔本赚吆喝，这对卖家的资金链和供应链实力都是巨大的考验。

另外，在 Deals 网站进行推广的折扣也不宜设置得过低，因为过低的折扣可能会引来恶意跟卖，即跟卖者将折扣很低的产品全部买下，并将买到的产品直接挂在卖家的产品 Listing 中进行跟卖，从而抢走卖家的购物车。

12.2.3　Google

Google，中文名称：谷歌，是全球十大搜索引擎之一，在很多国家牢牢占据搜索引擎的首位。Google 的网站流量巨大，Google 每天要处理几十亿条搜索请求，因此我国很多大卖家将 Google 作为自己站外引流的主要平台。

Google 推广目前用得比较多的是 Google Ads（谷歌广告）推广，广告的设置方式和内容都很简单，卖家可以根据自己的具体需求设置自己的目标区域、每日预算、投放时间等，设置完成后，卖家的 Google Ads 就会出现在卖家的目标平台上。

第 13 章

卖家账户被关闭的原因及申诉

13.1　卖家账户被关闭的原因

作为卖家，谁都不希望自己的账户被关闭，因为这意味着自己对这个账户所有的投入都将付之东流。但是一些心怀“赚快钱”思想的卖家期望在短时间内通过亚马逊平台获取丰厚的利润，于是这些卖家通过一系列的“非常规手段”打造出一个个“火爆”的产品，这就导致很多卖家账户被关闭。以下总结了一些卖家账户被关闭的原因。

1．操控评论

前文已经说过，在卖家账户被关闭的原因中，操控评论占比最大。亚马逊平台通过自己的算法监测评论，而在这些算法逻辑中，买家的质量和购物环境是关键性的因素之一。当存在大量不良购买记录和留评记录的买家购买并评价了你的产品时，你的卖家账户就会被亚马逊系统记录下来，而当你的卖家账户屡次出现这样的情况时，你的卖家账户就面临着被关闭的命运。

2．账户关联

账户关联也是导致卖家账户被关闭的原因之一。账户关联导致的卖家账户被关闭主要有两种情形。一种情形是多个关联账户中的所有账户都是正常运营的，但是亚马逊系统监测到了同一个卖家名下有多个卖家账户，这时亚马逊平台会让卖家自己决定留下哪个账户，并关闭卖家的其他账户。

另外一种情形是同一个卖家的名下有多个卖家账户，其中的一个账户由于种种原因被关闭了，而亚马逊系统监测到该卖家名下的其他账户与这个被关闭的账户存在一定的关联，那么该卖家名下的其他账户也会被关闭。这样的情形比较少见。

3．违反销售政策

违反销售政策的原因有很多种，其中最常见的是销售亚马逊平台限制销售的产品，或者卖家销售的产品可能对买家造成人身伤害、包含一些误导性的词语等。一般亚马逊平台在这些产品的上架过程中会通过类目审核等方式对这些产品进行排查，但是不能排除一部分产品在通过类目审核并上架之后才出现相关的问题。由于这个原因被移除产品链接的情况较多，被直接关闭卖家账户的情况较少，但是卖家在这一点上也不可以掉以轻心。

4．账户绩效超标

账户绩效是卖家在日常运营过程中要经常关注的事，一旦发现账户绩效超标，就要及时进行处理。账户绩效超标主要是账户的订单缺陷率和商品政策合规性超标。卖家想要防止这两个问题发生，就要严把产品的质量关和确保自己的产品不侵权。做到这两点，就可以基本防止账户绩效超标的问题发生。

5．滥用变体政策

为了方便买家购物，亚马逊平台将相同性质不同型号或颜色的产品以变体的形式放置在同一个产品界面中，这些产品可以共享产品评论和问答等信息。但这样的“搭顺风车”的方式也让很多卖家投机取巧，把很多不相关的产品通过表格上传的方式进行强行合并，这不仅扰乱了亚马逊平台的产品秩序，还给买家的购物带来了不便，所以亚马逊平台从 2018 年起开始大力整治这种滥用变体政策的行为。在亚马逊平台上，只有产品型号和颜色的变体是被允许的，当卖家的产品不是因为型号或颜色的差异而设置变体时，卖家的行为就属于滥用变体政策的行为，这种行为极有可能导致卖家账户被关闭。

6．被恶意投诉

被恶意投诉也是导致卖家账户被关闭的原因之一。在亚马逊平台上，有些卖家为了独占某个产品类目而故意抹黑竞争对手，甚至恶意投诉竞争对手，导致竞争对手的卖家账户在短时间内收到了大量的退货、差评、亚马逊商城交易保障索赔，从而导致竞争对手的卖家账户被关闭。如果你的卖家账户因为这个原因被关闭了，你需要做的就是准备资料来自证清白。

13.2 卖家账户被关闭后的申诉

13.2.1 卖家账户被关闭后的申诉方法及注意事项

1．申诉方法

如果卖家账户被关闭，而卖家没有违规操作，卖家可以向亚马逊官方进行申诉。据相关数据统计，被误关闭的卖家账户的申诉通过率非常高。

如果卖家确实存在违规行为，就要准备申诉邮件回复亚马逊官方邮件。在申诉邮件中，卖家要实事求是地将自己的违规行为一一列出，并表明自己改进的决心和计划，以求得亚马逊官方的原谅。还要尽量将改进的时间和效果具体化。切忌说与申诉主题无关的内容。

2. 注意事项

（1）资料要准备齐全，申诉期限要牢记。卖家在撰写申诉邮件时要将亚马逊官方邮件中要求的资料准备齐全，因为亚马逊客服回复申诉邮件的次数是有限制的。另外，卖家认为对自己的申诉有帮助的材料也可以发给亚马逊客服。此外，申诉一般都有一定的期限，卖家要在亚马逊官方邮件规定的期限内回复，错过了规定的期限，此次申诉就会自动关闭。

（2）确定自己的账户被关闭的原因，明确如何才能恢复自己的账户，以及亚马逊官方要求自己提供的 POA（Plan of Action，行动计划），避免自己的申诉方式无效和申诉邮件词不达意。

卖家一般有两次申诉机会，第一次申诉只要认真准备，通过的概率要远远大于第二次申诉，所以卖家一定要把握好这第一次申诉机会。卖家要在一切准备就绪之后再发送申诉邮件，切不可随意撰写申诉邮件然后草草地发过去。

13.2.2　申诉邮件的模板

下面是一封成功通过申诉的申诉邮件，可供需要进行申诉的卖家参考。但要注意，卖家账户被关闭的原因有很多，卖家要根据不同的原因撰写不同的申诉邮件，绝对没有所谓的“万能模板”可供卖家使用。这封申诉邮件只是给卖家提供一个思路，指导卖家如何有针对性地准备自己的申诉邮件，至于申诉邮件的具体内容，卖家还要自己构思和编辑。

Dear seller support

Today we received a notice from Amazon saying that our selling privilege has been removed because we sold counterfeit products. I immediately check all the listings that Amazon mentioned.

First of all, as a seller who just sold on Amazon for a short time, we lacked awareness of Amazon rules and did not understand Amazon's rules very well.

Secondly, as the listings stated by amazon, we don't know that this product is with its own brand, to this point we acknowledge it is our fault. I have deleted all the listings mentioned above and will never sell it again.

Through my account seller rating and customers feedback, we think Amazon should be able to recognize that we are a good seller with good product quality. We never got customer complaints and bad reviews. we hope that Amazon can take this into consideration.

If you can give us a chance, our plan of actions are as follows:

1. Thoroughly, we will see through all the policies and rules about selling on your platform.

2. We will carefully check the listings in our account to see if there has some SKU which do not meet your requirements. Once found, they will be deleted immediately and will not be sold again.

3. We will check all the products we've been sold, any complaints or product issues we will solve them in proper way within 12h in favor of the customer's right.

4.For new products that will be selling later, if there is any uncertain information, I will immediately consult Amazon rather than blindly sell it.

I hope that Amazon can provide us with a chance to change again. We will do our best to work on Amazon's sales in the future with the utmost effort and the most serious attitude.

Look forward to your reply

The most sincere greetings

第 14 章

卖家账户的绩效指标及维护

卖家账户的安全和稳定运营对卖家来说极其重要，而卖家账户的安全和稳定运营的前提之一就是卖家账户的绩效要达到亚马逊平台规定的最低标准，否则，轻则需要进行限期整改，重则影响卖家账户的生死存亡。

“账户状况”界面如图 14-1 所示。卖家账户的绩效指标包括客户服务绩效、商品政策合规性、配送绩效，以及新加入的买家之声，这几个指标构成了卖家账户的绩效评价体系。下面逐一介绍其中的内容。

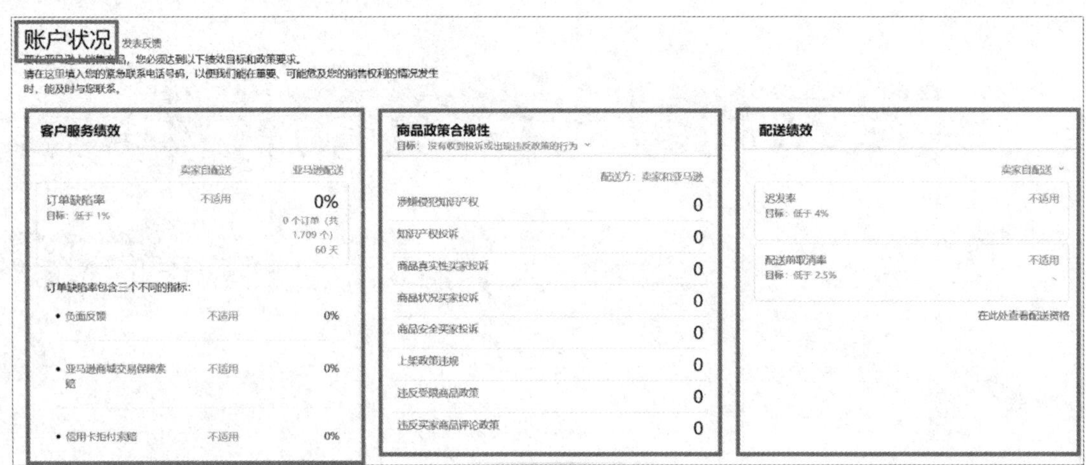

图 14-1

14.1 客户服务绩效

在影响卖家账户绩效的指标中，客户服务绩效是影响最大的指标，而客户服务绩效又主要由订单缺陷率构成，所以想要做好客户服务绩效，有效降低产品的订单缺陷率是关键的一步。订单缺陷率是在一定时期内存在缺陷的订单数和总订单数的比值，亚马逊官方对订单缺陷率的要求是不得高于 1%。订单缺陷率包含 3 个指标：负面反馈、亚马逊商城交易保障索赔、信用卡拒付索赔，如图 14-2 所示。

1. 负面反馈

负面反馈是指三星以下的反馈。亚马逊平台有两套相互独立的评价系统，即针对商品本身的商品评论系统和针对物流和客服的买家反馈系统。如果卖家店铺的买家反馈中存在对商品本身的评价，卖家可以在卖家后台自行删除。所以卖家在收到负面反馈时，要认真分析负面反馈的内容和类型，遇见不符合亚马逊平台规则的负面反馈，要果断删除。

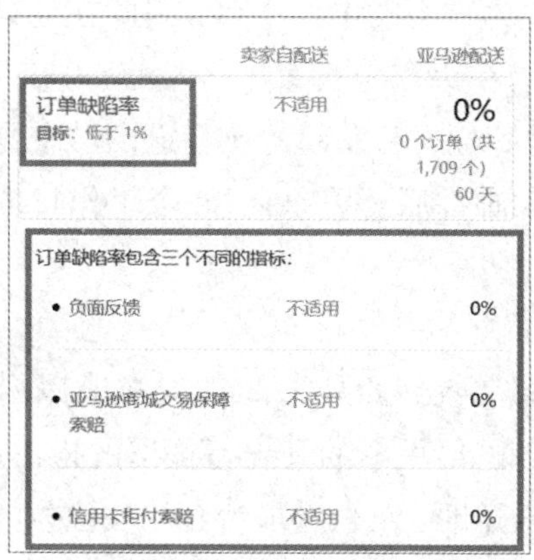

图 14-2

另外，由于使用 FBA 服务的卖家是将物流与客服交给亚马逊平台打理的，所以如果某条负面反馈针对的是物流或客服，卖家也可以在卖家后台申请删除，一般亚马逊平台会在该条负面反馈上画一条删除线，然后在后面附上解释语句，如图 14-3 所示。

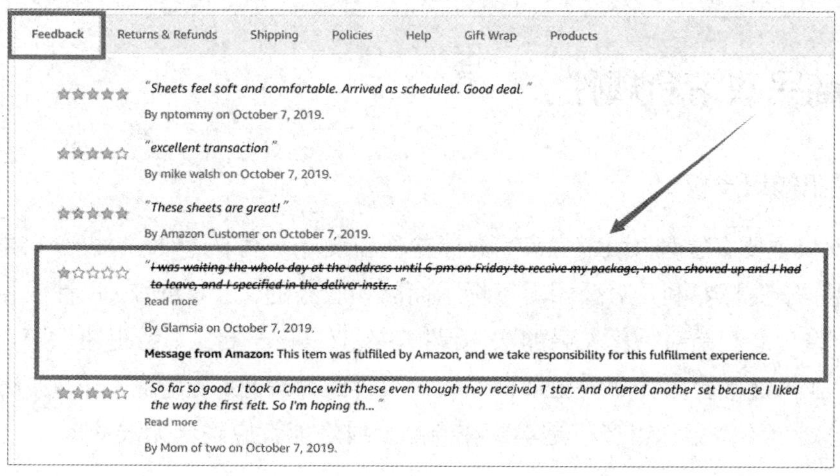

图 14-3

2. 亚马逊商城交易保障索赔

亚马逊商城交易保障索赔是亚马逊平台为买家提供的一种索赔方式。买家如果对卖家的商品或服务不满意，可以向亚马逊平台发起亚马逊商城交易保障索赔。

在买家发起亚马逊商城交易保障索赔以后，亚马逊平台会要求买家在索赔之前先与卖家取得联系，如果48小时后买家仍对解决方案不满意，亚马逊平台才允许买家提出索赔。由于亚马逊平台是以客户为中心的电商平台，因此在亚马逊商城交易保障索赔中，大部分买家都能获得赔偿。所以在买家与卖家进行索赔沟通时，卖家应尽量将问题控制在自己能解决的范围之内。但是，若买家发起的亚马逊商城交易索赔不合理，卖家在收到亚马逊商城交易保障索赔的通知邮件后，可以在30个工作日内进行申诉。

3. 信用卡拒付索赔

信用卡拒付索赔是指买家在收到商品之日起180天以内，因对扣款的过程、商品本身或其他方面有异议，而向自己信用卡的开户行提出的拒付申请。

在买家发起信用卡拒付索赔时，亚马逊平台会给卖家发送一个通知，如果卖家同意，则银行会将钱退还给买家。如果卖家不同意，亚马逊平台就会进行调查，在调查过程中，卖家需要提供交易证据，以证明此次交易和商品都是正常的。如果买家对调查结果不认同，依然提出拒付申请，这时卖家可以申请第三方仲裁，由第三方仲裁机构来裁决。如果买家败诉，那么其在银行记录上就会留下污点，所以发起信用卡拒付索赔的买家较少。

14.2 商品政策合规性

1. 涉嫌侵犯知识产权

知识产权主要有3种：版权专利、商标专利和设计专利。其中，版权专利是对原创作品的法律保护；商标专利是对公司用于标示商品和服务的文字、符号、设计或相关组合的法律保护；设计专利是对创作发明的法律保护。在亚马逊平台上，侵犯知识产权是非常严重的问题，亚马逊平台对涉嫌侵犯知识产权的投诉的处理是，先将商品下架，再进行后续的调查。总之，不侵犯知识产权是卖家在商品上线之前就应确认无误的事。

2. 知识产权投诉

知识产权投诉与涉嫌侵犯知识产权的投诉针对的都是侵犯知识产权的行为，但不同的是，涉嫌侵犯知识产权的投诉针对的是亚马逊平台主动监测到的侵犯知识产权的行为，而知识产权投诉针对的是卖家主动投诉的侵犯知识产权的行为。

3. 商品真实性买家投诉

商品真实性是指商品的详情页面所展示的商品和买家实际收到的商品是否一致。有些卖家为了增加自己商品的销量，对自己的商品进行过分渲染，导致商品的很多功能和参数都严重超出了商品的真实水平，这会导致商品真实性买家投诉，所以这种方法绝对不可取。

4. 商品状况买家投诉

商品状况买家投诉主要是针对商品是否为全新商品的投诉。在亚马逊平台上，当买家退货时，部分卖家会将退回的商品重新贴标并再次上架。其中有些商品或者包装已经被轻微损坏，而在重新贴标的过程中贴标人员并没有发现，这就导致买家在收到商品以后认为这个商品是翻新商品或二手商品，从而发起商品状况买家投诉。所以卖家在处理退换货时一定要多加注意，宁可损失几个商品，也不要将有瑕疵的商品发给买家。

5. 商品安全买家投诉

商品安全买家投诉主要是针对商品造成或可能造成买家的人身或财产等损失的投诉。引起商品安全买家投诉的商品一般是可能引起某些人为灾害的商品，如灯带，曾有买家投诉自己购买的灯带在正常使用的情况下突发大火，将自己的房屋造成了大面积的毁损，最后卖家对此进行了赔偿。所以销售具有某些危险性商品的卖家，一定要做好商品的安检工作，否则可能会给自己造成巨大的损失。

6. 上架政策违规

上架政策违规主要是指卖家违反亚马逊平台商品上架规定的一系列行为，包括但不限于将商品发布到不相关的类目中、对不相关的商品变体进行合并、商品描述不符合亚马逊平台的规定等情形。

7. 违反受限商品政策

亚马逊平台有严格的商品发布政策和商品类目限制。某些类目和类型的商品必须通过亚马逊平台前置的类目审核才可以发布，而对于某些特殊商品，亚马逊平台只允许本土的或者特定的卖家销售，这些商品统称受限商品。当卖家违反受限商品政策，企图以违规的方式蒙混过关来销售受限商品时，就会触发亚马逊系统的预警，这时卖家的商品会被下架，甚至卖家账户也会被关闭，所以卖家在商品上线以前要仔细研究亚马逊平台的受限商品政策，避免违反受限商品政策。

8. 违反商品评论政策

违反商品评论政策是指卖家以提供折扣或奖金的方式引诱买家留下商品评论，或者卖家进行虚假交易来伪造商品评论。违反商品评论政策的行为一旦被抓住，必定会使卖家账户的绩效降低，甚至导致卖家账户被关闭。

14.3 配送绩效

配送绩效主要针对选择自发货方式的卖家。选择 FBA 发货方式的卖家，因为将商品的物流和后期服务全部交由亚马逊平台处理，所以可以忽略该指标。对选择自发货方式的卖家来说，配送绩效主要由两个方面构成：迟发率和配送前取消率。

1. 迟发率

迟发率是指在统计周期内，未在预计发货日期之前确认发货的订单数占同时期所有自配送订单的比例。当迟发率高于 4%时，卖家就会收到相应的警告。

2. 配送前取消率

配送前取消率是指在统计周期内，卖家在确认发货前取消的订单数占同时期所有自配送订单的比例。卖家取消订单的原因很多，如库存不足、商品存在缺陷等。但是在亚马逊美国站，一旦卖家的配送前取消率超过 2.5%，卖家账户就可能被审核。

14.4 买家之声

“买家之声”是亚马逊官方在 2019 年 6 月推出的买家评价系统，如图 14-4 所示。

“买家之声”将买家对商品的满意程度分为“极好”“良好”“一般”“不合格”“极差”5 个等级，“极好”或“良好”代表买家对商品的具体情况满意，而那些被买家评定为“不合格”和“极差”的商品有极高的下架风险。

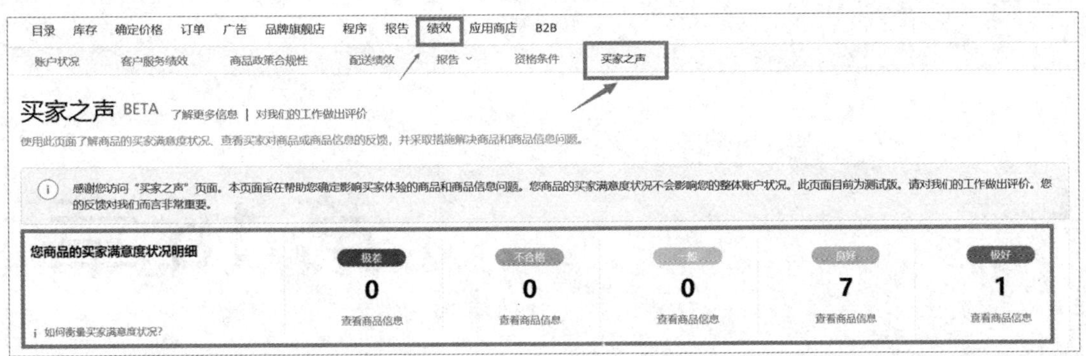

图 14-4

“买家之声”中还给出了各个 SKU 商品的买家满意度的详细信息，卖家可以在此处看到商品造成买家不满意的主要原因，如图 14-5 所示。卖家可以根据这些具体原因将自己的商品进行改进，以确保自己的商品不会因为这些原因被强制下架。

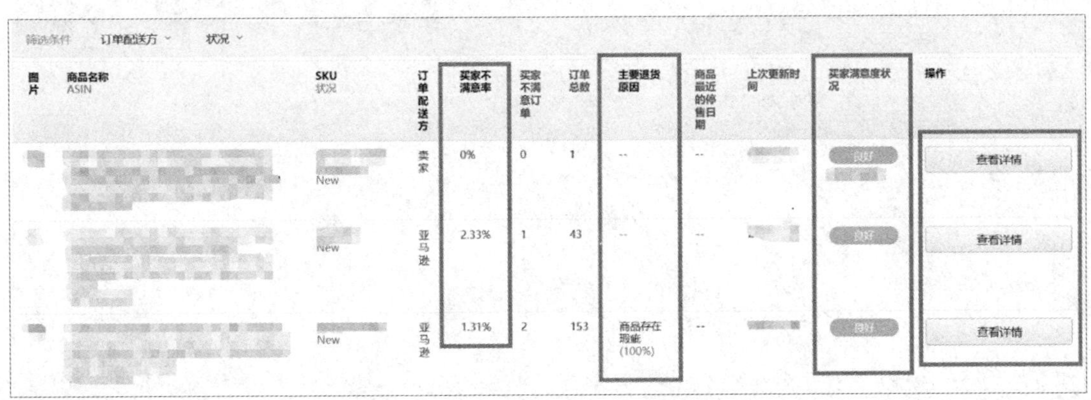

图 14-5

第 15 章

亚马逊 KYC 审核及增值税问题

15.1　KYC 审核

1. KYC 审核的概念

KYC（Know Your Customer）审核是亚马逊官方对卖家账户持有人的条件和资格进行的审核。KYC 审核一般常见于欧洲站，美国站的部分卖家也遇到过 KYC 审核。亚马逊之所以主要在欧洲站推行 KYC 审核，与欧洲各国的法律法规有关。根据欧洲各国的法律法规，所有在亚马逊欧洲站上开店的卖家，都必须提供真实可信的公司和公司所有人身份信息，亚马逊要对这些信息的真实性进行实质性的审核，只有经亚马逊审核通过的卖家账户，才能在欧洲站进行相关的销售活动。KYC 审核属于亚马逊的例行尽职调查，亚马逊有权利充分了解在自己平台上经营的卖家的合法性，所以遇到 KYC 审核的卖家，准备好相关资料，积极面对 KYC 审核即可。

2. KYC 审核所需的资料

亚马逊发给卖家的 KYC 审核通知邮件中详细列出了卖家需要准备的资料，这些资料如下。

（1）公司营业执照的扫描件。正本和副本均可，但必须是清晰可见的彩色扫描件。

（2）公司的首要联络人及受益人（受益人是指在公司内的股份大于或等于 25%的自然人或法人）的身份证件，包括身份证正面和反面的扫描件、护照个人信息页的扫描件。为提高审核的通过率，卖家还可以提供户口本个人页面的扫描件。卖家提供的身份信息资料上的名字一定要和公司营业执照上的法人的名字一致。

（3）公司的首要联络人和受益人的个人日常费用账单。自 KYC 审核通知邮件发出之日起，最近 90 天内的个人任意的日常费用账单均可，包括水费账单、电费账单、燃气费账单等，账单上必须有个人的姓名和详细的家庭住址。

（4）公司对公银行账单。对公银行账单上必须有银行的名称和标志，对公银行账单上的公司名称必须和公司营业执照上的公司名称一致。对公银行账单上可以没有日期，但是对公银行账单上有日期的，日期必须在自 KYC 审核通知邮件发出之日起 1 年以内。

（5）公司日常费用账单。与个人日常费用账单类似，公司日常费用账单可以是自 KYC 审核通知邮件发出之日起最近 90 天内的任意一张公司日常费用账单。公司日常费用账单上必须有详细的公司名称和公司地址。该公司名称和公司地址必须和公司营业执照上的信息一致。

（6）用于收款的境外银行账户。卖家的店铺最好使用公司的对公账户或公司受益人的个人账户作为店铺的收款账户，这样才能确保在收款账户的环节上不出问题。

在进行 KYC 审核时，卖家要保证自己提供的资料绝对真实，否则会给自己的店铺带来极大的风险。另外，随着卖家数量的不断增长和各国电商法律法规的不断完善，KYC 审核可能成为一种常态性的审核，而且已经通过 KYC 审核的卖家也有可能会遇到第二次甚至第三次 KYC 审核，这就要求卖家在准备开店时将这个问题考虑进去，将各种资料准备齐全，以便在遇到 KYC 审核时可以从容不迫。

15.2 增值税问题

《中华人民共和国税法》中规定，增值税是对销售货物或者提供加工、修理修配劳务，以及进口货物的单位和个人就其实现的增值额征收的一个税种。增值税是我国占比最大的税种。在全球范围内，很多国家，如英国、德国、法国、意大利等国也都将增值税作为税收的主要来源之一。

但是，美国的税收体制历来以所得税为主，在美国没有增值税这一税种，这其中有政治和经济原因，我们在此不进行讨论，卖家只要知道，注册公司不在美国境内的国外卖家不符合美国税法规定的纳税要求，所以美国站的国外卖家无须向美国政府纳税。至于美国境内的另外一个主要税种——消费税，亚马逊平台一般会从买家的付款中扣除。

欧洲站的增值税问题由来已久，在 2018 年之前，欧洲几国的政府没有对第三方卖家实施较为严厉的税收政策，但在 2018 年半年，以英国、德国为首的欧洲各国对其亚马逊站点上的第三方卖家发出了最后通牒——在截止日期前还未上传税号并补缴增值税的第三方卖家，其店铺将被关闭。随后法国、意大利等国也纷纷向其亚马逊站点上的第三方卖家发出了最后通牒。欧洲站上的第三方卖家面临着一场风暴。

对欧洲站上的第三方卖家来说，如果之前一直在按各国的法律法规正常缴纳增值税，那么这次风暴的影响不大；如果从未缴纳过增值税，那么需要补缴全部的欠税。因此，在补缴增值税的巨大压力下，不少第三方卖家放弃了自己经营多年的主力店铺，选择注册新店铺或者直接转投其他电商平台。

目前，欧洲站的增值税主要针对选择 FBA 发货方式的第三方卖家，选择自发货方式的第三方卖家暂时不用缴纳增值税。但是，如果选择自发货方式的第三方卖家注册了欧洲增值税，那么该卖家也要申报增值税，申报的数值填写“0”即可。如果该卖家没有按时进行“0”申报，那么该卖家的店铺也有可能被关闭，所以第三方卖家一定要注意这个问题。

反侵权盗版声明

举报电话：（010）88254396；（010）88258888

传　　真：（010）88254397

E-mail：dbqq@phei.com.cn

通信地址：北京市万寿路 173 信箱

电子工业出版社总编办公室

邮　　编：100036